KB250176

新 譯

大 東 小 學

金亨在 編著／李民樹 譯解

弘 新 文 化 社

대동소학 제사(大東小學題辭)

예로부터 지금에 이르기까지 천도(天道)는 고요히 있으나 쉬지 않고 움직이며 사물을 통찰하고, 인사(人事)는 고요하면서도 둥글고 움직이면서도 발라서 어긋남이 없다. 이것을 가리켜 인도(人道)라고 하는 것이니 배우지 않으면 없어진다. 그런 까닭에 옛날의 철인(哲人)들이 민생(民生)을 교육할 때는 안으로는 이륜(彝倫)을, 밖으로는 치국 평천하(治國平天下)를 가르쳤다. 나의 어리고 천진(天眞)스러운 것을 사랑하여, 가르치는 것에 때를 잃지 않아야 습성(習性)이 날로 새로와지는 것이다. 살고 사는 것에 끝이 없는데 누가 나의 어리석은 것을 일깨워 주겠는가. 가르치는 데도 방법이 있는 것이니, 교화(教化)와 풍화(風化)로 해야 한다. 구름이 일지 않는데 어찌 비가 내릴 것이며, 밭을 갈지 않는데 어찌 수확을 할 수 있으랴! 그렇기 때문에 나라의 근본은 학문에서부터 비롯되는 것이다. 뿌리를 북돋아야 가지가 번성하는 것이니, 영웅(英雄)도 될 수 있고 성인(聖人)도 될 수가 있거늘 어찌 밖에서 구할 것인가.

천성(天性)에 근본하면 인(仁)은 둥글고 의(義)는 바른 것이다. 가슴속에 쌓아 두고 만 가지 일에 흩어 쓰니 그 쓰임이 끝이 없다. 돌이켜 천년의 일을 보건대 잠꼬대하면서 생사(生死)에 대한 것을 판결하고 입과 귀를 규제(規制)해 놓았다. 당(唐)과 송(宋)이 저 노비의 성질을 길러서 우리 생민(生民)들에게 해를 주었다. 게다가 다시 권리를 다투어 성인(聖人)의 도(道)가 물속에 잠기고, 왕왕 어진 철인(哲人)들도 손을 댈 수 없게 되었다. 큰 나라와 변방의 섬이 머리를 숙이고 몰려들도록 사람의 안목을 흐리게 하고 해를 가려서 사슴과 말을 분별 못하게 만들었다. 향교(鄕校)와 서원(書院)에는 한낱 헛된 글만이 있게 되었다.

이런 까닭에 여러 어진 이들은 몸을 보존하고 마음을 조심하느라 임천(林泉)에 숨어서, 도(道)를 감추고 글이나 읊어서 이것을 입으로 전하고 마음으로 주어 책에 담아 놓았는데, 우리가 이것을 버리고 무엇을 배우리요. 우리 조상과 우리 집은 근본이 서고 도(道)가 생겨 옆으로 일관(一貫)하여, 동서가 같은 길을 가고 백과(百科)에 전문(專門)하고 갖가지 가르침에는 종(宗)이 많다. 그런데 중도에서 방황하고 가르침을 미봉(彌縫)하여 만일 그 중심을 가리지 않으면 뒷사람이 혼몽하여질 것이다.

이에 여러 조상과 옛 철인(哲人)들의 일을 여기에 실었는바, 이는 감히 만들어 쓴 것이 아니다. 만일 완전치 못한 것이 있으면 후세 사람이 반드시 보충할 것이다.

後學 駕洛 金 亨 在 삼가 씀.

제 1 권

입 교(立敎)

자식을 낳거든 조금쯤 아는 것이
있을 때부터 마땅히 착한 일로 인도
해야 한다. 만일 어리다고 해서 가
르치지 않으면 이미 자란 뒤에는 습
관이 굳어져서 가르치기가 몹시 어
려운 것이다. 그리고 가르치는 순서
는 마땅히 소학에서부터 시작해야
한다.

이 이(李珥)

《소학(小學)》의 편명을 그대로 취해서 입교(立敎)라 하고, 우리 역사의 발자취에서 국학(國學)·사숙(私塾)·가정(家定)의 입교를 추려 이 글을 지어서 교육자의 참고에 이바지하려 한다.

국학지교(國學之敎 : 국학의 가르침)

○ 단군(壇君)이 나라를 세워 국호를 조선(朝鮮)이라 했는데, 우리나라가 대륙의 동쪽 가에 있기 때문에 조일선명(朝日鮮明)의 뜻을 취한 것이다.

단군이 남녀·부자(父子)·군신(君臣)의 도(道)와 의복·음식에 관한 절차와 머리 땋고 관(冠) 쓰는 제도를 가르치고, 신(神)을 섬기는 도를 베풀어 우리 민족을 교화하였다. 상고에서는 어느 나라를 막론하고 모두 신교시대(神敎時代)이다. 중국에서 행하는 상제(上帝)와 육종(六宗)에 제사지내는 것, 서양의 제천(祭天)이 모두 이와 같은 것이다. 그러므로 역(易)에서 말한 성인(聖人)이 신도(神道)로서 가르침을 베풀었다고 한 것이 이것이다.

팽오(彭吳)에게 명하여 나라 안의 산천(山川)을 다스려서 백성들을 살게 하고, 고시(高矢)에게 명하여 농사짓는 일을 가르치게 했다. 부우(扶虞)에게 명하여 의약(醫藥)으로 백성의 질병을 치료하게 하고, 부소(扶蘇)에게 명하여 화약(火藥)으로 맹수를 쫓아 물리치게 하고, 신지(神誌)에게 명하여 문서를 관장하게 하였다.

도(道)는 일용사물(日用事物)을 쓰는 것으로, 국조(國祖) 단군이 거칠고 메마른 세계에 백성을 살게 하니, 이것이 소위 개물성무(開物成務)로 물건의 용도를 가르쳐서 각자 임무를 다하게 한 것이다. 그러니 어찌 가르치지 않을 수 있겠는가! 그러므로 농사를 가르치고 의약을 베풀게 한 것은 이와 관계가 있는 것이다.

이아(爾雅)에 태평지인(太平之人)은 어질다 했으니, 태평(太平)이라는 것은 동해(東海), 즉 우리나라를 말하는 것이다. 그래서 남만(南蠻)·북적(北狄)·서융(西戎)을 모두 벌레나 개와 같은 짐승으로 표현하지만, 유독 우리 동방(東方)만을 이(夷)라고 했다. 즉 이라는 것은 대궁(大弓)을 뜻하는 말이다. 옛날에 공자(孔子)가 주(周)나라의 무기고에 들어가 대궁을 보고 제자에게 말하기를, 「이는 숙신씨(肅愼氏)의 활이다」 하였다〔가어(家語)를 보라〕. 숙신은 단군의 자손들을 말하는 것으로, 중국 사람들이 동인(東人)을 이라 하는 것은 여기에서 유래된 말이다.

두씨통전(杜氏通典)에 말하기를 「동이는 관을 쓰고 비단옷을 입으며, 그릇은 조두〔俎豆 : 제기(祭器)의 한 가지〕를 사용한다」고 했으니, 소위 중국에서 예(禮)를 잃은 것을 우리나라에서 구한 것이라 했다. 또한 그 글에 말하기를 「중국 하(夏)나라와 같은 시대의 문화라」 했으니, 자고로 좋은 예의를 지니고 있었다.

○ 기자〔箕子 : 성은 자(子), 이름은 서여(胥餘). 상왕(商王) 주(紂)의 숙부. 기(箕)나라의 자작(子爵)으로 봉해진 때문에 기자(箕子)라 함〕가 동쪽으로 왔을 때 따라온 은(殷)나라 사람이 5천 명이나 되었다. 이때에 시서(詩書)·예악(禮樂)·의약(醫藥)·음양(陰陽)·복서(卜筮)에 능한 사람들과 여러 가지 기술이 있는 사람들이 따라왔다. 기자는 이들에게 예의를 가르치니, 비로소 오상(五常)의 도가 크게 갖추어졌다. 또 농사에 전정법(田井法)을 시행하여 경작하게 하니, 공전(公田)과 사전(私田)의 구별이 있게 되었다.

또 팔정(八政)의 교(敎)를 베풀었다. 그 첫째가 식(食)으로, 먹는 것은 백성이 꼭 필요한 것이다. 둘째가 화(貨)로, 화란 백성이 소유하는 재물을 말하는 것이다. 그래서 식을 첫째로 하고 화는 그 다음으로 하니, 식과 화는 소위 살아가는 근본이다. 셋째가 사(祀)로, 제사는 선조의 은혜에 보답하는 것이다. 넷째가 농사와 공업을 관장하는 사공(司空)으로, 백성의 삶을 평안하게 하는 것이다. 다섯째가 교육을 관장하는 사도(司徒)로, 이것이 인간의 본성을 이루게 하는 것이다. 여섯째가 형벌과 경찰을 관장하는 사구(司寇)로, 범죄와 잘못된 것을 다스리는 것이다. 일곱째가 제후(諸侯)와 먼 데서 오는 손님을 예로서 접대하는 빈(賓)으로, 서로 왕래하고 교제하는 것이다. 여덟째가 폭력과 무법을 물리치는 사(師)이다.

팔정의 교는 선유(先儒)가 말한 삼조(三條)와 오륜(五倫)을 더해서 팔조의 교를 말하는 것인데, 이것에 대해서 말하는 자들이 많다. 《서전(書傳)》에서 말하는 홍범(洪範)은 기자가 베푼 천도(天道), 즉 팔정지제(八政之制)로 백성을 위한 강령이다. 성호(星胡) 이 익(李瀷)도 팔조는 홍범팔정(洪範八政)이 이것이라고 하였다. 고사(古史)에서 말한 팔조를 지금 개정한 것이 이 팔정이다.

왕수궁(王受兢)을 사사(士師 : 법령과 형벌을 맡아 보던 재판장)로 삼았는데, 그 약법(略法)에 말하기를「사람을 죽인 자는 죽음으로써 보상하고, 남을 상하게 한 자는 곡식으로써 배상하고, 남의 재물을 훔친 자는 종으로 삼을 것이다」하였다. 이로써 밤에 문을 열어두어도 도둑이 없고, 여자가 정숙하고 음탕함이 없고, 치안이 크게 이루어지게 되었다. 또 백성들의 성품이 강하고 사납다 하여 버드나무를 심어서 마음을 부드럽게 했다〔그래서 평양(平壤)을 유경(柳京)이라고도 한다〕.

상고사(上古史)에 말하기를「우리 단군이 요(堯)나라와 시대를 같이하여 옥백(玉帛)을 서로 교환하고, 은(殷)나라의 태사(太師)인 기자(箕子)가 홍범구도(洪範九疇)의 도로 우리 동방을 교화하니, 문화의 유래가 실로 여기에서 비롯되었다.

주역의 계사(繫辭)에「공자(孔子)가 역서를 밝혀서 기자의 명이(明夷)」라 했으니, 명이는 그 도를 밝힌 것으로 우리 동방을 말하는 것이다.

근래에 와서 일부 역사학자들 중에는 기자가 동쪽으로 온 것이 아니라고 단정하고 있다. 그러나 역사를 하는 자는 의심할 것은 의심하고 믿을 것은 믿어야 하는 것이 옳은데, 그 말이 알려져 있지 않은 것이라면 있을 수 있겠지만, 무엇을 근거로 동쪽으로 오지 않았다고 단정하는가. 중국 역사에서도 기자를 조선에 봉했다고 하였다. 그런데 천 년 전에 역사를 기록한 사람은 반드시 어떤 근거에 의하여 쓰지 않았겠는가. 그러나 일부 역사학자들은 우리나라의 기자는 본디 부여의 해모수족(解慕漱族)으로, 그 해(解)와 기(箕)가 고음(古音)이 서로 비슷해서 그렇다고 하고 있으니, 그 변설의 모호함과 구차함이 매우 심하다. 무엇으로 그들의 말을 믿을 수 있겠는가.

○ 신라의 진평왕(眞平王)과 고구려의 영류왕(榮留王), 백제의 무왕(武王)이 젊은이들을 당나라에 보내서 배우게 했다. 이때가 당(唐)나라의 태종(太宗)이 국학을 증축하고 경학(經學)을 크게 일으킨 때이다.

○ 신라 성덕왕(聖德王) 때에 김 수충(金守忠)이 당(唐)나라에서 공자와 십철(十哲), 72제자(弟子)의 도상(圖像)을 가져 와 나라에 바침으로써 태학(太學)에 받들어 모시고, 사업(司業)·조교(助敎)·박사(博士)·태사(太舍) 등을 더 두어 예기(禮記)·주역(周易)·논어(論語)·효경(孝經)·춘추좌전(春秋左傳)·모시(毛詩) 등을 제생(諸生)들에게 가르쳐 모두 익히게 한 후에 뽑아 썼다. 그러나 능력이 부족한 자는 비록 9년이 넘더라도 관에서 등용하지 않았다. 그래서 유학이 성행하게 되었다.

○ 고려(高麗) 성종(成宗) 때에 국자감(國子監)을 설치하고, 주군(州郡)의 젊은이들을 선발하여 서울에 모아 학습케 하고, 또 경학박사(經學博士)를 12목(十二牧)에 설치했다. 이때에 박사(博士)

임 성로(任成老)가 송(宋)나라에 가서 문묘도(文廟圖)와 제기도(祭器圖), 72현찬기(七十二賢贊記) 등의 책을 갖고 와 비로소 태학에 비치했다.

○ 문안공(文安公) 김 양감(金良鑑)이 고려 문종(文宗) 때 송(宋)나라에 가 태학을 설치할 것을 계획하고 돌아와서, 비로소 문묘를 창설하여 유학(儒學)을 장려했다.

○ 문성공(文成公) 회헌(晦軒) 안 유(安裕)가 고려 원종(元宗) 초에 건의하기를 「나라를 다스리는데는 인재를 교육시키는 것이 가장 중요한데, 지금 양현고(養賢庫)가 텅 비어 교육에 쓸 재원이 없습니다. 하오니 청컨대 백관(百官)들로 하여금 돈이나 포목을 각자의 정도에 따라 내도록 하소서」 하니 충열왕(忠烈王)도 내탕금(內帑金)을 내어 도우고, 또 사재를 받아들여서 대성전(大成殿)을 창건하고 공자의 교인 유교를 존숭(尊崇) 하였다.

안 유의 문인이 되어 그에게 배우는 자가 많아서, 이름 있는 유학자와 학식이 깊은 석학(碩學)들이 많이 배출되었다. 이어 이재(頤齋) 백 이정(白頤正)이 원(元)나라에 가서 정주학(程朱學)을 듣고 돌아와서 우리나라에 전하였다.

또 문희공(文僖公) 역동(易東) 우 탁(禹倬)이 역(易)의 이치를 구명하고 해득하여, 교수와 생도 사이에 역리(易理)의 학문이 비로소 행해지게 되었다. 국재(菊齋) 권 부(權溥)는 조정에 청해서 주자집주(朱子集註)를 간행하게 하니, 이것이 송나라 유학(儒學)인 성리학(性理學)의 발단이 되었다.

○ 익재(益齋) 이 제현(李齊賢)이 경학과 문장으로 나라의 원로가 되었다. 고려 충혜왕(忠惠王)과 충정왕(忠定王) 때에 나라 안이 비어 있는 것을 공이 능숙하게 조치함으로써 나라의 평안에 기여하였다. 그리고 국학에 시(詩)나 부(賦)같은 것은 실익이 없다

고 하여, 다만 책문(策問)만으로 선비를 뽑았다. 그의 문인인 목은(牧隱) 이 색(李穡)이 성균관(成均館)의 대사성(大司成)이 되었을 때 경학자인 정 몽주(鄭夢周)·김 구용(金九容)·박 상충(朴尙衷)·박 의중(朴宜中)·이 숭인(李崇仁) 등을 추천하여 모두 교관을 겸하게 하고, 날마다 명륜당(明倫堂)에 앉아서 경학을 수업하게 하니 학도들이 모여들었다. 그래서 정주(程朱)의 성리학(性理學)이 크게 일어났다.

○ 문충공(文忠公) 포은(圃隱) 정 몽주가 성리학을 먼저 주장하였는데, 그가 경의(經義)를 강의하는 학설은 새로운 뜻이 많았다. 호병문(胡炳文)의 사서통(四書痛)을 얻게 되자 모두 이치에 들어맞지 않는 것이 없었다. 목은(牧隱) 이 색이 말하기를 「달가〔達可 : 포은 정몽주의 자(字)〕의 도를 논설하는 것은 횡설수설해도 모두 이치에 맞지 않는 것이 없다」고 하였다.

그때 시속의 상사(喪事)와 제사는 오로지 불가(佛家)의 예법만을 숭상하고 있었으므로, 공이 고례(古禮)를 회복하기를 조정에 청하여 비로소 삼년상(三年喪)을 행하게 되었고, 신주(神主)를 모시어 조상의 제사를 받들게 되었다. 서울에 오부(五部)의 학당을 세우고 지방에는 향교(鄕校)를 두어 학문을 진흥케 하였다. 또 의창(義倉)을 설치하여 가난한 자를 구제하고, 수참(水站)을 설치하여 조운(漕運 : 선박으로 물건을 실어 나름)을 편리하게 했으니, 이런 것들은 모두 공의 계획과 지시에 의해 이루어진 것이다.

조선 왕조 개국 초에 성균관을 서울에 세우고 사학(四學)을 서울의 동서남북 각부에 두었는데, 이것이 오부학당(五部學堂)이다. 즉 지금의 국립대학에 해당되며, 지방 향교에 둔 360개의 교육기관은 지금의 국립지방학교에 해당된다.

○ 세종 대왕(世宗大王)이 문치(文治)에 힘을 써서 비로소 집현

전(集賢殿)을 설치하고 문사(文士) 20명을 선발하여, 10명은 경연(經筵)을 맡고 10명은 서연(書筵)을 맡게 해서 문필을 전임하게 하여 고금의 일을 토론하게 했다. 이렇게 수십 년 동안 인재를 배양하니 많은 인재가 쏟아져 나와 오히려 관청일 때문에 공부에 전념하지 못하는 것을 걱정하게 되었다. 이에 나이 어리고 행실이 바르고 재주가 있는 자를 골라 사가독서(賜暇讀書)를 시키고, 관에서 모든 비용을 대주어 산에 들어가서 경사(經史)와 제자백가(諸子百家)·천문(天文)·지리·의약·복서(卜筮) 등을 전력하게 하여 장차 크게 쓰려 했다. 그래서 인재가 이때처럼 성한 때가 없었다.

또 자모(子母) 28자를 친히 만들어 어금니[牙]·혀[舌]·입술[脣]·이[齒]·목구멍[喉]의 다섯 음(音)으로 나누어 이를 훈민정음(訓民正音)이라 하고 백성들에게 가르쳤다. 또 박 연(朴堧)에게 율려[律呂 : 음악의 가락. 육률(六律)과 육려(六呂)]를 정하게 하여 조정의 제사에 비로소 아악(雅樂)을 쓰게 되었다. 김 조(金銚)와 김 돈(金墩) 등에게 천문기계를 만들게 하여 흠경각(欽敬閣)을 세우고, 백성들에게 시간을 알리게 했다[박 연은 밀양 사람으로 호는 난계(蘭溪), 시호(諡號)는 문헌(文獻). 김 조는 김해 사람으로 호는 졸재(拙齋), 시호는 공간(恭簡). 김 돈은 안동 사람으로 벼슬은 승지(承旨)]. 집현전 유신(儒臣)으로 《역대병요(歷代兵要)》를 편집 저술하게 하고, 활자를 주조하여 서적을 인쇄해서 백성들에게 보급시키니, 이는 임금이 친히 재가해서 만든 시초가 된다.

○ 문정공(文正公) 정암(靜菴) 조 광조(趙光祖)는 조선 중종(中宗) 때 문치(文治)에 힘썼으나 세상을 제대로 만나지 못했다는 것을 느끼고, 임금을 섬기고 국민에게 혜택을 베푸는 것과 유교의 도를 일으킬 것을 자기의 임무로 삼았다. 그는 임금을 대할 때에는 항상 마음을 바르게 가다듬고 생각을 엄숙히 하여 마치 신명(神明)을 대하는 것같이 했다. 또한 현량과(賢良科)를 설치하여

소학(小學)과 향약(鄕約)으로 인재를 기르고 풍속을 교화시키는 방법으로 삼으니, 모든 관료들이 힘쓰고 사방 사람들이 감동하지 않는 자가 없었다.

○ 모재(慕齋) 김 안국(金安國)이 조정에 청하기를, 「모든 백성에게 효제(孝悌)의 아름다움을 알게 해야 하고, 만일 몰라서 행할 줄 모른다면 아무 도움이 되지 않는다. 그러니 나라 안팎을 효제로서 돈독하려면, 모름지기 위는 공경대부로부터 아래로는 거리의 천한 서민에 이르기까지 나라에서 명하여 국학·향교·가숙(家塾)에서 모두 《소학(小學)》을 배우게 해야 한다. 그리하여 어릴 때부터 습관이 되도록 하여 어른이 되어 덕을 쌓게 되면, 나라의 안팎이 감화하게 되고 사람끼리 서로 돈독하게 되어, 자연히 풍속이 아름답고 순박하게 되며 인재가 성할 것이라」했다.

○ 문순공(文純公) 퇴계(退溪) 이 황(李滉)이 사학(四學)의 제생(諸生)에게 이르기를, 「국가에서 학교를 세워 선비를 양성하는 것은 그 뜻이 매우 높은 것이다. 그러니 스승과 학생 사이에는 마땅히 서로 예의를 앞세워서, 스승은 엄하면서도 제자를 사랑하고 학생은 스승을 공경하여 각각 그 도리를 다하게 하라. 이제부터 제생들은 모든 일용음식을 하나라도 예의 속에 주선하지 않는 것이 없이, 오직 힘쓰고 서로 격려하여 구습(舊習)을 깨끗이 씻어없애고, 들어가서는 부형(父兄)의 마음 쓰는 것을 섬겨 살피고, 나아가서는 어른들을 예를 다하여 섬기고, 안으로는 충신(忠信)을 주장하고 밖으로는 겸손함과 우애로운 것을 행하여, 국가에서 글을 숭상하고 학문을 일으켜 선비를 기르는 뜻에 보답하게 하라」고 했다. 또 말하기를 「배우는 자는 길을 안내하는 정성으로 부지런히 힘써야 하고, 또한 쉬지 않고 노력하여 본래의 성분을 책에서 구해야 할 것이다. 옛 성현의 일언일행(一言一行)은 모두 법도에 어긋나는 것이 없느니라」고 했다.

○ 반계(磻溪) 유 형원(柳馨遠)이 일찌기 말하기를 「선비가 도(道)에 뜻을 두고서도 이루지 못하는 것은 그 뜻이 게으른 탓이다」라고 했다. 또 뜻을 날카롭게 하고 깊이 생각하기를 밤낮으로 계속했는데, 혹시 누워 있다가도 묘한 생각이 떠오르면 몇 번이라도 일어나서 촛불을 켜고 그것을 기록해 두었다.

공은 매일 해가 저물면 「오늘도 또 헛되게 그대로 넘겼구나. 의리는 끝이 없고 세월은 한계가 있는데, 고금의 이 천지, 이 인물이 선왕(先王)의 가르침을 행해서 안될 것이 하나도 없는 것이다」했다. 또 말하기를 「천하를 다스리되 경제가 공평하지 못하고, 인재의 등용이 불공평하면 모두가 구차한 일뿐이다」했다.

○ 성호(星湖) 이 익(李瀷)이 일찌기 말하기를 「백세(百世) 동안 잘 다스려지지 못한 것은 세 가지의 병폐 때문이다. 임금만을 존중하고 신하를 눌러 억제한 것은 영정(嬴政 : 秦始王)으로부터 시작되었는데, 한(漢)나라가 혁파하지 못했다. 사람을 쓰되 벌열(閥閱)을 숭상한 것은 위만(魏瞞 : 曹操)으로부터 시작했는데, 진(晋)나라가 능히 혁파하지 못했다. 문사(文辭)로서 과거의 형식으로 한 것은 양광(楊廣 : 隋楊帝)으로부터 시작했는데, 당(唐)나라가 혁파하지 못했다. 이 세 가지 병폐를 없애지 못하면 천하의 다스림을 이야기할 수 없는 것이니, 이 세 가지 중에서도 과거의 병폐가 제일 해롭다」고 했다.

○ 다산〔茶山 : 호를 여유당(與酉〈猶〉堂)이라고도 함〕 정 약용(丁若鏞)은 고금의 일에 해박하고, 나라와 백성을 위하는 것에 뜻을 두어 모든 사물의 정해진 제도와 백 가지 기예에 정통하지 않는 것이 없었다. 또한 직접 저술한 책도 매우 많다. 사서삼경(四書三經)의 강의와 《춘추(春秋)》의 고증(考證), 《전례고(典禮考)》, 《사례가식(四禮家式)》 등 백 여편이 있고, 이외에도 《경제강의(經濟講義)》, 《목민심서(牧民心書)》, 《산림경제(山林經濟)》 등 수백 편

이 있는데, 모두 다 나라의 경제와 백성을 위하는 것이었다. 또 요도(要道)의 지당한 말이 거기에 있다.

살펴보건대 대도(大道)를 행함에 있어 정교(政敎)가 한 곳에서 나왔으니, 공자와 맹자 이래로 정교가 나누어진 것은 부득이한 일이다. 이로부터 전제(專制)의 세(世)에 교(敎)가 정(政)에 억눌려 굴복하게 되니, 소위 말하는 치일(治日)은 항상 적어 수천 년 동안에 소학(小學)의 교(敎)와 대학(大學)의 도(道)는 비록 이름은 존재하였지만 알맹이가 없는 형식뿐이었다. 또한 우리나라는 중고(中古)부터 한문학을 종지(宗旨)로 삼아 사화(士禍)가 끊임없이 일어나서 어진 선비와 학자가 모조리 없어지게 되었고, 당쟁(黨爭) 때문에 서로 의견이 일치되지 않아서 군자가 서로 모함하니, 소위 대도(大道)가 하루도 행해 지지 않았다.

그래서 어질고 훌륭한 선비들은 자신의 보신(保身)책으로 시류에 따라 처신하게 되었다. 그 대세가 이러한 관계로 사숙(私塾)의 제도와 깊이 뿌리박힌 인습이 여러 세대로 상습(相襲)되어서, 각기 그 소종(所宗)을 존중하여 교문(敎門)이 분열하기를 천 가지 파벌과 만 가지 흐름으로 나누어지니 수습할 수 없게 되었다. 만일 「통일된 종지(宗旨)로서 공공교육을 했으면 어떠하겠는가」하고 걱정해서 한 번 생각해 본 것뿐이다.

구미(歐美: 泰西)에서는 이렇지 않았다. 학설이 비록 다르다고 해도 서로 허용하고 헐뜯고 배척하는 일이 없었다. 그래서 훌륭한 자가 한번 일어나면 반드시 시세를 보아서 후진을 보호하여 이끌고, 자유롭게 학설을 세워 반드시 자국(自國)의 정부에서 채용하여 시행하게 하였다. 민약론(民約論)과 만법정리(萬法精理)와 진화론(進化論) 같은 것이 모두 이런 것들이다. 천하의 현행 교육 제도는 과연 진보된 계기라 하겠고, 인물이 왕성하게 일어남은 가히 본받을 만하다. 또한 세상을 제도하는 경륜(經綸)은 성인의 도를 행하는 것으로 근고(近古) 이래로 경제학자의 일파를 여기에 두었으니, 어찌 성인의 본뜻이 아니겠는가.

반계 유 형원과 성호 이 익, 다산 정 약용은 우리나라 경제학계의 삼대가(三大家)이다.

사숙지교(私塾之教 : 사숙의 가르침)

○ 성재(惺齋) 최 충(崔冲)은 고려 고종(高宗) 때의 사람이다. 이때에 과거를 시행했는데, 선비들이 모두 시부(詩賦)와 과문(科文)의 글만 숭상하고 경학을 공부하고 연구하는 자는 드물었다. 공이 비로소 악성(樂聖)·대중(大中)·경업(敬業)·성명(誠明)·조도(造道)·솔성(率性)·진덕(進德)·태화(太和)·대빙(待聘) 등의 구재(九齋)를 설치하고, 후진들을 불러 모아 구재생도(九齋生徒)라 부르고 가르치기를 게을리 하지 않으니, 문교(文教)가 크게 일어나서 당시에 공을 해동공자(海東孔子)라 일컬었다.

〔그 당시 유명한 유학자로 11개의 사문(師門)이 있었다. 즉 정 배걸(鄭倍傑), 노 조(盧朝), 김 상빈(金尙賓), 김 무체(金無滯), 은 정(殷鼎), 김 의(金義), 황 영(黃瀅), 유 감(柳監), 문 정(文正), 서 석(徐碩) 등이 모두 경학과 문장으로 이름이 있었다.〕

○ 신재(愼齋) 주 세붕(周世鵬)이 일찌기 풍기 군수(豊基郡守)로 있을 때 소수서원(紹修書院)을 창시하여 후진을 교도하니, 이것이 우리나라 서원(書院)의 시작이다. 공이 훈계하는 글에 이르기를 「끊임없이 공부에 정진하여 잠시도 중단함이 없게 하라. 내일이 있다 하여 게으르면 학문이 진보할 수 없는 것이다. 내일 또 내일 하다가 나의 백발이 이렇게 쌓였으니, 내일을 믿고 이루는 고통이 후회막급하리라」 했다.

○ 별동(別洞) 윤 상(尹祥)은 세종 대왕(世宗大王)의 원손(元孫 :

端宗)이 입학하자 대사성(大司成)으로 특별히 임명되어 박사(博士)가 되었다. 공이 주감(胄監 : 임금의 자손을 감독하는 곳)의 장(長)이 되자 학문이 더욱 정밀해져서, 제생들이 앞을 다투어 배우러 왔다. 이에 아주 작은 글이라도 세밀히 분석하고, 귀에다 입을 가까이 하여 얼굴을 마주보며 자세히 가르치느라 종일 부지런히 애쓰고 게으름을 모르니, 한때의 뛰어난 벼슬아치와 이름있는 사람들이 모두 공의 제자 아닌 자가 없었다. 이리하여 국조(國朝) 이래로 사범의 우두머리였다.

○ 점필재(佔畢齋) 김 종직(金宗直)은 문강공(文康公) 강호(江湖) 김 숙자(金淑滋)의 아들이다. 강호 김 숙자가 단종이 손위(遜位 : 단종이 임금 자리를 세조에게 물려줌)할 때 벼슬을 사임하고 고향으로 돌아가, 후진에게 글을 가르쳐 도학(道學 : 유교)을 진흥시키는 것을 자기의 임무로 삼았다. 선생의 가문에서 대대로 내려오는 가르침을 이어받아 경학(經學)과 문장으로 유학의 우두머리가 되니, 그 당시 유명한 선비는 모두 그의 문하에서 나왔다. 그들은 도학이나 혹은 문장이나 절의(節義)로서 서로 전했으니, 조선 왕조의 사숙(私塾)의 가르침이 전성한 초기였다.

○ 화담(花潭) 서 경덕(徐敬德)은 도의(道義)에 대해 깊이 생각하여 그 이치를 궁리하고 사물(事物)에 대해 연구하는 것만을 일로 삼아, 여러 날 동안 묵묵히 앉아 깊이 생각하곤 했다. 공은 그 이치를 궁리하는 것이 하늘의 이치를 구명하는 것이라 생각하여, 하늘 천(天)자를 벽에다 써 붙이고 연구한 후에, 다시 다른 글자를 써 붙여놓고 깊이 생각하고 힘써 연구하기를 밤낮으로 계속했다. 이렇게 여러 해 동안 연구를 거듭하여 그 뜻을 분명히 밝힌 후에 글을 읽어 그것을 증명시켰다. 그는 항상 「나는 스승을 만나지 못했기 때문에 공을 많이 들였는데, 후세 사람들이 나의 말을 믿거든 나처럼 수고로운 데에 이르지 않게 하라」고 말했다.

그의 논리는 장 횡거(張橫渠)의 학설을 주장한 것이 많아서, 정자(程子)와 주자(朱子)의 설과 같지 않은 데가 조금 있었다. 그는 마음을 스스로 깨달아서 만족하고, 세간의 시비나 득실·영욕 같은 것은 조금도 마음에 두지 않았다. 일찌기 말하기를 「배우는 자들의 공부하는 방법은 이미 선현이 말하지 않는 것이 없으나, 단지 이기지설(理氣之說)을 다 궁리하지 못한 때문에 부득이 밝힐 수밖에 없다고 하고, 그 하나가 기(氣)를 오래 보존하는 것이요, 또 기(氣)가 정(精)을 이기면 이(理)가 그 속에 있다」고 했다.

또 말하기를 「천하에는 세 길〔三道〕이 있는데, 유학(儒學)이 가장 높고 불교(佛敎)가 그 다음이며, 선도(仙道)가 또 그 다음」이라 했다. 또 「사물에 달관한 사람의 생사(生死)는 아침저녁으로 항상 있는 일이지만, 나의 귀화(歸化)는 하루가 급한데 이 세상에서 날을 보냄이 일 년과 같다」고 했다.

살펴보건대 조선의 유학이 오로지 정자와 주자학만을 숭상하였으나, 화담(花潭)은 특별히 기수지학(氣數之學)으로 스스로 초자연의 일파를 세웠다. 그의 문인에는 이름 있는 자가 대단히 많았다. 행촌(杏村) 민 순(閔純), 초당(草堂) 허 엽(許曄), 토정(土亭) 이 지함(李之菡), 졸옹(拙翁) 홍 성민(洪聖民), 사암(思菴) 박 순(朴淳), 수암(守菴) 박 지화(朴枝華), 곤재(困齋) 정 개청(鄭介淸) 등이 모두 공에게서 가르침을 받고 도를 전수받았다.

○ 남명(南冥) 조 식(曹植)이 진주(晋州)의 덕산초당에서 강학할 때, 사람을 가르칠 때는 반드시 그 사람의 자품(資禀)에 따라 격려해서 말했다. 「내가 배울 때에는 졸음을 쫓기 위해 패검(佩劍)을 만들어 명(銘)을 쓰기를, 안으로 밝은 자는 경(敬)이요 밖으로 결단하는 자는 의(義)이다. 이 두 가지는 하늘과 땅에 해와 달이 있는 것과 같은 것이다」라고 했다.

문인 신 계(申誡)에게 말하기를 「배운다는 것은 먼저 지식을 높게 밝히는 것으로, 밝히고 나면 마치 동산에 오르는 것과 같아서 만 가지 사실이 저 아래에 있느니라」했다.

또 말하기를 「자기의 몸을 낮추어 생각을 숨겨야만 강(剛)이 주사(做事)를 이기는 것이니, 천지의 기(氣)는 강(剛)이라서 어떤 일이라도 모두 환하게 알 수가 있느니라」고 했다.

○ 율곡(栗谷) 이 이(李珥)가 해주(海州)의 석담정사(石潭精舍)에서 강학할 때 《격몽요결(擊蒙要訣)》을 지어 문생(門生)들에게 말하기를, 「사람이 세상을 살아가는데 있어서 배우지 않으면 사람이 될 수 없고, 소위 학문을 하는 자는 사물의 옳고 그름을 분별하는 일이다. 이것은 어버이는 당연히 자식을 사랑하고 자식은 당연히 그 어버이에게 효도해야 하며, 신하된 자는 당연히 임금에게 충성해야 하고 부부는 유별해야 하며, 젊은 사람은 마땅히 연장자를 공경해야 하고 벗 사이에는 서로 믿음이 있어야 하느니라.」 즉 오륜(五倫)을 지켜야 한다고 했다.

또 말하기를 「사람의 용모는 추하게 생긴 것을 예쁘게 만들 수 없고, 체력이 약한 것을 강하게 만들 수가 없다. 몸은 작은 것을 크게 할 수가 없는 것이니, 이것은 곧 분수에 따라 타고난 것을 바꿀 수는 없는 것이다. 그러나 마음과 뜻은 바꿀 수 있는 것이다. 어리석은 것은 지혜롭게 할 수 있고 못난 것을 현명하게 할 수 있다. 이것은 곧 마음의 허령(虛靈 : 포착할 수 없으나 그 영험이 불가사이함)이 타고난 재질을 받은 때문이다. 지혜로운 것보다 더 아름다운 것이 없고 현명한 것보다 더 귀한 것이 없는 것인데, 무엇 때문에 지혜롭지 못하여 하늘에서 준 본성을 훼손할 것인가? 사람은 이 뜻을 품고 굳건히 물러서지 않는다면 얼마 안 있어 도(道)에 이를 것이다」했다.

가정지교(家庭之敎 : 가정의 가르침)

○ 일두(一蠹) 정 여창(鄭汝昌)이 젊어서 술을 매우 좋아했는
데, 하루는 친구와 함께 정신없이 술을 마시고 취해서 들판에 쓰
러져 자고 돌아왔다. 이에 그의 모친이 책망해서 말하기를 「내가
미망인(未亡人)으로서 오직 너 하나만 믿고 사는데, 지금 너의 행
실이 이와 같으니 나는 누구를 믿고 산단 말이냐」고 했다. 선생은
깊이 반성하고 다시는 술을 입에 대지 않았다.

○ 동고(東皐) 이 준경(李浚慶)은 어려서 아버지를 여의었다.
어머니 신씨(申氏)는 날마다 《효경(孝經)》과 《대학(大學)》을 가르
치면서 말하기를, 「옛 사람이 말하기를 과부의 아들은 현명하지
않으면 사귀지 말라 했으니, 반드시 10배 더 열심히 공부해서 옛
업(業)을 떨어뜨리지 말아야 한다」고 했다. 이에 공은 그의 형 윤
경(潤慶)과 함께 그 뜻을 공경스럽게 이어받아 힘써 공부하고, 뜻
을 돈독히 하여 마침내 큰 덕(德)을 이루었다.

○ 충무공(忠武公) 이 순신(李舜臣)이 일찌기 말하기를 「대장부
가 세상에 태어나서 나라에 쓰임을 받으면 죽음으로서 보답하고,
쓰이지 않으면 밭 갈고 김 매는 농부로서 족한 것이다. 만약에 권
세 있는 귀족에게 아첨하여 한때의 영화를 도둑질하는 것을 나는
심히 부끄러운 일이라 생각한다」고 했다.

○ 팔송(八松) 윤 황(尹煌)이 대사간(大司諫)으로 재직할 때 호
란(胡亂)을 당하여 척화(斥和 : 화의를 배척함)를 상소하고 또한 임
금에게 올리는 글이 2편 있는데, 모두가 백성을 다스리고 군사를
논하고 농사에 관한 것과 수리(水利)하는 것 등이었다. 가법(家

法)이 매우 엄하여 법도를 그대로 지켜서 행했고, 슬하의 아들 8 형제가 모두 학문과 방정한 품행으로 세상에 이름을 떨쳤다. 손 자인 문성공(文成公) 명재(明齋) 선생은 집안에 대대로 전해 오는 학문을 이어받아 유종(儒宗)으로서 크게 빛났다.

○ 문성공(文成公) 율곡(栗谷) 이 이(李珥)는 말하기를 「자식을 낳거든 조금쯤 아는 것이 있을 때부터 착한 일로 인도해야 한다. 만일에 어리다고 해서 가르치지 않으면, 이미 자란 뒤에는 습관 이 굳어져서 가르치기가 몹시 어려운 것이다. 그리고 가르치는 순서는 마땅히 《소학(小學)》에서부터 시작해야 한다」고 하였다.

○ 문희공(文僖公) 제주(祭酒) 우 탁(禹倬)은 경사(經史)에 통달 하고, 더우기 역(易)에 학문이 깊었다. 정자(程子)의 《역전(易傳)》 이 처음 들어왔을 때 아무도 해득하는 자가 없었는데, 공이 문을 닫고 한 달 넘게 연구한 끝에 모두 해득했다. 교수와 생도 사이에 역리(易理)의 학문이 이로부터 비로소 행하여지게 되었다.

○ 문성공(文敬公) 한훤당(寒暄堂) 김 굉필(金宏弼)은 어려서부 터 호걸스러워 남에게 얽매이지 않더니, 차츰 자라면서 발분(發 憤)하여 공부에 전념하였다. 그가 점필재 김 종직의 문하에서 배 우자, 점필재는 그에게 《소학》 한 권을 주고 가르치면서 말하기를 「진실로 학문에 뜻을 두려면 마땅히 여기에서부터 시작해야 한다」고 했다. 이에 선생은 부지런히 힘써서 뜻을 독실하게 다지 고 힘껏 실천하여, 세상에서 소학동자(小學童子)라고 불렀다.

○ 문경공(文敬公) 모재(慕齋) 김 안국(金安國)은 영남(嶺南)을 안찰(按察)할 당시 풍속의 교화(矯化)로서 사람을 움직이기에 힘 쓰고, 《소학》 및 《오륜행실도(五倫行實圖)》·《여씨향약(呂氏鄕 約)》·《농잠서(農蠶書)》·《벽온방(辟瘟方)》·《창진방(瘡疹方)》 등

24

의 책을 간행하니, 이에 문화가 크게 이루어졌다. 뒤에 성균관의 일을 맡아 가르치기를 열심히 하니 학도들이 몰려 무리를 이루 었다.

○ 문원공(文元公) 회재(晦齋) 이 언적(李彦迪)은 「도(道)는 내 성품에 갖추어졌고 말은 모두 책에 쓰여 있으니, 진실로 뜻을 독 실하게 한다면 이치를 얻지 못할 것이 없다」라고 하였다.

○ 문정공(文貞公) 남명(南冥) 조 식(曺植)은 책을 펴지 않고 강 론하기를, 「지금 학자는 성명(性命)에 대하여 큰소리를 치지만 실 지로는 그 마음을 행하는 것이 없으니, 이는 마치 도회지나 큰 시 장을 거닐면서 진기한 보물이나 기이한 물건을 보고 헛소리로 높 은 값을 부르지만 한 마리 맛있는 생선도 사지 못하는 것과 같다. 성인(聖人)들의 뜻을 옛 선비들이 이미 다 말했으니, 배우는 자들 은 알지 못하는 것을 걱정할 것이 아니라 행하지 못하는 것을 걱 정해야 할 것이다」라고 했다.

○ 문정공(文正公) 하서(河西) 김 인후(金麟厚)는 일찌기 배우는 자들에게 말하기를, 「학문을 하는 데는 반드시 때때로 체인(體認) 해서 기수(沂水)에 목욕할 의사가 있어야만 조금이라도 진보되느 니라」고 했다.

○ 문경공(文敬公) 일재(一齋) 이 항(李恒)은 젊었을 때 호협(豪 俠)하게 노는 것을 좋아하여 활쏘기와 말타기에 모두 뛰어났었다. 나이 서른이 되었을 때 숙부 판서공(判書公)이 이를 못마땅하게 생각하여 꾸짖고 경계하자, 공은 두려워하여 말채찍을 꺾어 버리 고 글 공부를 하고 도를 구하니 진보가 빨랐다. 이때 송당(松堂) 박 영(朴英)이 무(武)를 거쳐서 도를 얻었다는 말을 듣고 급히 찾 아가서, 여러 경서를 연구하여 통달하지 못한 것이 없었다.

○ 문목공(文穆公) 한강(寒岡) 정 구(鄭逑)가 창녕현(昌寧縣)을 다스릴 때, 가숙(家塾)의 제도를 모방하여 네 경계에 서재를 설치하고 훈장을 두어 날마다 가르치고 독려하게 했다. 또 초하루와 보름에는 명륜당(明倫堂)에 앉아서 여러 학생들을 불러다가 종일 강론했다. 이는 그가 젊었을 때 포부가 몹시 커서 우주 사이의 일을 자기의 책임으로 여기지 않는 것이 없었기 때문이다.

○ 문간공(文簡公) 우계(牛溪) 성 혼(成渾)은 과거에 뜻을 끊고 오로지 학문에만 정진했다. 율곡 이 이와 서로 벗으로 사귀어 사단 칠정(四端七情)과 이기 선후(理氣先後)의 학설에 있어서 옛 선비들이 아직 발표하지 못한 것을 많이 말했다. 율곡이 일찌기 말하기를 「만일 견해(見解)의 이르는 바를 의논하자면 내가 그보다 한 치쯤 길지 모르지만, 행동이 도탑고 확실한 것은 그에게 미치지 못한다」라고 하였다.

○ 문정공(文正公) 동강(東岡) 김 우옹(金宇顒)은 경연에 나아가서 연역(演譯)하고 부연해서 아뢸 때, 의리를 공경하고 마음가짐의 요점에 대한 설명이 징싱스러웠으며 천리(天理)와 인욕(人欲)의 기틀을 분석하기를 간절히 하니, 당시 사람들이 그를 강관(講官)의 으뜸으로 추대했다.

「네가 평소에 스승에게 들은 것과 스스로 얻은 것을 가지고 잠(箴)을 만들어 올리라」는 선조 대왕(宣祖大王)의 말을 듣고 공이 육잠(六箴)을 지었다. 즉 정지(正志)・강학(講學)・경신(敬身)・극기(克己)・친군자(親君子)・원소인(遠小人)의 여섯 가지다.

○ 덕계(德溪) 오 건(吳健)은 집이 가난해서 멀리 가서 스승을 구할 수가 없었으므로, 옛 종이로 된 《중용(中庸)》의 대소주(大小註)를 얻어 가지고 단정히 앉아서 글자와 구절의 뜻을 사색하고, 또 이것으로 미루어 장구(章句)를 연구했다. 다음으로 《대학》・

《논어》·《맹자》를 문을 닫고 10여 년 동안 읽는데, 낮에는 무릎을 움직이지 않고 밤에는 눈을 붙이지 않았다. 벼슬에 나간 공은 성주 교수(星州敎授)가 되어 유생들을 뽑아 네 등급으로 나누어 가르쳤다. 성주 목사(星州牧使) 금계(錦溪) 황 준량(黃俊良)과 뜻이 같고 기미(氣味)가 맞아서 마주 앉아 주자서(朱子書)를 토론하는데, 춥고 더운 것을 가리지 않았다.

○ 문충공(文忠公) 학봉(鶴峯) 김 성일(金誠一)은 일찌기 배우는 자에게 이르기를, 「내가 평생에 한 가지 말을 얻은 것이 있으니, 내 허물을 말한 자는 곧 스승이요 내 아름다움을 말한 자는 곧 도둑이다」라고 하였다. 또 말하기를 「사람이 뜻을 세우는 것이 정성스럽지 못한 것을 근심할 것이지, 어찌 재주가 부족한 것을 근심하랴. 재주가 있으면 소인(小人)이 되는 것을 면치 못하고 재주가 없어도 군자가 되는 일에는 해가 되지 않는다. 그렇기 때문에 사람을 묻는 데는 그 재주가 아니라 그 행동을 물을 것이요, 사람에게 권하는 데는 그 글보다는 그 실질적인 것을 앞세워야 한다」라고 하였다.

○ 서애(西厓) 유 성룡(柳成龍)은 어려서부터 학문을 하는데 정밀하고 충실하고 실천하는 것을 주로 하며, 평상시 생활에는 장중하고 공경스러운 것으로 몸을 간직했다. 항상 경제의 교육과 예악(禮樂)의 교화(敎化)에 유의하는 외에 군사를 양성하고 재물을 만드는 일에도 연구하지 않은 것이 없었다. 그리고 임금의 마음을 열어주는 것으로 다스림을 이루는 근본으로 삼아, 임금을 대할 때는 정밀하고 결백한 마음으로 그 성의를 다하여 의리에 근본을 두고 자세하고 간곡하게 말씀을 올렸다.

제 2 권
명 륜(明倫)

골짜기에서 나오니 꾀꼬리가 그칠
것을 알고, 봄이 오니 기러기도 돌
아갈 줄 아네. 밭 맬 때도 소학(小
學)을 옆에 끼고, 잠시도 어기지 말라.
이 재(李縡)

맹자(孟子)가 말하기를 「인륜(人倫)은 위에 밝고 백성은 아래에 친하니, 인륜이란 곧 질서를 말하는 것이다」라고 하였다. 대체로 천지 사이에 가득 차 있는 것이 사물(事物)인데, 이 사물은 각기 모두 다르기 때문에 반드시 법칙과 질서가 있은 뒤에라야 비로소 강기(綱紀)가 세워진다. 오륜(五倫)은 특히 인도와 강기를 강조하는 것이다. 즉, 벼리[綱]를 들면 만 개의 그물눈이 펴지는 것처럼 선현(先賢)들의 유훈(遺訓)을 말하여 어린 선비로 하여금 자기 가정에서 날마다 쓰는 것을 알고 이것을 사회(社會)에 미치게 한다.

명 부자지친(明父子之親 : 부자 사이의 인륜을 밝힘)

퇴계(退溪)가 말하기를 「효도는 백 가지 행실의 근원이니, 한 가지라도 이지러진 것이 있으면 효도가 순일(純一)함을 얻지 못한다」라고 하였다.

○ 회재(晦齋)가 말하기를 「사람의 자식 된 자는 부모를 섬기는 데 반드시 공경을 근본으로 삼고, 몸을 닦고 삼가 행동하는 것을 우선으로 삼아야 한다. 만일 터럭만큼이라도 교만하고 인색한 마음을 가지거나 다투고 어지러운 일이 있으면 반드시 제 몸을 욕되게 하고 부모를 위태롭게 하는 지경에 이를 것이니, 그 불효됨이 큰 것이다. 구복(口腹)의 봉양을 어찌 효도라 할 수 있겠는가」라고 하였다.

○ 율곡(栗谷)이 말하기를 「사람의 자식이 생(生)을 받으면 그 성명(性命)과 혈육(血肉)이 모두 어버이가 남겨 준 것이다. 또 천식(喘息)과 호흡(呼吸)을 하고 기맥(氣脈)이 서로 통하는 것이니, 이 몸은

나의 사사 물건이 아니고 곧 부모가 남긴 기운이다. 그러니 어찌 감히 저절로 그 몸이 있다고 해서 부모에게 효도를 다하지 않을 수 있으랴!

한 가정에서 부자(父子) 사이에는 공경보다 사랑이 지나친 일이 많으니, 반드시 그 존경을 극진히 해서 부모가 앉고 누웠던 곳에는 자식이 감히 앉고 눕지 못하며, 부모가 손님을 대하던 곳에서는 자식이 감히 사사로운 손님을 대하지 못한다.

대체로 부모를 섬기는 자는 아무리 사소한 일이라도 감히 마음대로 행동해서는 안되고 반드시 명령을 들은 후에 행해야 한다. 어떤 일을 하는 것을 부모가 허락하지 않거든 반드시 간곡히 설득해서 승낙을 얻은 후에 행하고, 만일 끝내 허락하지 않더라도 바로 그 생각대로 해서는 안된다.」

○ 여헌(旅軒)이 말하기를 「내 한 몸은 곧 백대(百代)의 조상이 남겨 주신 것이니, 어찌 감히 내 몸이요 내 소유라고 할 수 있으랴! 만일 내 몸을 경솔히 하면 그것은 곧 내 조상을 경솔히 하는 것이다. 혹 그 몸을 욕되게 하거나 무너뜨리는 데 이르게 하는 자는 그 조상을 욕되게 하고 무너뜨리는 것이 된다. 그렇다면 사랑을 다하는 이치와 효도를 이루는 도리는 마땅히 그 몸을 사랑하고 공경하며 소중히 여기는 일에서 비롯되는 것이 아니겠는가!」

○ 문정공(文正公) 미수(眉叟) 허 목(許穆)이 말하기를 「부모를 공경하는 자는 발 한 번 옮기는 사이에라도 감히 부모를 잊어서는 안되는 것이니, 어두운 곳에 가서 허물을 초래하지 말고 험한 데에 가서 몸을 위험하게 하지 말아야 한다. 부모를 사랑하는 자는 말 한 마디 하는 동안에도 감히 부모를 잊어서는 안되는 것이니, 구차하게 거짓말을 해서 욕을 초래하지 말고 구차하게 웃어서 남에게 아양을 떨지 말아야 한다」라고 하였다.

○ 우암(尤菴)이 말하기를 「부모가 성명(性命)을 남겨 주었으니, 이 성명 속에 만 가지 착한 일이 모두 갖추어져야만 한다. 만약 그 중 한 가지만 밝지 못해도 이는 효도가 아니요, 한 가지 착한 일을 행하지 않아도 효도가 아닌 것이다. 모름지기 인욕(人欲)을 다 버리고 하늘의 이치를 회복함으로써 부모가 남겨 준 몸이 항상 청명 정대(淸明正大)한 곳에 서 있게 해야 한다. 또한 비록 부모가 몰(歿)한 후에라도 이 마음이 쇠하지 않아야만 부자 사이의 인륜을 다하는 것이 된다」라고 하였다.

○ 신라 대야(大野)에 죽죽(竹竹)이라는 사람이 있었다. 백제가 대야성(大野城)을 공격하자 성주(城主) 김 품석(金品釋)이 장차 나가서 항복하려 하였다. 그러자 죽죽이 이를 말리면서 「쥐처럼 엎드려서 살기를 도모하는 것은 차라리 범처럼 싸워서 죽는 것만 못하다」라고 하였으나 품석은 듣지 않았다. 이에 죽죽이 흩어지는 군사들을 수습해 가지고 성문을 굳게 닫고 지키니, 개중에는 나가서 항복했다가 뒷날 공세울 것을 도모하자는 자도 있었다. 그러나 죽죽은 「우리 아버지께서 내 이름을 죽죽이라고 지어 주신 것은 나로 하여금 아무리 추워도 움츠러들지 말고, 꺾이는 일이 있을지언정 굽히지 말라는 뜻이었다」라고 말하고 힘껏 싸우다가 죽으니, 뒷사람들이 그 산을 이름하여 죽령(竹嶺)이라 하였다.

○ 고려 총재(冢宰) 최 영(崔瑩)은 재상 옹(雍)의 아들이다. 옹이 영을 경계하기를 「너는 마땅히 금 보기를 돌과 같이 하라」고 하였다. 이에 영은 이 말을 잊지 않고 실천하여 평생토록 입고 먹는 것을 지극히 검소하게 함으로써 아버지의 명령에 따랐다.

○ 문정공(文貞公) 청송(聽松) 성 수침(成守琛)은 묘제법(墓祭法)을 만들고, 묘전(墓田)과 노비를 두고 묘하(墓下)에 집을 지었다. 거기에는 제기(祭器)를 두는 각(閣)이 있고 곡식을 저장하는 창고가 있

으며, 반찬을 구비해 두는 청(廳)이 있고, 치재(致齋)하는 방이 있었다. 그외에 상석(床席)과 기용(器用)의 사소한 것까지도 모두 정고(精固)하게 규획(規劃)을 세워, 이를 장부에 기록하여 원대한 계획을 했다.

○ 문충공(文忠公) 오리 상국(梧里相國) 이 원익(李元翼)은 세 살 때 배가 고파서 젖을 찾았으나 모부인(母夫人)이 마침 응접(應接)할 일이 있어서 즉시 젖을 먹이지 못했다. 이에 공이 모부인의 머리털을 두어 가닥 잡아 뽑으니 부인은 몹시 아파서 눈물을 흘렸다. 공은 이것을 보고 놀라 마음으로 슬프게 여겼으며, 그 이후부터는 모부인의 머리털만 보면 갑자기 손을 내저으면서 감히 가까이 가지 않았다. 또한 말을 하게 된 뒤에는 항상 이 일로 해서 슬퍼하고 탄식함을 스스로 금치 못했다.

○ 임연재(臨淵齋) 배 삼익(裵三益)은 천성이 지극히 효성스러웠다. 일찍 어머니를 여의고 서모(庶母)를 맞았다. 서모가 그를 사랑하지 않아 그 아버지가 장차 내쫓으려 하자 공이 울면서 말려서 중지시켰다. 또 아버지가 돌아가신 후에는 초상을 마치자 서모에게 집 재산을 나누어 주어 위안시켰다.
평일에 예(禮)로써 스스로를 지키고, 항상 자제(子弟)들이 조보(朝報)를 보는 것을 경계하여 「사자(士子)로서 마땅히 글을 읽어 뜻을 구할 것이지 조정 정사를 듣는 일은 너희들이 할 일이 아니다」라고 하였다.

○ 문경공(文敬公) 신독재(愼獨齋) 김 집(金集)은 사계(沙溪)의 아들이다. 일찌기 진서산(眞西山)의 「홀로 걸어가도 그림자가 부끄럽지 않고, 홀로 누웠어도 이불이 부끄럽지 않다(獨行不愧影, 獨臥不愧衾)」라는 말을 좋아하여 스스로 호(號)를 신독재라고 하였다.

○ 문강공(文康公) 잠야(潛治) 박 지계(朴知誡)는 소요당(逍遙堂) 세무(世茂)의 손자이다. 다섯 살 때 어머니가 칼에 손가락을 배자 공은 이것을 보고 놀라 울다가 남모르게 칼을 꺼내 자기 손가락을 베어 얼마나 아픈가를 시험해 보았다. 괴산(槐山)에 살 때 어머니가 병환으로 여러 해 동안 누워 있자 공은 밤낮으로 간호를 했는데, 졸음이 오는 것을 참기 위하여 목침(木枕)으로 이마를 괴고 있어서 양쪽 눈썹이 다 빠졌다.

○ 충경공(忠景公) 유 형(柳珩)은 일찍 아버지를 여의고 어머니 임씨(林氏)와 살았는데 집이 가난해서 살아갈 길이 막연했다. 그런데도 형은 말 달리고 칼 쓰기를 좋아하여 생산(生産)에 힘쓰지 않고, 경술(經術)도 공부하지 않았다. 이에 그 어머니가 울면서 「내가 죽지 않고 살아 있는 것은 오직 네가 있기 때문인데 네가 이제 이와 같으니 내가 누구를 믿고 산단 말이냐?」라고 하니, 형은 「제가 기필코 이 집을 일으켜 세워서 어머님을 영화롭게 해 드릴 것이니 걱정하지 마시옵소서」 하고 물러나왔다. 그리고 울면서 홀로 탄식하기를 「생전에 아버지 얼굴을 알지도 못하고 또 어머니로 하여금 먹는 것도 궁하게 하다니 이것은 사람이 아니로다」 하고, 드디어 산업(産業)에 힘써 넉넉하게 살았다.

그는 또 스승을 찾아 학문을 배우다가 「장부(丈夫)가 하필 경서에만 구애된단 말이냐!」 하고 탄식하고, 임진년에 칼을 들고 사천(泗川) 싸움에 나가 이충무공(李忠武公)과 함께 힘껏 싸워서 공을 세웠다.

○ 문간공(文簡公) 지산(芝山) 조 호익(曺好益)은 제사지낼 때 더욱 조심하여 모든 기용(器用)을 따로 딴 집에 간직해 두고, 집사(執事)들로 하여금 제사 전날에 목욕하고 무명으로 입과 코를 막은 뒤에 그릇을 씻고 음식을 장만하게 했다. 우물물은 미리 길어 두어

딴 사람이 함께 쓰지 못하게 하고, 식초와 간장도 역시 따로 두어
딴 음식에는 쓰지 못하도록 했다.

○ 한 순계(韓舜繼)는 개성(開城) 사람이다. 학문을 좋아하여 문
장에 능했으나 집이 가난했으므로 늙은 어머니를 봉양하기 위해
유기 만드는 것을 업(業)으로 삼았다 그는 낮이면 그릇을 만들고
밤이면 글을 읽는데, 그 그릇이 정밀하고 좋은데다 값이 싸므로 사
람들이 다투어 사 갔다. 이에 순계는 「시장 안에 반드시 나로 인해
이익을 잃는 자가 있을 것이다」 하고 항상 한낮도 되기 전에 장사
를 그만두었으며 어머니가 죽은 후에는 다시 시장에 가지 않았다.
  이 율곡(李栗谷), 성 우계(成牛溪)가 이 소문을 듣고 찾아갔다가
놀아와서 말하기를 「참으로 저자에 숨은 사람이로다」라고 했는데,
이때부터 사람들이 그의 호를 시은(市隱)이라고 하였다.

○ 권 을(權乙)은 창원(昌原) 사람이다. 세 살 때 그 아버지가 임
진 왜란을 만나 바다에 빠져 죽었는데, 어머니에게 이 사실을 듣고
몹시 가슴아파하였다. 이로부터 바다에서 나는 것은 먹지 않았고,
뒤늦게나마 3년 동안 상복을 입었으며, 평상시에 사람을 대해도 즐
겁게 웃지 않았다.

○ 서포(西浦) 김 만중(金萬重)은 성품이 지극히 효성스러웠다.
유복자로서 아버지의 얼굴을 모르는 것을 평생토록 가슴아파했으
며, 어머니 윤씨(尹氏)를 깊은 사랑으로 섬겨서 부모를 기쁘게 하
는 것을 소중히 여겼다.
  책을 좋아하는 윤씨를 위하여 고사(古史), 이서(異書), 패관잡기
(稗官雜記)에 이르기까지 밤낮으로 곁에서 이야기해 드려 한번 웃을
자료로 삼았다. 젊었을 때부터 늙은 후까지 관청 일이 아니면 그
곁을 떠나지 않았고, 딴 집에서 살기 시작한 뒤로는 날마다 이른
아침에 가서 살피고 자정이나 되어야 돌아갔다.

○ 벽산(碧山) 정 민수(鄭民秀)는 어려서 아버지를 여의고 어머니와 함께 살았다. 그런데 집이 가난해서 조석 식사도 올릴 수가 없어서 발을 벗고 시장에 나가서 양식을 구해다가 죽을 쑤어 올리는 것을 일과로 삼았다.

어머니가 죽자 묘 옆에 여막을 짓고 3년 동안 살면서 손수 음식을 장만하여 제사를 올렸는데, 일찌기 바람이나 비로 해서 폐하는 일이 없었다.

○ 박천(博川)에 사는 조 진언(趙鎭彦)의 아내 현씨(玄氏)는 성품이 본래 순효(純孝)했다. 나이 16세에 시집을 가서 홀로 된 늙은 시아버지와 형제들과 한 집에 살았는데, 얼마 안 되어 모두 상처해서 홀아비가 되었다.

시집간 지 24년 만에 그 남편이 죽자 사람들이 개가(改嫁)하라고 권했으나 현씨는 울면서 「내 몸이 개절(改節)하는 것은 별 문제가 아니지만 시숙 두 분이 홀로 되어 의지할 곳이 없으니 조카들은 이리저리 떠돌다가 구렁에 쓰러지는 신세를 면치 못할 것이오. 그러니 어찌 하늘의 벌이 없으리요. 나는 차마 그러지 못하겠소」하고, 낮이면 밭을 매고 밤이면 길쌈을 하여 두 시숙 섬기기를 시아버지처럼 하고 두 조카 돌보기를 자기 자식과 같이 했다.

그후 두 시숙이 죽자 예를 갖추어 장사지내고 두 조카를 모두 성취시켜서 집을 계승하게 했으니, 이것으로 미루어 그녀의 효성을 짐작할 만하다.

○ 윤 기문(尹起文)의 아내 김씨(金氏)는 시부모를 받드는 데 음식을 잘 봉양하고 얼굴빛을 부드럽게 했으며, 동서들을 온화하게 대하고, 종족(宗族)을 정성껏 대접했다. 제사를 받들고 손님을 접대하는 데 효도와 공경하는 마음으로 지극히 정갈하게 했으며, 동정(動靜)과 말하는 것이 처음 시집왔을 때 그대로 변하지 않았다. 이러한 그녀의 효성에 하늘도 감동한 듯 시부모가 병이 났을 때 세

번이나 꿩이 저절로 날아들어왔으며, 한번은 오리가 물동이로 날
아들기도 했다.

○ 최 치학(崔致學)의 아내 김씨(金氏)는 성품이 온순하고 너그러
웠다. 집이 몹시 가난해도 남편에게 불만스러운 기색을 보이지 않
았으며, 낮이면 남의 방아를 찧어 주고 밤이면 길쌈을 하여 비록
하찮은 물건이라도 반드시 시부모의 성질에 맞게 하였다. 또 혼정
신성(昏定晨省)하는 예절과 따뜻하고 시원하게 하는 정성을 다해 그
때를 어기지 않았다.
　남편의 아우 두 사람과 어미 없는 외로운 조카를 돌보아 기르느
라고 항상 고달프고 괴로왔지만 수고로움을 잊고 부모의 뜻을 기
쁘게 해 수려고 애썼으며, 안으로는 친척과 화목하고 밖으로는 이
웃과 마을 사람들을 돌보았다.

○ 김 병렬(金秉烈)의 아내 홍씨(洪氏)는 종한(宗漢)의 딸이다. 나
이 20세에 김씨(金氏)에게 시집가서 시부모를 극진히 섬겼다. 나이
팔순(八旬)을 지나 병으로 자리에 누운 시부모를 7,8년 동안 정성을
다하여 간호를 하였다.　어느 날 후원에서 시끄럽게 울고 있는 까
마귀를 보고 홍씨가 「새야! 네 소리가 상서로운 것이냐, 상서롭지
못한 것이냐? 상서롭다면 부모님의 병을 낫게 해 주고 상서롭지
못하다면 나에게 빌미를 돌려보내라」고 했더니 까마귀가 갑자기
울음을 그쳤으며, 그후 부모님의 병이 드디어 완쾌되었다.
　그후 시부모가 이질(痢疾)을 몹시 앓아 고칠 수가 없었는데, 어
느 날 개고기를 먹고 싶다고 하였다. 이에 홍씨는 집에서 기르던
개를 어루만지면서 「너와는 여러 해 동안 한솥밥을 먹었으니 한집
안 식구나 다름없다. 사람과 짐승이 비록 다르다고 하나 그렇듯 정
든 너를 죽여야 하니 애석하기 그지없구나」 하고 눈물을 흘렸다.
개는 그 말을 듣자 한 바퀴 돌더니 높이 뛰어올랐다가 떨어져 죽었
는데 그 고기를 갖다 바치자 시부모의 병이 나았다.

명 군신지의(明君臣之義 : 군신의 의리를 밝힘)

고려사(高麗史)를 보면 성종(成宗) 9년에 김 심언(金審言)이 설원(說苑)의 육정 육사(六正六邪)의 설(說)을 인용하여 육관(六官)의 여러 서국(署局) 및 12도(道)의 주현(州縣)에 청하여 관사(官舍)의 벽에 각각 그 글을 써서 출입할 때 살펴 보도록 했다.

육정(六正)이란 무엇인가?

싹이 움직이지 않으면 형상이 나타나지 않는다. 그러나 흥망(興亡)의 기틀은 미연에 방지해서 임금으로 하여금 초연(超然)히 현영(顯榮)한 곳에 서 있게 해야 한다. 이런 자는 곧 성신(聖臣)이다.

마음을 비우고 뜻을 펴매 착한 일을 하도록 하고, 도(道)로써 임금을 예의로 권면(勸勉)하고 좋은 방책으로 의논하여, 장차 그 아름다움을 순응하고 그 악한 것을 구해 주라. 이런 자는 곧 양신(良臣)이다.

일찍 일어나고 늦게 자며 어진 일을 하게 하여 게으르지 않고, 지나간 일을 자주 말해서 임금의 뜻을 일깨워 주라. 이런 자는 곧 충신(忠臣)이다.

성패(成敗)를 밝게 살펴 일찍 방지하고 구원함으로써 화가 복이 되도록 하여 임금으로 하여금 끝내 근심이 없게 하라. 이런 자는 곧 지신(智臣)이다.

문(文)을 지키고 법을 받들며, 벼슬자리에 나아가서는 녹(祿)을 사양하고 하사(下賜)하는 것을 사양하여 음식을 절약하고 검소히 하라. 이런 자는 곧 정신(貞臣)이다.

국가가 어둡고 어지러울 때 하는 일에 소홀히하지 않고, 임금 앞에서 그 허물을 말한다. 이런 자는 곧 직신(直臣)이다.

육사(六邪)란 무엇인가?

벼슬에 편안하고 녹을 탐하며, 공사(公事)에 힘쓰지 않고 세상과 함께 부침(浮沈)하면서 좌우로 돌아본다. 이런 자는 곧 구신(具臣)이다.

임금이 하는 말은 모두 옳다 하고, 임금이 하는 일은 모두 좋다고 한다. 은밀히 임금의 좋아하는 바를 구해다 바쳐서 임금의 눈과 귀를 즐겁게 하며, 도둑질해서 합치고 구차히 잘 뵈어 임금과 함께 즐거움을 삼고 그 뒤의 해로움은 돌아다보지 않는다. 이런 자는 곧 유신(諛臣)이다.

마음은 실상 음흉하고 거짓스러우면서 겉으로는 삼가는 척하며, 교묘한 말과 선한 얼굴빛으로 착한 이를 질투하고 어진 이를 미워한다. 또 앞으로 나아가게 하려 하면 그 착한 것은 밝히고 악한 것은 숨기며, 물러가게 하려 하면 그 허물은 밝히고 아름다운 것은 숨겨서 임금으로 하여금 상벌(賞罰)을 그르치게 하고 명령이 행해지지 못하게 한다. 이런 자는 곧 간신(奸臣)이다.

지혜로써 족히 잘못된 것을 감싸고 말로써 족히 남을 기쁘게 하여, 안으로 골육(骨肉)의 친척을 이간시키고 밖으로는 조정에 어지러운 것을 꾸민다. 이런 자는 곧 참신(讒臣)이다.

권세를 혼자 차지하고 세력을 맘대로 하여 경중(輕重)을 임의로 하고 사사로운 집에서 무리를 만들어 부가(富家)를 만들며, 임금의 명령을 거짓 꾸며서 스스로 귀현(貴顯)하게 된다. 이런 자는 곧 적신(賊臣)이다.

임금을 못나고 간사한 데 빠뜨리고 임금을 불의(不義)에 빠뜨리며, 붕당(朋黨)을 만들어 임금의 밝은 것을 가리고, 흑백(黑白)에 분별이 없고 시비(是非)가 틈이 없어서 임금으로 하여금 악한 일이 경내(境內)에 퍼지고 사방에 들리게 한다. 이런 자는 곧 망국(亡國)의 신하이다.

○ 용계(龍溪) 이 연송(李連松)은 수안(遂安) 사람으로 안 회헌(安晦軒)의 문하에서 공부했다. 충선조(忠宣朝) 때 산동(山東)의 쌀 4백

만 섬을 빌어다가 팔도(八道)의 굶주린 백성을 구제하기를 청했고, 경사자집(經史子集)의 판본(板本)을 간행했다. 또 3백 고을에 공자묘(孔子廟)를 세우고 가동(家僮) 소근각(小斤角) 등 6백 호를 보내어 묘사(廟祀)를 지키고 받들게 했다.

그는 충선왕(忠宣王)을 따라서 원(元)나라에 들어갔다가, 임금이 욕되면 신하가 죽어야 마땅하다며 금산사(金山寺)에서 약을 먹고 죽었다.

○ 태종(太宗 : 조선) 2년 여름에 날이 몹시 가물자 임금이 이를 몹시 근심하여 눈물을 흘리며 위에 올리기 위한 사냥을 중지하고 하루에 찬 한 가지만 올리라고 명했다. 또 나라를 다스림에 있어 백성들의 심정을 헤아리지 못하는 일이 있지 않을까 걱정하여 대궐 밖에 신문고(申聞鼓)를 설치해 놓고 억울한 일이 있는 백성들로 하여금 와서 이 북을 쳐서 임금이 듣도록 했다.

태종이 죽으면서 「해마다 가뭄이 심하면 내가 마땅히 상제(上帝)께 호소하리라」는 유명(遺命)을 내렸는데, 그후로는 해마다 5월 보름 전에 반드시 비가 내렸다. 이 비를 백성들이 이름하여 태종우(太宗雨)라고 하였다.

○ 세종(世宗)이 병이 나자 나인들이 무당을 시켜 성균관(成均館)에 가서 기도를 올리게 하였다. 그러자 성균관 유생(儒生)들이 무녀(巫女)들을 때려 쫓았다. 무녀들이 노해서 이 사실을 내전(內殿)에 고하자, 임금이 이 말을 듣고 좌우에 명하여 부축받아 일어나 앉아 「선비들의 기개가 이같이 높은 것을 보니 내 병이 낫겠다」라고 하였다.

또 갈증(渴症)을 앓자 국의(國醫)가 「흰 수탉과 양고기라야 고칠 수 있사오니 청컨대 유사(有司)로 하여금 매일 만들어 올리게 하시옵소서」라고 하였다. 그러나 임금이 「그렇게 할 수는 없다. 내가 먹자고 어찌 생물을 죽인단 말이냐! 더구나 양은 이 나라에서 나는 것도 아니지 않느냐」 하고 끝내 허락하지 않으니, 당시에 세종을 가리켜 동방(東方)의 요순(堯舜)이라고 일컬었다.

○ 정암 선생(靜庵先生)이 진강(進講)한 후 물러나와서 배우는 자들에게 이르기를 「사람이 아무리 아름다운 바탕이 있어도 반드시 학문을 기다린 뒤에야 임금 섬기는 도를 아는 것이다. 대체로 진강할 때에는 아무리 소관(小官)이라도 경의(經義)를 토론해서 임금으로서의 도리를 극진히 하게 하고 임금의 덕을 보양(輔養)한다면 이에 지나칠 것이 없을 것이다」라고 하였다.

○ 모재 선생(慕齋先生)이 말하기를 「평소에는 속이지 말고 직책을 다하며, 위태로운 일에 임하면 죽음을 각오하여야 한다」라고 하였다.

○ 문정공(文正公) 사재(思齋) 김 정국(金正國)이 「교리(校理)로부터 전한(典翰), 직제학(直提學)을 거치는 동안 반드시 강독(講讀)할 책을 가져다가 첫머리부터 끝에 이르기까지 읽고 또 읽어 의심나는 것이 없게 하였다. 또 입직(入直)할 때면 언제나 요우(僚友)들과 함께 밤을 새워 의심나는 것을 물어서 흡족히 안 뒤에야 경연(經筵)에 나가서 강독을 했다. 그런데 지금의 연신(筵臣)들은 강독할 책을 보지도 않고 임박해서 꺼내 읽다가 창황중에 잘못 대답하니 참으로 큰일이다」라고 하니 강독하는 신하들에게 경계가 되었다.
 이천(伊川)은 진강할 때가 되면 반드시 일찍부터 미리 경계하여 임금의 마음을 감동시킬 것을 바랐다 하니, 신자(臣子)의 마음가짐이 마땅히 이와 같아야 할 것이다.

○ 퇴계 선생(退溪先生)의 성학십도(聖學十圖) 중 차자(箚子)에서 말하기를 「인주(人主)의 한마음은 만기(萬機)의 시작이요 백 가지 책임이 모이는 곳이어서, 모든 사람이 서로 공격하려 하고 간사한

무리들이 다투어 침입합니다. 그러므로 태만하고 소홀하며 방종한 것을 그대로 계속 두면 마치 산이 무너지고 바다가 끓는 것 같을 것이오니 누가 막을 수 있겠읍니까! 이제 삼가 성학십도를 써서 올리오니, 만일 물리치시지 않는 혜택을 입는다면 청컨대 이 글로 어병(御屛) 1좌(座)를 만들어 맑고 한가한 장소에 펴 두시고, 이 글을 보실 때마다 두루 살피시고 경계하시는 마음을 갖게 되신다면 충성을 원하는 뜻에 이보다 더 큰 다행함이 없겠나이다」라고 하였다.

○ 장양공(莊襄公) 이 종생(李從生)은 무예(武藝)가 뛰어나서, 사도절도사(四道節度使)까지 되었다. 그 즈음 이 시애(李施愛)가 반란을 일으켜 10개의 성을 점령하자 세조(世祖)가 명하여 종생(從生)으로 선봉(先鋒)을 삼아 토벌하게 하였다. 그러나 적병의 세력이 몹시 강성해서 좌우가 모두 떨고 감히 앞으로 나가지 못했으며, 대군(大軍) 또한 아직 도착하지 않았다.

이때 종생은 용감하게 나가 싸우면서 여러 장수들에게 「국가의 안위(安危)가 이 한번의 싸움에 달려 있다. 이제 적의 형세가 이와 같은데 여러 장수들은 어찌 죽을 힘을 내서 싸우지 않는가?」하고 즉시 말에서 내리더니 나무를 뽑아들고 좌우로 휘두르며 꾸짖었다. 이에 군사들이 모두 두려워하여 북을 치면서 전진하고 종생이 말을 달려 힘껏 싸우니 적의 형세가 몰리고, 또 대군이 계속해 와서 큰 공을 세웠다.

○ 충무공(忠武公) 이 순신(李舜臣)이 고금도(古今島)에 있을 때 명(明)나라 장수 진린(陳璘)이 몹시 사납다는 소문을 들었다. 이에 그는 미리 물고기를 많이 잡아 술안주를 마련해 놓고 멀리 나가 맞아서 그 군사를 대접했더니 인(璘)이 크게 기뻐하였다. 그후 충무공의 휘하(麾下) 송 여종(宋汝悰)이 인의 군사와 합쳐서 싸웠는데, 여종은 적의 수급(首級)을 얻은 것이 매우 많고, 인의 군사는

얻은 것이 없었다. 충무공이 여종에게 이르기를 「네가 비록 적의 수급을 명나라 군사에게 준다 해도 그 공은 스스로 내 장계(狀啓) 속에 있는 것이니, 어찌 구차하게 이를 아끼겠느냐?」하고 드디어 수급을 인에게 보내면서 「우리 군사가 수급을 얻은 것은 공의 힘이었다」라고 하였다. 그러자 인이 크게 기뻐하고 심복(心服)하여 말하기를 「이 순신은 천지를 다스리는 재주가 있고 국가에 큰 공이 있으니 왕의 나라는 희망이 있읍니다」라고 하였다.

○ 충장공(忠壯公) 김 덕령(金德齡)은 대대로 광주(光州) 석저촌(石底村)에 살아서 세상 사람들이 석저 장군(石底將軍)이라고 불렀다. 그는 용맹이 남보다 뛰어나고, 노하면 눈에서 불꽃이 튀어 비록 어두운 밤이라도 그 빛이 몇 리(里)를 비추었다.

집안은 본래 한미(寒微)했으나 유학을 공부해서 그를 모르는 사람이 없더니, 임진왜란 때 많은 공을 세웠다. 그런데 그만 이 봉학(李夢鶴)의 역초(逆招)에 연루되었다는 누명을 쓰게 되었다. 이에 조정에서 사자(使者)를 보내어 쇠사슬로 묶자, 공(公)은 웃으면서 「내가 만일 모반(謀叛)하려 한다면 어찌 이런 것으로 나를 금하겠느냐?」하고 한번 몸을 떨자 쇠사슬이 모두 끊어졌다. 그러자 공은 앞으로 나아가 「신(臣)이 나라의 후한 은혜를 입어서 맹세코 적을 멸하겠다는 마음뿐인데 어찌 즐겨 역적 조무라기를 따라 모반했겠읍니까?」라고 하였다. 그러나 결국 무함(誣陷)에 빠져서 엄한 형벌을 받다가 옥중에서 죽으니, 뒷사람들이 분하게 여기고 애석해했다.

○ 김 학봉(金鶴峰)이 경연(經筵)에 앉아 있는데 선조(宣祖)가 「경(卿)들은 전대(前代)의 제왕(帝王)들과 비교해 볼 때 과인이 어떠한 임금과 같다고 생각하느냐?」라고 묻자 어떤 사람이 「요순(堯舜) 같은 임금이십니다」라고 대답했다. 그러나 공은 「요순이 되실 수도 있고, 걸주(桀紂)가 되실 수도 있읍니다」라고 했다. 이에 임금이 노

해서 「요순과 걸주가 어떻게 같은 것이냐?」하고 묻자 공이 대답하기를 「생각을 옳게 하면 성인(聖人)이 되고, 망녕되게 하면 미친 사람이 되는 것입니다. 전하께서는 천품이 고명(高明)하시니 요순이 되는 것은 어렵지 않으십니다. 다만 간(諫)하는 말을 막는 병이 있사온데 간하는 말을 막은 것이 걸주가 망한 원인이 아닙니까?」라고 하였다. 이 말을 듣고 임금이 얼굴빛을 변하며 고쳐앉으니 경연 안 신하들이 모두 놀라고 두려워했다.

이때 서애(西厓) 유 성룡이 앞으로 나아가 「두 말이 다 옳습니다. 요순에게 비한 것은 임금을 이끄는 말이요 걸주에게 비한 것은 임금을 경계한 말이니, 모두 임금을 사랑한 것입니다」라고 하자, 임금이 얼굴빛을 고치고 명하여 술을 주게 하였다.

○ 청허 선사(淸虛禪師) 휴정(休靜)은 성이 최(崔)씨요 이름이 여신(汝信)이다. 임진왜란으로 선조(宣祖)가 서쪽으로 파천하자 그는 칼을 짚고 가서 알현했다. 선조는 청어를 보고 「지금 나라 일이 몹시 위태로운데 네 능히 자비(慈悲)와 보제(普濟)의 마음을 나타낼 수 있겠느냐?」라고 물었다. 그러자 청허는 울면서 「신은 늙고 병들어서 감히 전장에 나가지는 못하겠나이다. 하오나 신의 제자들이 여러 곳에 흩어져 있사오니 마땅히 의병을 일으키도록 하겠읍니다」라고 대답하였다.

그후 유정(惟政 : 四溟堂)이 관동(關東)에서 일어나고, 처영(處英)이 호남(湖南)에서 일어났으며, 영규(靈圭)는 호서(湖西)에서 일어나 모두 크게 공을 세웠다.

○ 효열공(孝烈公) 고 종후(高從厚)는 충렬공(忠烈公) 경명(敬命)의 아들이요, 의열공(毅烈公) 인후(因厚)의 형이다. 그는 사방으로 격문(檄文)을 띄워 군사를 모으고 양식을 거두어 가지고 여러 곳에서 싸우다가 영남(嶺南)에 이르렀는데, 날이 갈수록 군사들의 사기가 점점 더 높아졌다. 그러나 진주(晋州)에 들어갔다가 적에게 포위당

하자 일이 잘되지 못할 것을 알고 건재(健齋) 김 천일(金千鎰)과 같이 죽으니, 그 부자 형제도 따라서 순국(殉國)했다. 또 그 누이는 노씨(盧氏)의 부인이요 사촌 누이는 안씨(安氏)의 부인인데, 모두 적을 꾸짖다가 죽음을 당했다.

○ 백암(栢巖) 김 늑(金玏)은 한원(翰苑)에 있을 때 글을 올려 임금의 덕을 높이 칭찬한 적이 있었다. 이에 명종(明宗)이 그를 앞으로 불러 「네가 나에게 영특하고 지혜가 있다고 했는데 무슨 증거로 그런 말을 했느냐?」 하고 책망하자 그는 「오늘 같은 일이 바로 그렇습니다」라고 대답하였다. 이 말을 듣자 임금은 더욱 대로했는데 잠시 후 그 뜻을 깨닫고, 근시(近侍)들을 모아 놓고 늑을 위한 사례로 술을 내렸다.

공이 일찌기 영월 군수(寧越郡守)가 되었는데, 군(郡)에 잡귀가 있어 군수가 부임만 하면 곧 죽어버리는 변고가 있었다. 이에 공은 부임하자마자 노산군(魯山君 : 端宗)의 묘를 찾아가 뵙고 나서 신위(神位)를 받들어 송부인(宋夫人)도 함께 모시고 소를 잡아 제사를 지냈는데, 그후로는 그런 변고가 없어졌다.

○ 정용재(靜容齋) 임 권(任權)이 일찌기 경연(經筵)에서 「김 안로(金安老)는 조정에 있어 소인(小人)의 무상(無常)한 자이므로 그 무리들이 악한 짓을 하는 것은 당연하다 하더라도 전하마저도 거기에 휩쓸려 그들이 악한 짓을 하도록 내버려 두시니, 이는 무슨 까닭이십니까?」 하니, 중종(中宗)은 「내 그 책망을 면할 수가 없노라」라고 대답하였다.

○ 문정공(文貞公) 상촌(象村) 신 흠(申欽)은 인조 반정(仁祖反正) 때 우의정(右議政)이 되었는데, 당시 모반하는 자가 끊이지 않았다. 이에 공은 임금께 아뢰기를 「새로 교화를 펴는 마당에 사람들로 하여금 원한을 품게 해서는 안됩니다. 하오니 마땅히 먼저 덕의(德

44

意)를 베푼 뒤에 형정(刑政)을 실시하도록 하십시오」라고 하니, 임금은 얼굴빛을 고치고 즉시 명하여 갇힌 죄수들을 모두 용서해 주게 했다.

이튿날 용서받은 자들이 공의 집 문 밖에 모여들어 사례할 것을 의논하자 공은 이를 거절하면서 「내가 나라를 위해서 한 일이지 어찌 사사로이 너희들을 위해서 했겠느냐」고 하였다.

○ 노협(盧協)과 이만(李曼)의 일 때문에 청(淸) 나라에서 온 사신이 모든 공경(公卿)들을 대궐 뜰에 모아 놓고 엄히 문책하였다. 그랬더니 그들은 대뜸 허물을 임금에게로 돌렸다. 그러자 백헌(白軒) 상국(相國) 이 경석(李景奭)은 「허물은 신에게 있는 것이고 상(上)께서는 알지 못하는 일이오」라고 했다. 이에 청나라 사신이 소리를 높여 「누가 이 일을 아뢰었는가?」 하고 묻자 경석은 「이 일을 한 것은 나요」라고 대답했다. 이날 그 자리에 모인 사람들은 곧 화(禍)가 닥칠 것이라고 하여 사람의 얼굴빛이 아니었으나, 경석은 홀로 편안히 응대(應待)하여 보는 자로 하여금 송구하게 만들었다. 이것을 보고 청나라 사신도 또한 「이 나라에는 오직 이상국(李相國) 한 사람뿐이다」라고 감탄하였다.

○ 상국(相國) 김 재찬(金載瓚)은 영상(領相) 익(熤)의 아들이다. 그가 원춘관찰사(原春觀察使)가 되어 떠나기 전에 임금을 알현하자 임금은 일찍이 그의 아버지 익이 병이 났다는 말을 들었으므로 약을 내오게 하여 친히 봉해 주면서 「이 약을 경의 아버지께 갖다 드리시오」라고 하였다.

재찬이 집에 돌아가서 임금의 뜻을 전하자 익은 정색하고 말하기를 「국가에서 대신(大臣)인 나에게 물건을 내리는 데는 공체(公體)가 있는 법인데 어찌 사사로이 네게 보낸단 말이냐. 또 이렇게 공체를 모르는 네가 어떻게 방백(方伯)이 되어 백성들을 다스린단 말이냐!」 하고 즉시 약을 도로 갖다 바치게 했으며, 또 사직하여 부임하지 말라고 했다. 정조(正祖)가 이 말을 듣고 가상히 여겨 의원을 시켜 약을 내리고, 또 재찬을 허물하지 말도록 타일렀다.

○ 영상(領相) 김 치인(金致仁)은 사람됨이 바르고 곧았다. 그가 정승이 되어 영조(英祖)를 알현하기 위해 입조(入朝)하는데, 사모(紗帽)를 높다랗게 쓰고 들어갔다. 이에 영조가 「경의 사모가 몹시 높도다」라고 말하니, 치인은 「이 사모까지 굽힐 수야 없지 않습니까?」라고 대답하였다.

○ 동춘 선생(同春先生)이 일찌기 입시(入侍)했을 때, 효종(孝宗)이 친히 술을 따라 주면서 마시라 명하여 석 잔이나 마셨는데도 「사양하지 말라」고 하였다. 이에 공은 잔을 들어 땅에 놓고 말하기를 「청컨대 신이 고사(故事) 하나를 아뢴 뒤에 감히 마시겠나이다」 하고, 이어서 계속 말했다. 「세조(世祖) 때의 신하 신 숙수(申叔舟)는 그 제우(際遇 : 운좋게 임금의 신임을 얻음)가 어떠했읍니까? 그가 일찌기 세조를 모시고 술을 마셨는데 그만 몹시 취해서 세조의 손을 잡고 큰 소리로 부르기를 그치지 않았읍니다. 이에 좌우가 말렸으나 숙주는 정신이 혼미하여 누워서 인사를 차리지 못했읍니다. 그러자 임금은 사람을 시켜서 업어다가 그 집에 돌아가게 했읍니다. 평소에 숙주는 밤이 깊은 뒤에 일어나서 반드시 큰 소리로 글을 읽었는데, 이날은 좌우 사람이 비밀히 그 집 사람을 시켜 등불을 치워서 글을 읽지 못하게 했읍니다. 숙주가 평상시와 마찬가지로 밤중에 일어나 등불을 찾았으나 찾을 수가 없어서 그대로 밤새 잠을 잤읍니다. 이날 밤에 상(上)께서 마음속으로 미워하여 사람을 시켜 가서 들어보게 했으나 숙주는 글을 읽고 있지 않았읍니다. 이리하여 그가 정말 취했었다는 것을 알고 비로소 평일의 의심이 풀어졌다고 합니다. 이 일을 군신(君臣) 사이의 거울로 삼아 마땅히 경계해야 할 것이옵니다」 하고 비로소 잔을 받들어 마시니, 임금은 얼굴빛을 고치고 칭찬했다.

46

○ 충숙공(忠肅公) 쌍백당(雙栢堂) 이 세화(李世華)가 강원도 관찰사를 사퇴하고 호서(湖西)의 시골집으로 내려가 있을 때였다. 숙종(肅宗) 기사년(己巳年)에 곤전(坤殿)이 그 자리에서 물러났다는 말을 듣고 그는 양곡(暘谷) 오 두인(吳斗寅) 등과 소문(疏文)의 초고(草稿)를 만들고, 정재(定齋) 박 태보(朴泰輔)가 집필해서 이를 임금에게 올렸다. 이를 본 임금이 친히 국문하기를 「이 소를 지은 게 누구냐?」고 하자, 공은 「박 태보는 오직 글씨를 썼을 뿐이고 글을 만든 것은 신이 한 일입니다」라고 하였다.

이에 임금이 대로하여 공을 심히 고문하게 하였다. 그리하여 거의 숨이 끊어지게 되었는데 공은 소리 높여 말하기를 「평소에 신이 나라를 위해서 죽기를 원해 이제 소원을 이루었사오나 이 일로 인해 전하의 덕에 누가 미칠까 두렵습니다.

또 신의 죄가 비록 크더라도 한 명의 옥리(獄吏)를 시켜 다스리시면 족할 것을 어찌 옥체(玉體)를 수고롭게 하시나이까?」라고 하니, 주위에 있는 자들이 이르기를 이것이 형간(刑諫)이라고 하였다.

○ 면암 이 우(李㼅:小山光靖의 아들)는 모년(某年)의 큰 뜻을 명백히 밝히기 위하여, 임자년(壬子年) 여름에 영남(嶺南)의 유생(儒生) 만여 명으로부터 소수(疏首)로 추대받아서 소를 올렸다. 이에 정조(正祖)가 희정전(熙政殿)에 거동하여 몇 명이 함께 입시(入侍)하라 명령했더니, 공이 김 한동(金翰東), 성 언집(成彦檝), 강 세윤(姜世綸)과 더불어 앞으로 나왔다. 이에 임금이 「내가 슬픈 마음을 품고 아픔을 참아 온 지가 어느덧 30년이 되었다. 어느날인들 슬프지 않은 날이 있었겠는가? 하지만 감히 의리를 가지고 분명히 말하지 못하고, 또 형정(刑政)을 쾌히 베풀지 못했다. 대순(大舜)이나 주공(周公) 같은 이들이 이런 경우를 당했다면 어떻게 했을지 모르겠구나. 나의 식견으로는 본래 강정(講定)하던 바에서 벗어날 것이 없다」 하고, 좋은 말로 비답(批答)을 내려 돌려보냈다.

이로부터 시론(時論)·벽론(僻論)이 함께 일어나 15년이 지난 후, 당시의 재상이 섬으로 귀양보내라고 청해서 공을 고금도(古今島)로 보내니 온 집안이 놀라고 두려워 어쩔 줄을 몰라했다. 그러나 공은 「화복(禍福)은 본시 정해진 분수가 있는 것이다」라고 하였다. 섬에 들어가서는 거처하는 집이 습하고 더워서 사람들이 몹시 괴로와했으나 공은 전혀 그런 기색을 보이지 않았다.

○ 수호(水戶) 황 인기(黃仁紀)는 대사간(大司諫) 간(榦)의 아들이다. 그는 미호(渼湖) 김 원행(金元行)에게 가서 공부해 내 몸을 위하고 도를 구하는 요점을 배웠다. 일찌기 교관(敎官)을 따라 경현당(景賢堂)에 들어갔을 때, 영조(英祖)가 묻기를 「네 아비가 명령을 받고서도 오래도록 돌아오지 않으니 삼사(三司)의 자리를 회피하려는 것이 아니냐?」 하니, 그는 「신(臣)의 아비가 평소에 속이지 않는 의리를 말했사오니, 감히 이 자리를 회피해서 임금을 속이는 죄를 범하지 않을 것입니다」라고 대답하였다.

임금은 그 대답을 좋게 생각하여 동궁(東宮)을 돌아다보면서 「이 사람은 훗날 네 신하가 될 사람이다」 하고, 특히 새로 발간한 《부모은중경(父母恩重經)》을 내리며 「그대의 분학(文學)과 행의(行誼)는 이미 잘 아는 바이다. 이 책은 비록 불서(佛書)이지만 역시 부모에게 효도하는 뜻이 담겨져 있다. 충성과 효도는 두 뜻이 아니니 그대는 이를 명심하라」고 하였다.

○ 충장공(忠壯公) 남 연년(南延年)이 박천 군수(博川郡守)로 있을 때 매달 초하루에 선성(先聖)께 예를 올렸다. 그가 제생(諸生)들을 이끌고 명륜당(明倫堂)에 앉아 강론하니 백성들이 개화되고 학문이 이루어져서, 그 지방 사람들이 비석을 세워 그를 칭송했다.

공은 성질이 강직하여 자기 마음을 지키고 세속을 따라 아첨하지 않았다. 이런 성격 때문에 시골 고을에 묻혀 머리가 하얗게 셀 정도로 고생했으나 공은 이런 것을 아무렇지도 않게 생각했다.

항상 술이 얼큰하면 제갈량(諸葛亮)의 출사표(出師表)를 외면서 한숨 쉬고 탄식했으나, 아무도 그 뜻을 알지 못했다. 이 인좌(李麟佐)가 반란을 일으켰을 때 잡혀서 함께 역모하자고 위협을 받았으나, 공은 눈을 부릅뜨고 크게 꾸짖다가 결국 목숨을 잃었다.

○ 화포(花浦) 홍 익한(洪翼漢), 임계(林溪) 윤 집(尹集), 추담(秋潭) 오 달제(吳達濟)는 병자호란(丙子胡亂) 때 화의론(和議論)을 반대하다가 청(淸)나라 조정으로 잡혀 갔는데 의리를 주장하고 굴하지 않다가 끝내 목숨을 잃었다. 그후 세상에서 이들을 삼학사(三學士)라고 불렀다.

○ 추담(秋潭) 고 유(高裕)는 사람됨이 강직하고 또 자상했다. 그가 창녕 군수(昌寧郡守)로 있을 때의 일이다. 그 고을에 사는 한 상인(商人)이 돈을 잃고 상점의 울타리를 살펴보니 뚫려 있는 곳이 있었다고 했다. 상인은 군수를 찾아가서 도둑이 울타리로 해서 들어왔으니 잡아 달라고 청했다. 이에 유는「울타리를 밖에서 뚫었다면 나무 꺾인 것이 안에 있을 것이요 만일 안에서 뚫었다면 꺾인 것이 밖에 있을 것이다」하고 사람을 시켜 조사해 보니 뾰족한 것이 밖에 있었다. 이리하여 상점 주인을 잡아다 심문하여 그가 거짓말을 했다는 것을 밝혀냈다.
비록 조그만 일이라도 그 판결이 모두 이와 같았기 때문에 가는 곳마다 그를 신명(神明)하다고 하였고, 그가 사직하고 돌아가자 백성들이 울면서 전송했다.

○ 대사헌(大司憲) 박 기수(朴綺壽)는 내연(內宴 : 왕후가 내빈을 모아 베푸는 잔치)에 여자 악공(樂工)을 쓰는 것이 옳지 못하다고 간했는데, 그 말이 몹시 간절하고 곧았다. 그러나 세자(世子)는 미처 그 뜻을 깨닫지 못하고 그를 벌주고자 하여 왕후(王后)에게 고해 바쳤다. 이때 순조(純祖)가 수라를 들고 있다가 이 말을 듣고 기뻐하여

왕후에게 「조정에 곧은 신하가 있으니 이는 곧 나라의 복이오」라고 하였다. 그제서야 세자는 감동하고 깨달아서 그를 격려해 주었다.

○ 이 성호 선생(李星湖先生)이 「사해(四海)의 넓음과 억조(億兆)의 많은 백성 중에서 어찌 합당한 사람이 없겠는가. 다만 상(上)께서 구하지 못하는 것뿐이다. 만일 은주(殷周)의 임금이 없었다면 전설 속의 태공(太公) 같은 사람은 백성들 틈에 섞여 이름도 없이 늙어 죽었을 것이다. 후세에 어진 이를 쓰는 일은 산에 가서 땔나무를 하는 것에 비유할 수 있다. 가지나 잎이 가볍고 작으면 묶어 가지고 가고, 나무가 열 아름이나 되어서 흔들어도 움직이지 않는 것은 버려 두고 돌아다보지 않으니, 이는 기둥과 대들보감이 집에서 딩굴고 큰 재목이 산에서 썩어 쓰이지 못하는 것이다. 그러니 이런 것도 쓰이기를 기다려 하늘이 재목을 만드는 것이라고 할 수 있겠는가」라고 하였다.

○ 다산(茶山) 정 약용(丁若鏞)은 《목민심서(牧民心書)》에서 「임금 앞을 떠나 대궐문 밖으로 나오면 마땅히 백성들의 바라는 바에 수응(酬應)하고, 임금의 은혜에 보답할 것을 마음에 새겨야 한다. 일을 처리하는 데는 사민(士民)에게 영(令)을 내려 나쁜 점을 묻고 대답을 구하며, 자기 몸을 다스리는 데는 말을 많이 하거나 갑자기 노여워하지 말며, 아랫사람을 다스리는 데는 모든 일을 너그럽고 순탄하게 처리해야 한다.

쉬는 시간에는 정신을 가다듬고 생각을 조용히 하여 백성을 편안하게 할 방법을 생각하며, 지극한 정성으로 선한 일을 구하는 데 온갖 정성을 쏟아야 한다.

청렴이라는 것은 목민(牧民)의 기본적인 의무요, 만 가지 선한 것의 근원이며 여러 가지 덕의 뿌리이다. 따라서 청렴은 천하의 대가(大價)인 것이다. 그런 까닭에 크게 탐하려면 반드시 청렴해야 하는 것이니, 사람이 청렴하지 못한 것은 그 지혜가 짧기 때문이다」라고 하였다.

　송(宋)나라의 한 농부가 밭을 갈다가 옥(玉)을 발견했는데, 이것을 사공(司空) 자한(子罕)에게 바쳤다. 그러나 자한이 받지 않자 농부는 「이것은 저의 보배가 아니오니 원컨대 상국께서 받아 주시옵소서」라고 청하였다. 그러나 자한은 「그대는 그 옥을 보배로 알지만 나는 받지 않는 것을 보배로 안다. 그러니 만일 내가 그것을 받는다면 그대와 내가 모두 보배를 잃는 것이 된다」라고 하였다. 이처럼 예로부터 지혜가 깊은 선비라면 청렴으로 교훈을 삼고 탐욕을 경계하지 않는 자가 없었다.

명 부부지별(明夫婦之別 : 부부간의 분별을 밝힘)

　퇴계 선생이 말하기를 「부부는 인륜의 시작이요 만복의 근원이다. 그러므로 비록 지극히 친하고 지극히 가깝더라도 바르게 행동하고 더욱 삼가야 한다. 그런데도 세상 사람들은 예의로 공경하는 것을 잊어버리고 서로 지나치게 친밀해져서 마침내는 서로 업신여기고 능멸하는 지경에 이르게 되니, 이것은 모두 서로 공경하는 마음이 없기 때문이다」라고 하였다.

　○ 문충공(文忠公) 백사(白沙) 상국(相国) 이 항복(李恒福)은 「성인(聖人)이 예를 제정할 적에 남녀의 나이 7세가 지나면 자리를 같이 하지 않고 수숙(嫂叔)이 서로 대화를 나누지 않는다 했으니, 그 혐의하고 삼가는 아름다운 뜻이 지극히 조밀하고도 자세하다. 이렇게 하지 않으면 후세에 가서 음탕하고 난잡한 폐단을 막을 수가 없을 것이다.
　그런데 후세 사람들은 이 뜻을 알지 못하여 대접에 분별이 있으면 이것을 친척 사이에 박하게 한다 하고, 법도가 없이 난잡하게 하는 집을 보고는 친척끼리 서로 귀애한다고 한다. 심지어는 무릎을 맞대고 이야기하며, 한 밥상에서 식사를 하면서 우스갯소리를 하기도 한다. 이렇듯 점점 금수의 영역에 빠져들어가면서도 스스로 깨닫지 못하다가 몸이 망하고 친족을 멸한 후에야 후회하니, 어찌 경계하지 않을 수 있으랴!」고 했다.

○ 남명 선생(南冥先生)이 말하기를 「보통 거처할 때 처자(妻子)들과 함께 섞여 있지 말 것이니, 아무리 자질(資質)이 훌륭해도 사사로운 정에 끌려 헤어나지 못하면 끝내 인물이 될 수가 없는 것이다」라고 했다.

○ 우계 선생(牛溪先生)은 말하기를 「자매(姉妹)라도 그 남편이 없을 때에는 밤에 그 방에 들어가서 함께 이야기하지 말 것이다」라고 했다.

○ 김 학봉(金鶴峰)은 《대명일통지(大明一統志)》의 각 조목의 물음에 대답하기를 「우리 나라는 본래 예의(禮義)를 지키는 나라인데 혼인을 할 때에는 더욱 그 삼가는 마음을 나타내어 같은 성(性)과는 혼인하지 않고, 비록 다른 성이라도 근족(近族)과는 혼인하지 않는다.
또 세 가지 혼인하지 않을 것이 있으니, 반역한 집 자식과는 혼인하지 않고, 음란한 집 자식과는 혼인하지 않으며, 대대로 악질(惡疾)이 있는 집 자식과는 혼인하지 않는다. 반드시 문호(門戶)가 서로 통하며 가풍이 닦여지고 정돈된 자와 혼인을 의논하는데, 먼저 중매장이를 시켜 말을 통하고 두 집에서 서로 허락하면, 문명(問名)·납채(納采)·납길(納吉)·납징(納徵)·납폐(納幣)·친영(親迎) 등 육례(六禮)를 행한다.
예를 행할 때에는 반드시 먼저 사당에 고해야 한다. 다만 왕공(王公)이나 귀인(貴人)들은 육례를 모두 갖추어 행하고, 사대부(士

大夫) 이하는 납폐와 친영의 두 예만 행할 것이니, 이는 간략히 하기 위해서이다」라고 하였다.

○ 추탄(楸灘) 오 윤겸(吳允謙)이 시강(侍講)을 할 때 인조(仁祖)가 이렇게 물었다. 「공자가 여색(女色)을 경계하고, 싸우는 것을 경계하고, 욕심을 경계하라 했는데 이 세 가지 중에서 어느 것이 가장 어려우냐?」

이에 공은 「여색이 가장 어렵습니다」라고 대답했다. 임금이 「나는 욕심을 경계하는 것을 가장 어려운 것으로 안다」라고 하자, 공은 「여색을 경계한다는 것이 반드시 요망스런 물건에 마음이 혹하는 것만을 말하는 것이 아닙니다. 부부 사이에도 서로 예의로 대접하지 못하면 이것도 역시 여색을 경계하지 못한 것이 되니, 어렵다는 것입니다」라고 하였다. 임금은 「경의 말이 과연 옳다」라고 감탄하였다.

○ 충의공(忠毅公) 정 기룡(鄭起龍)은 어려서부터 기운이 세고 위엄이 있어 여러 아이들을 굴복시켰고, 놀이를 할 때는 언제나 전진(戰陣)을 흉내내며 놀았다. 그는 집이 가난하여 진주(晋州)에 가서 소금을 팔아 어머니를 봉양했다.

후에 절도사(節度使)의 영문(營門)의 군관으로 들어갔다. 어느 날 마침 일이 있어서 전주에 갔는데 그 이웃집에 전주 향감(鄕監) 권모(權某)와 연인(連姻)되는 자가 있어 편지를 보내고자 하므로 기룡이 편지를 가지고 그 집에 가게 되었다.

그런데 권씨에게는 딸이 하나 있었는데 그녀는 본래 사람 보는 눈이 있어, 그 부모가 혼인 이야기를 해도 번번이 거절하는 것이었다. 그리고 「여자가 바라보고 몸을 바치는 것은 오직 한 사람 남편뿐인데, 만일 그 사람을 잘못 만나면 평생을 그르치는 것이니 어찌 삼가지 않겠읍니까」라고 말했다.

그러던 중 편지를 가지고 온 정공을 보고 그녀는 부모에게 「백

년 동안 몸을 의탁할 사람을 이제 얻었읍니다」라고 했다. 그 아버지가 보니 그는 남루한 행색의 군관이었다. 그러나 어머니는 그 뜻을 받아들여 딸을 시집보내고, 일생 동안 쓸 의식거리를 주어 늙은 시어머니를 봉양하게 했다. 임진년에 정공은 여러 번 큰 공을 세웠는데, 그 부인의 내조 덕분이었다.

○ 병계(屛溪) 윤 봉구(尹鳳九)의 아버지 명운(明運)이 두 번 상처(喪妻)하고 세번째로 전주 이씨(全州李氏)를 맞았다. 이씨가 꿈을 꾸었는데 꿈속에서 한 여자가 사당에 나타나 「나는 주인의 전실(前室)인데 먼젓번 계실(繼室)이 내 아이를 몹시 박대하고 제사를 성의 없이 지냈기 때문에 내가 그를 죽였었다. 그런데 그대의 아름다운 덕이 유명(幽明)을 감동시켰으니 반드시 귀한 아들 둘을 낳을 것이다」라고 말했다.

그뒤에 과연 봉구와 봉오(鳳五)라는 두 아들을 낳았는데 큰아들은 벼슬이 판서(判書)에 이르렀고, 둘째 아들은 벼슬이 대사헌(大司憲)에 이르렀다. 그리고 봉구는 권 수암(權遂菴)의 문하에서 공부하여 강문 팔현(江門八賢)의 한 사람이 되었다.

○ 간재(艮齋) 최 규서(崔奎瑞)가 일찌기 말하기를 「내가 젊었을 때 길을 가다가 젊은 여인을 만나서 만일 돌아다볼 생각이 나면 반드시 눈을 감고, 이런 마음이 장차 나를 죽일 것이다 하고 두어 번 거듭 말해 아주 그 생각이 없어진 뒤에야 가던 길을 갔다」고 했으니, 그 자신을 이기는 마음가짐이 모두 이와 같았다.

○ 박 태동(朴泰東)의 아내 이씨(李氏)는 나이 17세에 시집와서 시어머니를 극진히 섬기고 부도(婦道)를 다했는데, 이듬해에 그 남편이 병으로 죽고 말았다. 이씨는 그 뒤를 따라서 죽으려 하다가 문득 시어머니를 받들 사람이 없는 것을 생각하고, 맹세서 한 통을 써서 남편의 관 속에 넣고 장사를 지냈다.

그 글에는 「의리로서는 마땅히 오늘 따라서 죽어야 할 것이나 늙은 시어머님이 계신데 봉양할 사람이 없어서 죽지 못하니, 10년 후 오늘 반드시 군자(君子)를 따를 것입니다」라고 씌어 있었다. 그녀는 조금도 슬퍼하는 빛을 보이지 않고 조석 제사에도 감히 소리내어 울지 않았으니, 이는 늙은 시어머니가 그 소리를 듣고 슬퍼할까 두려워서였다.

그후 8년 동안을 하루같이 시어머니를 받들다가 늙어서 병으로 죽자 예절을 갖추어 장사지낸 후, 맹세한 지 10년이 되는 남편의 제삿날, 상 위에 제물을 차려 제사를 지낸 다음 조용히 자결했다.

○ 만취(晩翠) 박 영석(朴永錫)은 항상 방안에 단정히 앉아 쉬지 않고 논어(論語)를 읽었다. 그는 성묘(省墓) 가는 일이나 조상(吊喪)하는 일이 아니면 문밖에 나가지 않고, 글씨를 써 주고 얻은 돈으로 제사를 지냈으며 그 아내는 남의 헌 솜을 틀어 주는 일로 호구(糊口)를 했다. 그러나 서로 대접하기를 손님처럼 하여 일찌기 원망하거나 미워하는 빛이 없었으니, 당시 사람들이 모두 그들을 일컬어 군자(君子)다운 부부라고 했다.

○ 신독재(愼獨齋)의 부인 유씨(兪氏)는 좌상(左相) 홍(泓)의 딸이었으나 지혜롭지를 못했다. 이에 그는 율곡(栗谷)의 서녀로 소실을 삼았는데, 아주 어질고 여공(女工 : 길쌈질)에 능해서 편히 지낼 수 있었다.

유씨가 죽자, 그 아버지 사계(沙溪)가 명하여 후취를 얻으라 했으나 선생은 「먼젓사람이 지혜롭지 못해서 한평생 괴로움을 겪었사온데 이제 다시 장가를 든다 하더라도 어찌 꼭 먼젓 사람보다 나으리라고 장담할 수 있겠읍니까」라고 말했다.

이는 그 소실에게 만족해서 딴 뜻이 없었던 것이며, 사계도 또한 선생을 믿고 사랑했기 때문에 다시 권유하지 않았으므로 끝내 후취는 얻지 않았다.

명 장유지서(明長幼之序 : 장유의 순서를 밝힘)

퇴계 선생은 「옛 사람은 형 섬기기를 마치 엄한 아버지를 섬기듯 해서 출입하는 데 부축해 주었으며, 자제(子弟)로서의 도리를 다했다」라고 하였다.

문인(門人) 김 성일(金誠一)이 「형제가 허물이 있으면 서로 말하는 것이 옳습니까?」 하고 묻자, 선생은 「그것이 가장 처신하기 어려운 일이다. 다만 마땅히 내 성의를 다하여 상대방이 감동하고 깨달은 뒤에라야 비로소 의리에 해롭지 않은 법이다. 오로지 말만 가지고 바로 책망하면 서로 소원해지지 않을 자가 드물기 때문에, 공자께서 형제 사이는 화목해야 한다고 하신 것이다」라고 하였다.

○ 여헌(旅軒) 족계의(族契議)는 이렇게 말했다.

「그 은혜를 독실하게 해서 마음을 하나에 집중시키고, 그 규모를 바로 정해서 일을 잘 처리해야 한다. 때로는 화목하게 해서 그 온화한 인정을 융화시키고, 일을 당하면 힘을 같이하여 재물로 돕는 의리를 가져야 한다. 그리하여 부자이면 나누어 써야 하고 가난하면 구제해야 하며, 경사를 당하면 그 기쁨을 묻고 근심스러운 일에는 그 괴로움을 같이해야 하는 것이다. 이것이 곧 가문을 보존하는 길인 동시에 종족 사이에 마땅히 있어야 할 깊은 생각이요 원대한 계획인 것이다.」

○ 용주(龍洲) 조 경(趙絅)이 한 재상의 집을 갔더니, 음관(蔭官 : 과거를 거치지 않고 다만 조상 덕분에 얻은 관직)의 노인이 먼저 자리에 앉아 있었다. 그 집 손자가 바야흐로 6,7세가 되어 몹시 예쁘고 사랑스러웠는데, 재상이 그 아이로 하여금 음관에게 욕을 하게 하고 있었다.

이것을 보고 공이 정색하고 말하기를 「어린아이는 아직 심기(心氣)가 정해지지 않아서 매를 때리며 어른이나 노인을 공경하도록 가르쳐도 그 가르침을 잘 받들지 못하는 법인데, 오히려 업신여기고 욕하는 것을 가르치니, 이 아이는 필시 늙은이는 함부로 대해도 된다고 생각할 것이오. 그렇게 되면 형에게도 함부로 해도 되고, 아비에게도 함부로 해도 된다고 생각하여 임금에게도 또한 함부로 할 것이니, 이러고서야 어찌 악역(惡逆)인들 범하지 않겠는가?」라고 하니 주인이 부끄러워 아무 말도 못했다.

○ 남야(南野) 박 손경(朴遜慶)은 오로지 학문에만 정진하여 젊어서부터 문사(文辭)를 좋아했는데 그 격조가 매우 높았다. 그의 학행(學行)은 널리 소문이 나서 이윽고 영조(英祖)가 교관(敎官)으로 제수(除授)했다.

그 아우는 민경(民慶)인데 훈신(勳臣) 모(某)가 아들이 없어서 위세(威勢)로 빼앗아다가 억지로 뒤를 잇게 했다. 뒤에 그 훈신이 역모(逆謀)로 사형을 당하게 되었는데, 임금이 특별히 민경을 방면하고 연좌시키지 않았다.

이에 민경은 고향으로 내려가 그 아내와 산 속에 집을 짓고 살았는데, 아내는 길쌈을 하고 남편은 신을 삼아 자기들의 힘으로 얻은 것이 아니면 먹지 않으니 1년에 남은 것이 몇백 냥이 되었다.

민경은 이 남는 것을 형에게 갖다 바치고 또 삼으로 삼은 짚신을 다달이 갖다 대주니 형은 이를 민망히 여겨 「짚으로 삼은 것이 편하다」고 했더니, 민경이 짚으로 삼아다가 갖다 주었다.

○ 판서(判書) 이 징귀(李徵龜)의 여러 형제가 함께 한 마을에 살았는데 우애가 매우 도타왔다. 모두 수(壽)를 누려 오래 살면서도 평생토록 한 번도 다투는 일이 없었으므로 사람들이 어떻게 그렇듯 화목하게 지내느냐고 묻자, 그들은 「우리는 서로 약속한 것이 한 가지 있는데 그것은 노비를 부리는 데 있어 그 주인이 아니면

서로 간섭하지 않기로 한 것이오」라고 했으니, 이것이 우애를 유지하는 비결이었다.

대개 노비가 제 주인을 위해서 일하는 데는 누구나 힘들어 하지 않는 자가 없다. 그러니 제 주인 한 사람을 위해서 일하기도 어려운데 하물며 딴 주인이랴! 이는 결코 달갑지 않은 일이다. 그런데 서로 간섭하고 여기저기서 마구 일을 시키다 보면, 여기에서 거짓말이 생기게 되고 부녀자(婦女子)들은 또 거짓말을 믿기 쉬우므로 이로 인해서 형제 사이에 틈이 생기게 마련이다.

그런데 이 중간에서 왕래하는 자는 곧 노비이므로, 노비끼리 서로 상관하지 않는 것이 화목의 비결이니, 어찌 꼭 형제 사이에만 그러하리요. 친척이나 향당(鄕黨)에 있어서도 그러하니, 이들 이씨(李氏)가 가위 그 본보기라 하겠다.

○ 이 몽리(李夢鯉)는 어려서 아버지를 여의고 형 몽표(夢豹)가 역관(譯官)이 되어 몽리에게 통역을 가르쳤다. 그러나 몽리는 그것을 즐겨하지 않고 사숙(私塾)에 나가 스승에게서 소학(小學) 책을 받았다. 그는 이것을 보고 성현의 언행을 깊이 사모하여, 그 가르침에 따라 날마다 닭이 울면 즉시 일어나 세수하고 의관을 정제한 다음 형에게 문안갔는데 몽표는 아직 일어나지 않았다. 그러면 몽리는 문 밖에 단정히 앉아서 형이 일어나기를 기다려 문안을 했는데, 이것을 매일같이 일과로 삼으니 몽표는 도리어 괴롭게 생각하게 되었다. 형이 날마다 일찍 일어나 옷을 입고 몽리가 오기를 기다렸다가 문 밖에 나가 맞으니, 이로부터 몽리는 감히 일찍 형에게 문안가지 못했다. 그리고는 「선비가 궁하게 살면서 행실을 닦는 것은 겨우 선한 사람이 되는 데 그칠 뿐 대도(大道)에는 이르지 못하는 것이로다」라고 탄식했다.

이때 저촌 심공(樗村沈公)이 성명(性命)의 학문을 강론한다는 말을 듣고 2백 리 길을 걸어가서 배우니 식견(識見)이 더욱 정밀해지고 행동이 더욱 엄정해져, 심공이 그 독지(篤志)와 향학열을 칭찬

58

했다. 상국(相國) 조 현명(趙顯命)이 그 이름을 듣고 편지를 보내어 교제하고, 이내 조정에 천거하여 벼슬을 살게 되었다.

○ 형암(炯菴) 이 덕무(李德懋)의 사소절(士小節)에 이런 말이 있다.

「어른보다 뒤에 자고 어른보다 먼저 일어나야 한다. 같이 공부하는 아이 중에 나이가 비록 같더라도 만일 먼저 관례(冠禮)를 한 자가 있으면 그를 공경하고 하대를 하지 않는다. 어른의 관대(冠帶)를 쓰고 장난하지 않으며, 어른이 앉고 눕는 자리에 앉거나 눕지 말아야 한다」라고 하였다.

또 「어른들이 모인 곳에 들을 만한 말이 있으면 반드시 참석해 공손히 앉아서 듣고 마음에 새겨 잊지 말아야 하며, 혹 기억할 일이 있으면 반드시 물러나서 기록해 두어야 한다」라고 하였다.

○ 정헌(定軒) 이 종상(李鍾祥)은 경주(慶州)에 살았으며 대대로 덕이 있었다. 그런데 그 생가(生家)의 아우는 많이 배우지 못해서 인정스럽지 않은 점이 많았으나 공은 매양 좋은 말로 마음을 풀어 주곤 했다.

공은 생가 아버지의 제삿날이 가까와지자 아우 집으로 쌀 말이나 보냈는데, 아우는 노해서 형을 찾아와 「아들을 낳거든 남에게 양자로 보낼 것이 아니다」라고 소리쳤다. 이에 공이 점잖게 「무슨 노여운 일이 있는가?」 하고 물으니 아우는 「아버지 제사가 가까운데 형이 겨우 쌀 몇 말을 보냈으니 그것으로 어떻게 제사를 지내란 말이오?」라고 했다.

이때 제사를 지낼 장손부(長孫婦)가 문밖에서 형제의 문답을 듣고 있으므로 공이 「내가 보낸 쌀로 누룩을 디디면 되지 않겠는가?」라고 물으니 장손부는 그렇다고 대답했다. 또 공이 아우를 보고 「사사집 제사에 누룩을 그만큼 디디면 되지 않겠는가?」라고 하니 아우는 「그밖의 제물은 어찌한단 말이오?」라고 하였다. 공이

「아직 날짜가 있으니 필시 천천히 보낼 것이다」라고 대답하니 그제 서야 아우의 노염이 풀렸다.

어느 날 고기잡는 사람이 정헌공 형제에게 생선 두 꿰미를 바치 면서 「크고 많은 것은 큰댁에 드리고, 잘고 적은 것은 작은댁에 드리려 합니다」라고 했다. 이 말을 듣고 아우는 발끈 화를 내고 회초리를 갖다가 고기잡이 사나이를 때렸다. 이에 공은 그 아우에게 「그대가 잘못 들었도다. 거꾸로 들은 것이 아닌가?」하고 고기잡이를 돌아보면서 「아까 자네가 잘고 적은 것은 나에게 주고, 크고 많은 것은 작은댁에 드린다고 하지 않았는가?」라고 하자 고기잡이는 그렇다고 대답했다. 공이 아우를 돌아보며 「잘못 듣기도 쉬운 일이지」라고 하자 아우의 노염이 풀렸다. 그 우애가 이와 같았으므로 마침내 아우도 감화되어 착한 사람이 되었다.

명 붕우지교(明朋友之交 : 붕우의 사귐을 밝힘)

○《퇴도언행록(退陶言行錄)》에 말하기를 「문자제(門子弟)를 대하기를 친구 대하듯이 하여 비록 젊은 자라도 일찌기 이름을 두고 너라고 부르지 않으며, 보내고 맞을 때는 반드시 뜰에서 내려오고, 주선하고 인사하는 데 반드시 그 공경함을 이루어야 한다」라고 하였다.

○ 남명 선생(南冥先生)이 속리산에 들어가 동주(東洲) 성 제원(成悌元)을 찾아서 내년 8월 15일에 가야산 해인사에서 만나기로 했다. 그런데 만나기로 한 날짜가 되었는데 연일 큰 비가 내렸다. 그래도 약속한 날을 어기지 않으려고 남명 선생이 비를 맞고 절 문에 도착하자 동주는 벌써 도착하여 도롱이를 벗고 있었다.

○ 율곡 선생(栗谷先生)은 「대체로 선생이나 어른을 모시고 있을

때에는 마땅히 의리를 물어 그 학문을 밝힐 것이요, 향당(鄕黨)의 장로(長老)를 모셨을 때에는 조심하고 공근(恭謹)하여 말을 함부로 하지 않으며, 묻는 것이 있으면 사실대로 대답할 것이다. 벗과 같이 있을 때에는 마땅히 의리로 강마(講磨)하고 다만 문자(文字)의 의리를 말할 뿐, 세속의 비루한 말이나 시정(時政)의 득실, 수령(守令)의 어질고 어질지 않은 것과 딴 사람의 허물 등은 일체 입에 올리지 말아야 한다. 고향 사람과 함께 있을 때에는 묻는 말에 대답만 하고 비루하고 더러운 말은 끝내 하지 말아야 한다.

오직 장중(莊重)하고 삼가는 마음으로 처신하고, 자만하고 높은 체하는 빛은 띠지 말아야 한다. 상대를 올바르고 좋은 말로 인도하며, 반드시 자기에게로 끌어서 학문에 대해서 물을 것이다. 어린 자와 같이 있을 때에는 마땅히 정성껏 효제(孝悌)와 충신(忠信)에 대하여 말해 주어 그로 하여금 마음을 선하게 갖도록 해야 한다」라고 하였다.

○ 청계(靑溪) 김 진(金璡)이 일찌기 글을 읽기 위해 호남(湖南) 최 운수(崔雲秀)와 경산(京山) 사자암에 들어갔을 때의 일이다. 어느 날 최공(崔公)이 배탈이 나서 밤새 변소에 다녔다. 이 산에는 사나운 짐승이 많아서 최공이 변소에 갈 때는 공이 함께 따라가 주었는데, 이렇게 하기를 열흘이나 했건만 공은 싫어하는 빛을 보이지 않았다.

비가 억수같이 쏟아지는 날 밤, 공은 최공을 부축해 변소에 데려다 주고 담벼락에 기대서 있다가 깜박 잠이 들었다. 그런데 갑자기 절 뒷벽이 무너지면서 벽력 같은 소리가 났다.

공은 최공이 범에게 물려간 것이라 생각하고 갑자기 변소로 들어가 최공을 부르니, 최공은 「나 역시 그대가 범에게 습격당했나 싶어서 놀랐다」 하고 이어서 「그대에게는 부모가 있는데 내가 범에게 물려갔는 줄 알고 이렇게 뛰어들어 왔다가 그대도 함께 죽는다면 후회하지 않겠는가?」라고 물었다. 공은 「우리 두 사람이 천리에 나그네가 되어 창졸간에 화를 당하면 의리로써 마땅히 서로 구해야 할 것이 아닌가!」라고 대답했다.

그 후 한 달이 넘어 최공의 병이 나았는데 김공의 높은 의리에 감동하여 보는 사람마다 그의 사람됨을 이야기하니, 모두들 감히 실행하기 어려운 일이라고 칭송했다.

○ 이 백사(李白沙)는 정승 지위에 있을 때 높은 지위에 있는 자들이 와서 절을 해도 모두 앉아서 받았다. 그러나 어느 날 신 훈도(申訓導)가 문 밖에 왔다는 보고를 받고 버선발로 쫓아나가 맞아들여 방에 앉히고는 그의 하는 말을 듣고 응대(應對)하기를 매우 공손히 했다. 집안 사람들이 괴상히 여겨 물었더니 그 사람은 공이 어렸을 때 글을 가르치던 자라고 한다.

이튿날 공은 그가 쉬고 있는 관사로 찾아가 인사하고 면포(綿布) 10여 단과 쌀 두어 섬을 주어 노자로 쓰게 했으나 신공(申公)은 말하기를 「자루에 쌀 두어 말만 있으면 넉넉하다」고 하여 그 나머지는 사양하고 받지 않으니 그 사람의 어짊은 반드시 공경할 만하고, 또한 공의 스승을 존경하고 덕을 좋아하는 정성이 족히 후세의 모범이 될 만하였다.

○ 정 우복(鄭愚伏 : 經世)이 말하기를 「친구 사이에 서로 착한 일을 하도록 권하는 도리는 마땅한 것으로 만나는 사람에 따라서 그 마음을 다할 것이요, 내가 아는 것이 미치지 못하고 내 행동이 부족하다고 해서 충고(忠告)하는 일을 게을리해서는 안 된다. 또 친구의 말을 듣는 도리에 있어서는 다만 그 이치의 득실(得失)을 보아서 좇거나 반대할 것이요, 그 사람의 어질고 어질지 않은 것을 보아서 결정할 것은 아니다」라고 했다.

○ 유 여호(劉汝豪)는 대대로 북청(北靑)에서 살아 도암(陶菴) 이재(李縡)에게 학문을 배웠다. 무신년(戊申年)에 난리가 나자 제자들

이 모두 창황하여 도망하였다. 이 때 도암이 여호에게 돌아가라고 권했으나, 그가 말하기를 「북쪽 길은 적들이 가지 못할 것이니 우리 부모는 안전할 수 있을 것입니다. 따라서 그쪽은 걱정할 것이 없사오며 저는 다만 있는 곳에서 죽을 의리가 있읍니다」라고 하였다.

도암이 서울로 들어오자 여호는 칼을 짚고 뒤를 따라 잠시도 곁을 떠나지 않았고, 난리가 평정되자 그 스승을 따라서 시골로 돌아갔다. 그러나 이때 도암이 횡역(橫逆)에 걸려 깊은 산으로 들어가게 되자 여호는 울면서 작별하기를, 「남아 있으려 하는 것이 아니라, 감히 가지 못하는 것입니다」라고 하니 도암은 시(詩)를 주어 그를 보냈다. 그 시의 내용은 이러하다.

골짜기에서 나오니 꾀꼬리가 그칠 것을 알고,
봄이 오니 기러기도 돌아갈 줄 아네.
밭 맬 때도 소학(小學)을 옆에 끼고,
잠시도 어기지 말라.

○ 현암(玄巖) 송 단(宋端)은 이 도암(李陶菴)의 문하에서 이 행상(李行祥), 성 덕명(成德明)과 공부하여, 이들을 용인 삼처사(龍仁三處士)라고 불렀다.

그 친구 이 인석(李仁錫)의 집이 몹시 가난하므로 남의 집을 빌어서 살게 해 주었다. 얼마 후 인석(仁錫)은 공(公)의 집까지 팔아 버렸다. 그러나 공은 아무렇지 않게 말하기를, 「인석과 나의 사이가 아니면 어찌 이런 일을 했겠는가? 나도 그의 처지가 됐으면 그렇게 했을 것이다」라고 했으며, 인석도 또한 말하기를 「내가 현암(玄巖)에게가 아니면 어찌 그렇게 했겠는가? 그도 처지가 그리 되면 그렇게 했을 것이다」라고 하였다.

공에게 딸이 있어 이 경장(李慶章)이 그 아들과의 혼인을 청했는데 공이 아직 결정하기도 전에 경장(慶章)이 죽었다. 이에 공은 울면서 말하기를 「좋은 벗이 갔도다. 그가 살아서 요구하던 말을 저버릴 수가 없다」하고 결국 그의 딸을 그 집 아들에게 시집보내니 사람들이 모두 의롭게 여겼다.

○ 판서(判書) 황 인검(黃仁儉)이 젊었을 때 절에 가서 글을 읽는데, 중 하나가 정성을 다하여 심부름해 주기를 끝까지 게을리하지 않고, 심지어 양식이 떨어지면 자기가 빌어 온 쌀을 갖다 주기까지 했다. 그 후 공이 벼슬을 하게 되자 소식이 끊어지고 서로 찾지 않았었다.

그 후에 공이 경상 감사가 되어 여러 고을을 순회하던 중 그 중을 길에서 만나 기꺼이 인사하고 말에 태워 뒤따르게 하여 밤마다 같이 자면서 매우 가까이 지냈다. 어느 날 공이 중에게 말하기를 「내 너의 의리에 힘입었으니 이제 네가 만일 환속(還俗)한다면 가산을 넉넉하게 할 뿐만 아니라 출세할 기회도 도모해 주리라」했으나 중은 사양하기를 「소승(小僧)이 일찌기 속세에 있을 때 우연히 산골짜기 속에 새로 생긴 무덤 앞에 소복(素服)한 미인을 보고 갑자기 음심(淫心)이 생겨서 그 여인을 강간하여 죽게 한 일이 있었읍니다. 이로부터 소승은 제 죄를 알게 되어 드디어 머리를 깎고 중이 되어 옛 악함을 씻고자 속세를 떠났는데, 어찌 공의 후의를 입어 본마음이 다시 변할 수 있겠읍니까?」라고 했다.

이런 일이 있은 지 얼마 후에 공은 마침 이 도내(道內)에 그러한 사건이 있었고, 30년 가까이 범인을 잡지 못한 것을 알게 되었다. 공이 그 중에게 그 연월일을 물으니 하나도 틀리지 않았다. 이에 공은 탄식하기를 「나와 네가 정의는 비록 두텁지만 공법(公法)을 폐할 수가 없구나」하고 그 중을 법대로 처리하고 장비(葬費)를 후하게 치른 다음, 그의 무덤 앞에 가서 슬프게 통곡했다.

○ 이 성호(李星湖)가 말하기를 「옛 사람이 〈붕우 사이엔 반드시 논교(論交)〉라 했는데 이것이 어찌 눈앞의 즐거움을 말했을 뿐이

겠는가? 이는 서로 믿고 저버리지 않는 의리를 말한 것이다. 만일 부귀해서 서로 만나고 즐거움과 이로움을 같이한다면 하필 의논한 뒤에 얻어지겠는가?

고사(古史)에 말하기를 「부자가 되어 벗을 가까이하는 것은 가난했을 때를 위하는 것이요, 귀하게 되어서 벗을 잘 대하는 것은 천했을 때를 위하는 것이니, 가난하고 천해도 벗을 저버리지 않아야 비로소 참된 벗이 될 수 있는 것이다」라고 했다.

옛 사람이 말하기를, 「한번 귀해지고 한번 천해 보아야 사귀는 도리를 알 수가 있고, 한번 죽고 한번 살아 보아야 사귀는 정을 볼 수 있다」고 했으니 이것은 천고에 뼈에 새길 만한 말이다. 붕우(朋友)란 곧 오륜의 하나이니, 그 시초는 필시 군신과 부부가 폐백을 주고 받으면서 하는 믿음의 맹세와 같은 도리이다. 이것은 선비의 상견례(相見禮)에서 볼 수가 있다」라고 했다.

관중(管仲)이 처음에 포숙(鮑叔)과 장사할 적에 이익을 나누면 반드시 자기 몫을 많이 나누었다. 그러나 포숙은 이것을 보고 재물을 탐한다고 하지 않았고, 일을 꾀하다가 실패하여 크게 곤궁함을 당했을 때도 어리석다고 하지 않았고, 세 번 벼슬해서 세 번 다 쫓겨났어도 못났다고 하지 않았다. 아아! 이래야만 바야흐로 지기(知己)라고 할 수 있을 것이다.

만일 포숙이 관중을 믿지 않고 의심하였다면 그는 재물을 탐하며 또한 어리석고 못난 사람에 지나지 않았을 것이고 한낱 머리를 잘리우고 다리를 찢기는 하나의 필부(匹夫)에 지나지 않았을 것이다. 그런 때문에 공자(孔子)는 제나라에서 관중을 버리고 포숙을 취했던 것이니 이 또한 옳지 아니한가?

그런데 후세 사람들은 한 번 실수하는 것을 보면 곧 흠을 잡아서 배척하고 심지어 잔악하게 죽이는 자까지 있으니 이는 또한 무슨 마음인가? 그 사이에 재주와 지혜를 지니고서도 시절을 잘 못 만나서 처지가 궁하고 힘이 꺾여서 어리석은 자가 되어 버린 자가 십

중 칠팔은 된다. 다만 세상에서 장상(將相)과 어질고 능한 사람들만이 높은 자리에 앉아 세상을 바라보며 시대의 운을 함께 거느렸다 하나 이것은 한갓 행운(幸運)일 뿐이로다.

○ 연암(燕巖) 박 지원(朴趾源)은 일찌기 아버지를 여의고 발분(發憤)하여 열심히 배워서 식견(識見)이 시대를 풍류했던 문장가들 중에서도 가장 뛰어나서, 형암(炯菴) 이 덕무(李德懋), 냉재(冷齋) 유 득공(柳得恭), 초정(楚亭) 박 제가(朴齊家), 강산(薑山) 이 서구(李書九) 등이 모두 존경해 마지 않아 사우(師友)로 삼았었다. 또 공은 담헌(湛軒) 홍 대용(洪大容)과 좋은 벗으로 사귀어, 함께 태서지구설(泰西地球說)을 제창, 지구가 한 번 자전하면 하루가 된다고 말했다.

○ 손재(損齋) 남 한조(南漢朝)는 어려서부터 뜻이 넓고 굳세며 영특하고 활달한데다 총명하고 기억을 잘하여 글을 읽는데 열 줄을 한꺼번에 읽었다. 항상 소탈하여 재물에는 관심이 없었다.
  어느 날 그가 문득 말하기를 「사람이 아무 일도 못하는 것은 그 습관을 털어버리지 못해서 그런 것이다」 하고 거습잠(袪習箴)을 지어 자기 몸을 스스로 경계하다가 이내 대산(大山) 이 상정(李象靖)의 문하에 들어가서 공부하여 순수하고 올바른 사람이 되었다. 이에 사람들이 말하기를, 스승밑에 들어가 공부한 그 어떤 사람도 그보다 훌륭하지 못했다고 했다.

통 론(通論)

  모재선생(慕齋 先生)이 조정에 청하기를 「만백성이 지극히 많아서 일일이 깨우치고 타이를 수 없으니 반드시 고무(鼓舞)하고 진작(振作)하는 정책이 있은 후에라야 백성들이 스스로 흥기(興起)하여 착한 일을 할 것입니다. 조종조(祖宗朝)에서 삼강행실도(三綱行實圖)를 지어서 전파시키고 노래로 만들어 안팎에 배포하여 백성들이 서로 권해서 익히게 되었으니 이는 매우 잘 한 것입니다. 그러나 이에 그치지 않고 장유(長幼)·붕우(朋友)와 삼강(三綱)을 합쳐야 오륜(五倫)이 되는 것입니다. 장유가 발전해서 종족(宗族)의 돈목(敦睦)이 이루어지고 붕우를 가지고 미루어서 향당(鄕黨)과 요우(僚友)에 미치는 것이니, 또한 사람의 도리에 중요한 것으로서 빼놓을 수가 없는 것입니다. 그러니 마땅히 이 두 가지를 보충해서 오륜행실(五倫行實)을 만들고, 거기에 옛 사람들의 선한 행실을 그림을 그리고 시(詩)를 추가해서 안팎에 펴내면 서로 돈독을 권하게 될 것이니 장려하시옵소서」라고 하였다.

○ 회재 선생(晦齊先生)이 말하기를 「천지의 생물은 원칙에 따라 하나도 그릇된 것이 없는데 유독 사람들은 만사를 처리하는 데 있어서 항상 이치를 다하지 못한다. 군신·부자·형제·부부는 모두 천성에서 나오는 것으로 각각 당연한 이치가 있는 것인데 터럭만큼이라도 마음을 쓰지 않는 부분이 있거나 이치에 마땅치 못하면 이는 본분을 다하지 못한 것이라고 하는 것이다. 따라서 성인(聖人)이 인륜의 지극한 것이라고 한 것은 다만 그 본분을 다하는 것을 말한 것이다」라고 하였다.

○ 문강공(文康公) 용문 선생(龍門先生) 조 욱(趙昱)은 아들 가르치는 데 법도가 있어, 조금만 잘못이 있으면 반드시 소학을 꺼내다가 읽게 하고 조용히 책망하기를 「사람이 사람 노릇을 하는 것이 효도와 우애의 기본이 되는 것이므로, 성현(聖賢)이 되는 것도 역시 이것에 의하여 키운 결과이다. 제 몸을 세우고 이름을 드날려 부모를 빛나게 하는 것이 당연히 인자(人子)의 도리이나, 만일 부귀나 이달(利達)에 마음을 둔다면 부모를 섬기고 임금을 섬기는 것도 반드시 그 끝이 좋지 못할 것이다. 그러니 너희들은 마땅히 자

제들을 가르치기를 일찌기 영리(榮利)에 마음을 두지 않도록 하라」
고 했다.

○ 충익공(忠翼公) 망우당(忘憂堂) 곽 재우(郭再祐)가 자기 사위에
게 주는 글을 보면「세상 사람들은 신랑의 아름다운 용모와 능한
가무(歌舞) 솜씨를 보면 으례 노비와 전지(田地)를 따로 주는데, 나
는 난리를 치른 후에 노비들이 모두 굶어 죽어 따로 줄 수가 없고,
전지는 곳곳에 있으나 모두 묵어 거칠어졌으니, 농사를 지으려 한
다면 말리지는 않지만 내가 따로 줄 것은 없다. 그러나 내가 말 한
마디로 평생에 보배가 될 것을 따로 줄 것인데 그것이 무엇이냐 하
면, 즉 부지런히 글을 읽고 몸가짐을 삼가서 충성으로 임금을 섬기
고 효도로 부모를 섬기면, 이 세상을 살아나가는 데 있어서 노비
천만 명보다 만 배나 더 될 것이니 내가 주는 것이 또한 크지 않은
가? 바라건대 이 말을 마음에 새겨 잊지 않는다면 아무도 부러울
자가 없을 것이다」라고 하였다.

○ 충렬공(忠烈公) 제봉(霽峰) 고 경명(高敬命)은 외모가 뛰어나고
식견과 도량이 넓고 깊어서 영욕(榮辱)에 대한 처신에 여유가 있었
다. 평시에 남의 단점(短點)을 말하지 않고, 우애가 매우 돈독해서
노비와 전답을 모두 그 아우에게 양보했다. 달리 즐기는 것이 없이
오직 서적 수천 권을 쌓아 놓고 삼교 구류(三敎九流)의 글을 정밀히
연구했으며 특히 수학(數學)에 밝았다.
  임진왜란 때 공은 항상 국가가 전복되는 것을 원통히 여기다가
그 아들 및 유 팽로(柳彭老)와 함께 의병으로 몸을 던져 나가 싸우
다가 전사했다. 아들 종후(從厚), 인후(因厚)는 그 아버지의 원수를
갚겠다고 싸우다가 역시 순국(殉國)하니, 세상 사람들이 충효와 의
열(義烈)이 한 집에서 빛났다고 말했다.

○ 남 무성(南武星)은 병자호란(丙子胡亂)을 당하여 그 형에게 이

르기를, 「우리 집은 대대로 충정(忠貞)에 독실했는데 우리 형제 두 사람이 하나같이 부모를 봉양하느라고 군사를 피하여 하나도 싸움터에 나가 국사를 위하여 죽지 않는다면 의리에 어긋납니다」 하고 드디어 부모께 여쭈어 허락을 받았다.

이에 장검을 차고 백의(白衣)로 충청감사 정 세규(鄭世規)를 따라 험천(險川) 싸움에 나갔는데, 적들이 무성(武星)의 기골이 훤칠한 것을 보고 필시 장관(將官)일 것이라 하여 도끼를 휘두르면서 다가왔다. 이에 무성은 수십 명을 쏘아 죽였으나 화살이 없어지고 힘도 다하여 마침내 전사했다.

○ 임 형업(林亨業)은 충민공(忠愍公) 경업(慶業)의 형이다. 어머니가 본래 병을 잘 앓아서 여러 아들들이 모두 전쟁에 나가서도 어머니의 병세를 걱정했다. 형업은 밤낮없이 어머니를 간호하며 두 번이나 손가락을 잘라 피를 내어 약에 타먹여서 거의 명이 끊어지던 어머니를 다시 소생시켰다.

이것을 본 청나라 오랑캐까지도 나무를 깎아 팻말을 만들어 「효자를 해치지 말라(孝人不可害)」는 다섯 자를 써 놓고 갔다.

아우 경업은 일찌기 대의(大義)를 앞세우고 오랑캐를 막아냈다. 이에 노한 오랑캐가 그의 온 가족을 잡아 갔는데 형업도 역시 그 중에 있었다.

오랑캐가 그를 위협하여 무릎을 꿇게 하고 칼로 치는 척했으나 오히려 형업은 소리를 높여 꾸짖다가 배를 헤치고 내보이면서 말하기를 「내 배를 가르고 내 심장을 꺼내 보아라. 어찌 내가 너희에게 굽히겠느냐?」 하니, 좌우에서 얼굴빛이 변하지 않은 자가 없었고, 오랑캐도 역시 해치지 못했다. 이 사실이 조정에 알려지자 정려(旌閭)를 내려, 「충신 효자의 문(忠臣孝子之門)」이라 했다.

○ 정애(靜崖) 조 후(趙㟳)는 송산 선생(松山先生) 견(狷)의 자손이다. 선생이 일찌기 자손들에게 가르치기를 과거를 보지 말라고 했

기 때문에 후손들이 모두 경학(經學)과 덕행(德行)으로 이름이 났다.

공은 본래부터 효도와 우애가 남달리 깊었다. 따라서 일찍 부모를 여의자 너무나 슬퍼하여 거의 목숨을 잃을 뻔하였다. 무덤에서 여막살이 하는 것과 집에서 제사지내는 것을 성의를 다하여 평생토록 부모에게 효성을 다 바쳤다. 또 여러 아우들을 돌보아, 주리고 배부른 것을 같이하면서 한 집에서 50년을 지내는데도 가정에 아무런 잡음이 없었다.

정조(正祖) 기유년(己酉年)에 능(陵)을 옮기는 역사가 있었는데, 그 부모의 묘가 임금이 지나가는 길 가까이 있으므로 예에 의하여 묘를 옮기라고 명령했다. 그러나 공은 빙그레 웃고는 드디어 장정을 모집해다가 수백 보 밖으로 평탄하게 길을 새로 내놓고 끝내 묘를 옮기지 않았다.

○ 창파(蒼坡) 정 로(鄭魯)는 여러 번 과거를 보아도 합격되지 않자 탄식하기를 「궁하고 통달하는 것은 운명이로구나」 하고 드디어 과거 공부를 그만두고 글읽기에 전심했다. 방 하나를 깨끗이 치우고 책상 위의 서석의 위지를 성리하면서 말하기를 「이것도 역시 학문하는 중의 한 가지 일이다」라고 하였다.

그 아들 기(耆)가 가산 군수(嘉山郡守)로 있었는데 이때 홍 경래(洪景來)의 난이 일어났다. 공이 기에게 이르기를 「설혹 변고가 있더라도 국가의 일을 위해서 죽는 것은 직책이니 내 생각은 하지 말라」고 했다.

그러나 어느 날 저녁에 기가 울면서 고하기를 「사태가 이미 여기에까지 이르렀사온데 저는 이미 의리에 대해서 명령을 들은 바가 있사오나, 아버님과 아우 질은 벼슬 자리에 있지 않으니 죽어야 할 의리가 없읍니다. 속히 피하십시오」라고 했다.

그러나 공은 큰 소리로 말하기를 「어찌 관직이 있고 없는 것을 의논한단 말이냐. 또 널더러 죽으라고 가르쳤는데 내 어찌 홀로 산단 말이냐」라고 했다.

적이 와서 위협하며 기에게 항복하라고 했으나 기는 굽히지 않고 죽었고, 공도 또한 적을 꾸짖다가 해를 입었는데, 질이 아버지를 자기 몸으로 가리고 있었으므로 겨우 목숨을 지킬 수 있었다.

○ 한 호운(韓浩運)은 대대로 정주(定州)에 살아 송 강재(宋剛齋)의 문하에서 공부했다. 그 아버지가 병으로 앓자 울면서 북두(北斗)를 보며 빌었고, 처음 벼슬했을 때는 녹(祿)으로 받은 쌀을 져다가 어머니께 드렸다. 또 침관(寢官)이 되었을 때는 조석을 대하면 항상 울면서 말하기를 「나는 늙고 병든 어머니가 계셔서 차마 음식이 목에 넘어가지 않는다」고 했다.

이조(吏曹)에서 이 말을 듣고 장차 대각(臺閣)에 승진시키려 했으나 호운(浩運)은 웃으면서 「나를 보고 어질다고 하는가? 그런 일로 승진된다면 나는 의리있는 자라고 차마 말할 수 없다」하고 응하지 않아서 죽을 때까지 영달하지 못했다.

홍 경래(洪景來)가 모반하여 정주(定州)를 점령하자 조정에서는 그에게 적을 회유할 것을 명했다. 이에 그가 드디어 칼을 짚고 걸어서 바로 성 밖으로 나가 말하기를 「성 안에 가득한 백성들을 살리기 위해서 왔다」고 했다. 홍 경래가 묻기를 「여기에 와서 무엇을 하려는가?」하니, 대답하기를 「내 너를 타일러서 항복받으려고 왔다」고 했다. 이에 모였던 사람들이 그를 해치려 하자, 홍 경래는 「이 사람은 한 효자(韓孝子)이니 죽여서는 안 된다」하고 그 부하 우 군칙(禹君則)을 시켜서 관군(官軍)의 허실(虛實)을 묻게 했다. 그러나 호운은 꾸짖기를 「내가 어찌 왕사(王師)의 기밀을 누설할까 보냐?」하고 말해 끝내 해를 면치 못했다.

제 3 권

경　신(敬身)

유자(儒者)의 한 목숨은 나라가 승평(昇平)할 때는 마땅히 퇴양(退讓)하는 것을 의리로 여기는 것이요, 혹시라도 국가에 어려운 일이 있으면 마땅히 급히 나가는 것을 의리로 삼는다.

이　우신(李友信)

대학(大學)에 말하기를 「천자(天子)로부터 서인(庶人)에 이르기까지 한결같이 모두 수신(修身)으로 근본을 삼아야 한다. 대개 몸이란 마음을 담는 그릇이요 일에 대응하는 기틀이니, 고금(古今)을 통하여 있는 것이요 백 년 동안 가질 몸뚱이인 것이다. 그러므로 반드시 몸을 소중히 하여 나서 키우신 부모의 은혜를 어떻게 보답할 것이며 하느님이 내리신 내 이웃을 어떻게 공경하고, 어떻게 수신을 할 것인가를 어린 선비에게 보여 주어야 한다」고 했다.

명 심술지요(明心術之要 : 심술의 요점)

○ 문간공(文簡公) 충암(沖菴) 김 정(金淨)은 용잠(勇箴)에서 말하기를 「세상에 큰 용맹이 있으니, 그것은 남이 헐뜯어도 노하지 않고 침범해 와도 놀라지 않고 욕해도 더럽게 여기지 않는 것이다. 대체로 의리를 지킨다는 것은 용맹스러우므로 분하고 노여운 일이 가슴에 들어오지 않고 오로지 그 신실(信實)함만 보는 것이다」라고 했다.

또 「근심스러운 것을 보고 근심한다고 해서 그 근심이 없어지는 것이 아니며, 두려운 것을 보고 두려워한다고 해서 그 두려움이 그쳐지는 것이 아니다. 오직 서서히 살펴서 스스로 풀리도록 하고 화평스럽게 받아들여 저절로 사라지게 해야만 비로소 근심과 두려움을 물리칠 것이며, 도(道)를 이루는 지극함인 것이다. 따라서 군자(君子)는 하늘의 뜻을 기꺼이 받들고 명(命)을 알기 때문에 근심하지 않고 두려워하지 않는 것이다」라고 했다.

○ 회재 선생(晦齋先生)이 적소(謫所)에 있을 때 책상 위에 자계(自戒)의 글을 써 놓았는데 거기에서 말하기를 「내 날마다 세 번

내 몸을 반성하노니, 하늘을 섬기는 데 성의가 없지 않은가, 마음가짐이 바르지 못하진 않은가, 임금과 부모를 위하여 정성이 없지 않은가이다」라고 했다.

○ 퇴계 선생이 말하기를 「사람이 능히 독실히 믿고 학문을 좋아하지 못하면 재주가 있어도 바람이 불면 풀이 움직이듯이 갑자기 놀라고 어찌할 바를 모르는 것이니, 이러한 자와는 족히 이야기할 것이 못 된다. 그러니 우리들은 마땅히 스스로 반성해서 확실히 서는 지조를 닦도록 힘써야 할 것이다」라고 했다.

○ 남명 선생이 말하기를 「학문을 공손하게 대하는 것보다 더 중요한 것이 없기 때문에 정신을 한 곳에 모아서 공부해야 하고, 학문을 할 때 욕심을 적게 하는 것보다 더 좋은 것이 없기 때문에 극기(克己)에 힘써야 한다」고 했다.

○ 율곡 선생이 말했다. 「배우는 자가 평생토록 글을 읽어도 성공하지 못하는 것은 뜻이 서지 못한 때문인데, 뜻이 서지 못하는 데는 세 가지의 나쁜 점이 있다.

첫째, 믿음이 없어서 성인(聖人)의 말을 사람을 유인하는 것으로 오해하고, 다만 그 글을 보기만 할 뿐 스스로 실천하지 않는다.

둘째, 지혜롭지 못하여 스스로 자기의 자질(資質)이 풍부한지, 그렇지 못한지를 분간하지 못하여 물러서는 것에만 만족한다. 그런 자는 앞으로 나가면 성인(聖人)이나 현인(賢人)이 되고 물러서면 어리석고 불초(不肖)해져서 모든 것이 나 자신의 하기에 달린 것을 모른다.

세째, 용맹스럽지 못해서 성현이 나를 속이지 않는 것처럼 자신의 기질도 변화시킬 수 있다는 것을 알면서 그대로 항상 침체해 있고 분발하지 아니한다. 그리고 어제 한 일을 오늘에 개혁하지 못하고 오늘 한 일을 내일에 고치기를 꺼려해서 한 치만큼 앞으로 나갔다가 한 자만큼 물러선다.

　사람들에게는 이 세 가지 나쁜 점이 있기 때문에 군자가 때마다 나오지 못하고 모든 경서가 헛말이 되어 버리니 어찌 탄식하지 않을 수 있으랴?」

　○ 장 여헌(張旅軒)이 말하기를 「착한 일을 보고 반드시 옮겨서 하면 천하의 착한 일을 다할 수가 있고, 허물이 있을 때 반드시 고치면 한 몸의 허물이 없어져서 그가 행하는 착한 일은 온갖 선에 이르고, 모든 허물이 없어지게 할 수 있다」라고 했다.

　○ 곤재(困齋) 정 개청(鄭介淸)이 말하기를 「글 읽고 학문을 강론하는 것은 모두 사물의 이치를 밝히는 일에 힘쓰는 한편, 자랑하는 마음을 갖지 말도록 하기 위함이다. 어진이를 높이고 벗을 취하는 일은 반드시 정성과 믿음으로 해야 할 것이므로 사사로이 구차하게 용납받으려고 애쓰지 말아야 하고, 사람을 대접하고 물건을 접하는 데는 반드시 너그럽게 용서하는 마음으로 해야 하되, 침범하고 책망하는 마음으로 하지 말아야 한다. 화가 나는 일은 참고, 욕심을 막는 일은 이미 이런 마음이 생긴 뒤에 제어할 것이 아니요, 마땅히 평일에 학문을 강론할 때에 밝혀 두어서 그 분노와 욕심이 어디서부터 비롯되는 것인지 알아야 하고, 착한 일을 옮기고 허물을 고치는 일은 보고 들은 뒤에 다스릴 것이 아니라 평일에 행동할 때 속으로 반성해서 그 착한 것과 악한 것이 있는가를 살펴야 한다」고 했다.

　○ 호암(壺巖) 변 성온(卞成溫)은 김 하서(金河西)의 문인(門人)이다. 길에서 소나기를 만나면 발을 오히려 무겁게 움직여 상도(常度)를 잃지 않으니 사람들이 모두 그 처변(處變)할 줄 모르는 것을 비웃었다.

　이에 공은 말하기를 「바야흐로 비를 만났을 때 인가가 까마득히 멀면 비는 피할 수 없는 것이니, 어차피 비를 피하지 못할 바에야 내 발만 체통을 잃으면 될 것이지 나의 상도조차 잃을 필요는 없지 않은가?」라고 했다.

○ 허 미수(許眉叟)가 말하기를 「사사로운 자가 사람을 속이면 하늘의 이치가 밝게 나타나서 사람이 속지 않고 오히려 자기 스스로를 속이는 것이 된다. 그런 까닭에 몸을 신중히 하는 것은 반드시 자기 몸을 속이지 않는 것으로부터 시작된다」라고 했다.

○ 정 담(鄭淡)의 누이 난정(蘭貞)이 윤 원형(尹元衡)의 소실이 되었는데, 그 후 문정 왕후(文定王后)의 명령으로 부인(夫人)으로 봉해졌다.

그러나 담(淡)은 이것이 화의 빌미가 될 것을 미리 알고 일부러 조용하게 지내면서 문 안에 담을 마치 양의 창자처럼 둘러쌓아 옥교(屋轎)가 출입하지 못하게 해 놓았기 때문에 난정은 한 번도 그 집에 가 보지 못했다. 이와 같이 그는 겉으로 드러나게 거절하지는 않았으나 속으로는 깊이 절연하고 있었다. 이리하여 결국 원형이 패하고 난정이 죽었을 때에도 담은 연루되지 않았다.

담은 문장에 능하고, 만사에 통달했으며 역리(易理)를 깊이 터득해서 자기 몸을 낮추고 겸손하니, 사람들이 이 때문에 더욱 어질게 여겼다.

○ 북병사(北兵使) 장 필무(張弼武)가 일찌기 양산 군수(梁山郡守)가 되었을 때, 병사(兵使)·수사(水使) 두 병영에서 물건을 요구하는게 많았다. 그러나 이는 모두 국법에서 벗어난 것이라면서 일체 들어주지 않았으므로 두 병영에서 이것을 못마땅하게 여겼다.

어느날 병사·수사가 함께 군사(郡舍)에 모였는데 두 사람이 소리를 같이하여 「무엇을 믿고 감히 이렇게 하는가?」 하고 따지자 그는 말하기를 「내가 믿는 것은 다만 이 초가삼간뿐이오」라고 했다.

○ 근재(近齋) 박 윤원(朴胤源)이 광주(廣州) 강가에 살 때, 학문 연구에 힘써 크게 얻은 바가 있었다. 그러나 뒤에 그의 종매(從妹)가 왕의 빈(嬪)이 되자 더욱 그 자취를 숨기고 강회(講會)하는 일도 모두 폐지했다. 사람들이 그 까닭을 묻자 공은 대답하기를 「이몸이 임금의 친척이 되었으므로 진실로 나의 졸(拙)한 것을 지키려 하는데 그러자면 마땅히 교제를 간소하게 하는 것으로부터 시작해야 할 것이오. 그런데 교제하여 어울리는 데 있어 강회보다 더 적당한 것이 없기 때문에 강회를 폐한 것이오」라고 했다.

명 위의지칙(明威儀之則 : 위의의 법을 밝힘)

○ 한훤 선생(寒暄先生)이 여러 아들들에게 훈계하기를 「너희들은 마음에 공경하고 두려워하는 생각을 두고 감히 게으르지 말 것이며, 사람이 혹시 내게 그런 일을 말하더라도 절대로 서로 계획하지 말 것이다. 남의 악한 것을 말하는 것은 마치 피를 물고 남에게 뿜는 것과 같아서 먼저 그 입이 더러워지는 것이니, 마땅히 이것으로 경계를 삼아야 할 것」이라 했다.

○ 정암 선생(靜庵先生)이 말하기를 「자기 몸을 처신함에 있어 마땅히 엄한 속에 공손함이 있고, 공손함 속에 엄한 것이 있어야 하는 것이니, 이것이 이른바 예악(禮樂)이 잠시도 몸에서 떠나지 말아야 한다는 것이다」라고 했다.

○ 모재 선생(慕齋先生)의 가훈(家訓)을 보면 「말을 삼가고, 자신의 장점을 자랑하거나 남의 단점을 말하지 말라. 지나치게 악하고 은미한 일을 말하지 말고 국가나 조정의 결정행위에 대해 잘잘못

을 말하지 말 것이며, 수령·재상·조관(朝官)의 잘잘못을 말하지 말라. 음란하고 추악한 말을 하기 좋아하지 말고 남의 착한 말을 들으면 기뻐하며 이야기하고 남을 헐뜯는 말은 하지 말라. 오만하고 남을 업신여기는 말을 하지 말고 상도(常道)에 어긋나는 흉한 말을 하지 말고, 장황하고 허망된 말을 하지 말라」고 했다.

○ 퇴계 선생(退溪先生)이 말하기를 「신심(身心)을 수렴(收斂)하여 엄숙하고 정제(整齊)하면, 때로는 편안히 앉아 있어도 신심을 다스리는 것이니 이것은 비록 단정하고 엄숙하게 앉은 것만은 못해도 스스로 의리에 해로울 것은 없다」라고 했다.

○ 화담 선생(花潭先生)이 말하기를 「만일 난성히 앉지 않으면 생각이 한결같지 못하고 생각이 한결같지 못하면 이치를 연구하지 못한다」라고 했다.

○ 정 한강(鄭寒岡)이 일찌기 말하기를 「배우는 자는 스스로 그 몸을 갖기를 마땅히 규중(閨中)의 처자(處子)와 같이 하고, 함부로 남에게 더러움을 받아서는 안 되는 것이다. 벼슬자리에 있아 있는 자에 이르러서는 더욱 가볍게 보지 말아야 할 것이다. 가볍게 보면 반드시 후회함이 있으리라」고 했다.

○ 치재(恥齋) 홍 인방(洪仁紡)이 말하기를 「선비는 진실로 뜻을 두어 행동하고, 일하는 것을 마땅히 옛 사람으로 표준을 삼아야 한다」라고 했다.

○ 유 반계(柳磻溪)가 말하기를 「도(道)에 뜻을 두고서도 서지 못하는 자는 뜻과 행동함이 게을러서 그런 것이다. 이런 사람은 일찍 일어나고 늦게 자는 일도 할 수가 없고, 의관을 바르게 하며 쳐다보는 것을 공손히 하지도 못하고, 부모를 섬길 적에 안색을 평화

롭게 하지도 못하고, 방에 거처하고 있을 때 공경으로 서로 대하지도 못할 것이다」라고 했다.

○ 이 경암(李絅菴)은 그의 사소절(士小節)에서 말하기를 「군자의 출입과 진퇴에는 믿음이 있고 진보함이 있어야 한다. 소나기처럼 오고 모진 바람처럼 가고 해서는 안 된다」라고 했다. 또 「남자가 항상 안에 거처하여 자주 안방에 들어가면 행동에 실수가 많고 위엄이 서지 않는다」라고 했다.

명 의복지제 (明衣服之制 : 의복의 제도를 밝힘)

정암 선생(靜庵先生)이 말하기를 「옛날에 말한 정제되고 성한 의복이란 다만 정결하고 너그럽고 클 뿐이지, 어찌 사치스러운 것을 말하는 것이겠는가? 조정의 사대부(士大夫)가 만일 검소한 것을 숭상한다면 유생(儒生)들도 또한 반드시 이를 본받고 사치하는 것을 멀리할 것이다. 그러므로 마땅히 사대부로부터 검소함을 숭상하면 항상 어진 선비가 모이는 곳에 호부(豪富)라도 얼굴을 내밀게 되면 부끄러운 얼굴을 지을 것이니, 이같이 모든 사람이 마땅히 부끄러움을 알게 할 것이다」라고 했다.

○ 사재 선생(思齋先生)이 아는 황(黃)가 성을 가진 자가 돈을 모아 남에게 비방을 듣고 있던 차에 선생이 글을 보냈다.
「나는 20년 동안 가난하게 살아서 다 쓰러져가는 집 두어 간과 메마른 밭 두어 이랑에, 칡옷 두세 가지만으로도 누우면 남는 땅이 있고 몸가에 남는 옷이 있으며 사발 밑에 남는 밥이 있다. 이 세 가지 남는 것을 가지고 한 세상에 높이 누워 있어, 비록 넓은 집 천 간이나 흰 쌀 만 섬, 비단옷 백 벌이라도 썩은 쥐나 마찬가지로 본다. 빠질 수 없는 것은 오직 책 한 시렁, 거문고 한 틀, 붓과 벼루 한 갑, 신 한 켤레, 베개 한 개, 서늘한 바람 들어올 창문 하나, 햇빛 받는 기둥 하나, 지팡이 하나, 봄나들이할 나귀 한 마리만 있으면 늙은 생애를 살아갈 수 있다.」

○ 성안공(成安公) 범허정(泛虛亭) 상진(尚震)이 항상 자제들에게 이르기를 「장부의 뜻은 외식(外飾)에 구애받지 말아야 할 것이니, 남에게 아름답게 보이려 하는 것은 몹시 부끄러운 일이다」라고 했다.

○ 문의공(文懿公) 소재(蘇齋) 노 수신(盧守愼)이 말하기를 「옷이란 몸의 장식이므로 위의(威儀)를 바르게 할 뿐이요 남에게 자랑하고 화려하게 할 것이 아니다」라고 했다.

○ 안 탄대(安坦大)는 집안이 대대로 한미(寒微)했으나 정신이 올바르고 근신하여 남과 계교(計較)를 하지 않았다.

그 딸이 궁중에 들어가 중종(中宗)의 후궁(後宮)이 되었으니, 이가 곧 창빈(昌嬪)이다. 이로부터 몸 가지기를 더욱 검소하게 했으며, 창빈이 왕자를 낳자 드디어 문을 닫고 나가지 않았으며 남들이 혹시 왕자의 외가라고 일컬을까 두려워했다.

창빈의 둘째 아들 덕흥 대원군(德興大院君)이 선조 대왕(宣祖大王)을 낳았는데, 선조가 대통(大統)을 이어 왕위에 오르자 안공(安公)은 처지가 더욱 존귀(尊貴)하게 되었지만 천할 때의 마음을 변치 않아 몸에 비단 옷을 두르지 않았다.

만년에는 노환으로 눈이 보이지 않았는데 선조가 그를 편안하게 해주려고 초구(貂裘)를 하사하기 전에, 그 본래의 뜻을 어길까 두려워서 사람을 시켜 시험하기를 「주상(主上)께서 초구를 하사하셨는데 이미 하사한 뒤에는 공이 감히 입지 않을 수 없습니다」라고 했다. 이에 안공은 말하기를 「나는 본래 천한 사람이니 초구를 입는 것도 죽을 죄, 주상의 명령을 어기는 것도 역시 죽을 죄이니, 차라리 분수에 맞게 죽겠다」라고 했다.

이에 임금은 그 뜻을 막을 수 없다는 것을 알고 사람을 시켜 강아지 가죽으로 만든 것이라 하고 드리게 했다. 안공은 손으로 그것을 만져 보고 나서 말하기를 「궁중의 개는 별종이 있는 게로구나. 털이 부드럽고 가는 것이 어찌 여기에 이른단 말이냐?」하고 비로소 몸에 걸쳤다.

선조는 안공의 외증손(外曾孫)이 되는데 그 의식을 후하게 하고 거처하는 곳을 편안히 해주었을 뿐, 일찌기 벼슬은 한 자리도 주지 않았으니, 이는 벼슬을 사사로이 하지 않는 마음가짐에서 나온 소치였다.

○ 상국(相國) 정 유성(鄭維城)의 손자 제현(齊賢)은 숙휘 공주(淑徽公主)에게 장가들어 인평위(寅平尉)가 되었으나 더욱 두려워하고 삼갔다. 일찌기 공주에게 공이 이르기를 「주상(主上)께서 손자 보시기를 원하지 않으시던가요?」하고 물으니, 대답하기를 「말씀을 듣지 못했읍니다」라고 했다.

이에 공이 말하기를 「복이 지나치면 재앙이 생기는 것이오. 우리 집은 대대로 청한(淸寒)했는데 이제 사치가 너무 지나치면 화가 반드시 생기는 것이니 원컨대 더욱 절약하시오」라고 했다.

뒤에 공주가 죽게 되어 공이 가 보니 방 안에 궁중에서 내린 옷들이 있었다. 이를 보고 그가 나와서 탄식하기를 「마땅히 죽어야 하겠도다」라고 했다.

○ 숙휘 공주(淑徽公主)가 일찌기 수놓은 치마를 얻기를 청하자 효종(孝宗)이 하명하기를 「내 바야흐로 한 나라에 군림(君臨)하여 검소한 것을 백성들에게 보여 주려 하는데, 어찌 너에게 먼저 수놓은 옷을 입힐 수 있겠느냐? 내가 죽은 후에 너의 어머니가 대비(大妃)가 되면, 네가 비록 수놓은 옷을 입더라도 사람들이 못마땅히 여기지는 않을 것이니 아직 때를 기다리도록 하라」하고 끝내

허락하지 않았다.

명 식음지절(明食飲之節 : 음식의 절도를 밝힘)

○ 문정공(文貞公) 동포(東浦) 맹 사성(孟思誠)은 깨끗하고 간결해서 생업(生業)에 힘쓰지않고 음식을 항상 녹미(祿米)로 했다. 어느 날 집사람이 새 쌀로 밥을 지어 올리자 공이 묻기를, 「어디서 새 쌀이 났는가?」 하자, 집사람이 「녹미(祿米)는 너무 묵어서 먹을 수 없기에 이웃 집에서 꾸어 왔읍니다」라고 했다. 이에 공은 나무라면서 말하기를 「이미 녹(祿)을 받았으면 마땅히 그 녹을 먹을 일이지 어찌 남의 것을 빈단 말인가?」라고 했다.

○ 추강(秋江) 남 효온(南孝溫)이 말했다.

「대체로 술의 장점은 그것을 가지고 적당히 활용하면 손님과 주인 사이에 어색함을 없애주고, 늙은이를 봉양하는 데 마땅한 것이니, 자리에 있으면 문채(文彩)가 나고 천지 사이에서 행하여져도 거슬리지 않는다. 하지만 그 중용을 잃고 보면 머리도 빗지 않고 산발한 채 항상 노래하고 춤추고 부르짖으며 서로 사양해야 할 자리에 주저앉아 예에 어긋나 의리를 망치고 발작(發作)하니 절도가 없다. 심한 자는 까닭없이 눈을 부라리고 싸움을 일으켜 작게는 제 몸을 망치고 크게는 나라를 망하게 하는 자가 가끔 있어서 잘잘못의 사이가 터럭 하나의 차이도 없으니 어찌 삼가지 않을 수 있으랴.

중하(中下)의 사람은 마음가짐이 굳지 못하고, 절도가 없으면 술의 단맛에 사로잡혀 더욱 위태롭고 더욱 어지러워 흉한 데에 이르고서도 그 흉한 것을 알지 못하게 된다. 그러니 선비라면 마땅히 몸소 반성하여 어지러움의 근원을 없애는 데 보통 사람보다 백 배나 더 힘써야만 이 화를 면할 수 있을 것이다.」

○ 퇴계 선생이 서울에 들어와 서쪽 성안에 묵고 있을 때, 좌상(左相) 권 철(權轍)이 가 보았더니 선생은 밥을 차려놓고 기다리고 있었다.

이에 함께 식사를 드는데 반찬이 맛이 없고 조촐해서 먹을 수가 없었다. 그러나 선생은 마치 진미(珍味)를 대한 듯이 조금도 먹기 어려워하는 빛이 없었다. 권상(權相)은 끝내 식사를 하지 못하고 물러나와 사람들에게 이르기를 「내가 종전에 잘못 구체(口體)를 길러서 이에 이르렀으니 몹시 부끄럽다」라고 했다.

선생이 일찌기 도산(陶山)에 있을 때는 반찬이 두세 가지에 지나지 않고, 상 위에는 겨우 가지·무우·미역 이외에 딴 것은 없었다.

○ 노 소재(盧蘇齋)가 말하기를 「음식을 절제하여 많이 먹지 말고, 먹는 것은 정하게 하고 마시는 것은 덥게 하라. 먹으면서 말하지 말고, 먼저 주린 후에 먹되 먹기를 너무 배부르게 하지 말고, 먼저 목마른 뒤에 마시되 너무 많이 마시지 말아야 한다. 먹는 것은 자주 하고 적게 하며 번거롭게 많이 마시지 말아야 하며 급히 먹거나 급히 마시지 말고 반드시 가볍게 삼키고 따뜻하게 해서 씹어야 한다」라고 했다.

○ 상 성안공(尙成安公)은 평생 자기 몸을 위하는 음식은 몹시 박하게 하여 조석 식사 때의 반찬은 두어 그릇에 지나지 않았고, 만일 비슷한 것이 놓여 있으면 반드시 한 가지는 내놓으면서 말하기를 「옛날의 어진 정승은 고기음식을 상에 놓지 않았는데 하물며 내게 있어서랴?」고 했다. 때로 주방에 고기가 떨어져서 집사람이 시장에 가서 사 오려 하면 공은 이를 말리면서 「우리 집에서 만일 고기를 사 오면 속이고 꾸미는 데 가깝다」라고 했다.

○ 효종(孝宗)이 금원(禁苑) 별당(別堂)에 거동하여 점심 식사를

드는데 동평위(東平尉) 정 재륜(鄭載崙)이 모시고 먹게 되었다. 그
런데 동평위는 겨우 대여섯 숟가락 들다가 물에 말더니 그대로 남
기는 것이었다.

이에 효종은 꾸짖기를 「먹을 만큼의 양을 취해서 물에 말아서
남기지 않도록 해야 한다. 물에 말아 남긴 밥을 혹 짐승에게라도
준다면 오히려 유용하게 쓰는 것이 되지만, 무지한 하천배들이 전
혀 곡식 귀한 도리를 알지 못하고 더러운 땅에 버려서 하늘이 내린
물건을 쓸데없이 버리는 죄는 면치 못한다. 이렇게 만드는 것은 모
두 밥먹는 자에게서 연유하는 것이니 이는 복을 아끼는 뜻에서 너
무 어긋나는 것이다」라고 하니 동평위는 송구해하고 경복(敬服)했
다. 밥상을 물릴 때 효종이 들던 밥그릇을 넘겨다보니 바닥에 하나
도 남은 것이 없었다.

○ 문충공(文忠公) 유 서애(柳西厓)가 일찌기 소동파(蘇東坡)의 문
집을 보니 거기에 말하기를 「1년 농사지어 거두어 들인 것 중에
약간을 따로 저장하여 제사 및 뜻밖의 쓸 데에 쓰게 하고, 그 나머
지는 12월로 나누어 두었다가 그 달마다 부족되는 것이 있으면 그
달로부터 달리 방도를 세워 보충한다」라고 했다

이것을 보고 공은 마음속으로 옳다고 생각하여, 드디어 그와 같
이 시험했더니 궁색함이 없었다.

○ 설강(雪江) 안 현(安玹)은 말과 웃음이 적고 홀로 조용한 방에
거처하면서 마치 신명(神明)을 대한 듯이, 나쁜 옷과 맛없는 음식
을 편안히 여겼다.

어느 날 손님이 와서 그를 찾자 공은 식사대접을 했는데, 오직
맛없는 장으로 끓인 아욱국뿐이었다. 그러나 공은 이것을 맛도 보
지 않고 밥을 마니, 손은 국이 만일 맛이 좋지 않으면 어찌하려고
밥을 마느냐고 물었다. 이에 공은 말하기를 「국이 만일 좋지 않
아도 그대로 먹을 수밖에 없지 않은가?」라고 했다.

84

공이 종기를 앓자 의원이 말하기를 「지렁이즙을 내서 고쳐야 겠다」라고 하자, 공은 말리면서 말하기를 「바야흐로 봄이어서 만물이 살아나는 때인데 지렁이가 비록 미물이지만 어찌 내 병을 위해서 생물의 목숨을 죽인단 말인가?」라고 했다.

○《성호사설(星湖僿說)》식소조(食少條)에 말했다.
「초개(草芥) 같은 미물(微物)도 그것이 필요한 자에게는 재물인 것이니, 어느 물건인들 아깝지 않으랴? 이제 여기 한 물건이 있는데, 쓰기를 기다리지 않고 버린다면 이는 하늘이 준 물건을 함부로 없애는 것이므로 어진 사람이 부끄럽게 여기는 것이다.

재물 중에 곡식보다 더 소중한 것이 없는데, 하루 밥 두 그릇은 사람마다 다 먹지만, 이것은 반드시 자기 힘으로 생산된 것이기 때문에 항상 없어질까 걱정하는 것이니, 손으로 부지런히 하지 않고 먹기만 한다면 벌레나 금수와 무엇이 다르랴? 옛날의 군자(君子)는 앉아서 도(道)를 의논할 뿐 아니라 이를 행동으로 옮기고 있으니, 이는 부지런히 일해서 곡식을 생산하는 것과 그 공로가 같은 것으로서, 비록 곡식을 많이 먹어도 해로울 것이 없다. 그러나 만일 편안히 앉아서 아무런 마음도 쓰지 않고 남이 부지런히 일해서 만든 곡식을 뺏는다면 되겠는가?

나는 성질이 글을 좋아하여 날마다 읽고 있으니, 실 한 오라기, 곡식 한 톨이 모두 내 힘으로 된 것이 없으니 어찌 이른바 천지 사이의 한 좀벌레가 아니겠는가? 그러나 다행히 조상의 유산(遺産)이 있어서 그 중에서 양을 줄여 많이 먹지 않는 것으로 제일의 경륜과 양책(良策)으로 삼는다.

대체로 밥 한 사발 가운데서 한 홉의 쌀을 줄이는 것을 사람들은 무익한 일이라고 할 것이다. 그러나 하루 두 사발이면 두 홉이 될 것이요, 한 집이 열 식구라면 두 되가 될 것이며, 한 고을에 1만 집이 있다면 2천 말이 쌓이게 될 것인데 하물며 한 식구의 소비가 대개 한 홉을 넘는 것을 볼 때 그 양이 얼마나 많으랴. 또 하물며 한 사람의 1년 먹는 양식을 합치면 허다한 수량이니 여기에서 허비되는 것을 따지면 모두 아까운 것이다.

우리 나라 사람은 모두 많이 먹으려고 애쓰는 것을 제일로 여긴다. 얼마전 표류(漂流)해서 〈유구국(琉球國)〉에 도착한 자가 있었는데, 그 나라 사람이 웃으면서 말하기를 「당신 나라 풍속에는 항상 큰 사발에 쇠로 만든 숟가락으로 마구 퍼서 먹으니 어찌 가난하지 않을 수 있겠는가?」라고 했다는 것이다.

대개 이 사람은 전에 우리 나라에 표류해 와서 우리 풍속을 알기 때문인 것이다. 내가 일찌기 보니 해변에 사는 한 사람의 식사는 세 사람이 나누어 먹어도 될 형편이니, 나라가 어찌 군색하지 않을 수 있으랴? 어려서부터 배불리 먹었기 때문에 위가 점점 커져서 위가 차지 않으면 금세 배가 고파져서 심지어는 주려 죽는 자까지 있게 마련이다. 산이나 들에 있는 날짐승이 얼음이 얼고 눈이 쌓였어도 죽지 않는 것은 습관 탓인 것이다.

비록 항상 배고프게 지낼 수는 없을지라도 어찌 지나치게 많이 먹는 것을 억제할 수가 없다는 것인가? 배가 고파서 참기 어려운 것은 마음인 것이요 배가 그런 것은 아니니 지금 사람들이 배고픈 것을 참지 못하는 것은 마음이 정해지지 않은 까닭이다.」

○ 사소절(士小節)에 말하기를 「검소한 자는 자기 몸에 대해서 절약하기 때문에 항상 여유가 있어서 남을 도와 줄 수가 있고, 사치하는 자는 자기 몸에 대해서 후하기 때문에 항상 부족해서 도리어 인색해지는 것이다」라고 했다.

명 위생지방(明衛生之方 : 위생의 방법을 밝힘)

○ 양평군(陽平君) 허 준(許浚)은 《동의보감(東醫寶鑑)》에서 이렇게 말했다.

「천지의 정기(精氣)가 만물을 감화시키는 것이니, 아비의 정기는 혼(魂)이 되고 어미의 정기는 백(魄)이 된다. 음식에 절조가 있고 거처가 정상적이면 망령되이 수고로운 일을 하지 않기 때문에 능히 늠름한 자태와 정신이 함께 있어서 그 타고난 수명을 다할 수 있는 것이다. 그러나 바람과 비와 덥고 습한 것이 밖에서 덮치고 주림과 배부름과 수고로움과 피로한 것이 속에서 상한다면 어찌 능히 하나 하나 타고난 원기를 다할 수 있으랴? 그렇기 때문에 의약(醫藥)이 비로소 생민(生民)을 부식(扶植)해서 각각 그 타고난 나이를 다 살게 하는 것이다.」

○ 전(傳)에 말하기를 「몸을 닦아서 천명(天命)을 기다릴 뿐이니 모름지기 인사(人事)를 다해서 하늘의 뜻에 맞게 한다면 흉한 자가 화해서 길하게 되고 죽을 사람도 살릴 수가 있는 것이니, 일찌기 사람으로 하여금 천명(天命)에만 맡기게 하지 말아야 한다」라고 했다.

○ 보양정기신법(保養精氣神法)에 말하기를 「정(精)이란 몸의 근본이요, 기(氣)란 몸의 주인이며, 형상이란 몸의 집이다. 신(神)을 지나치게 쓰면 피로하게 되고, 정(精)을 지나치게 쓰면 늙게 되고, 형상이 지나치게 수고로우면 죽는다.

그런 때문에 집을 온전히 해서 편안히 살고 몸을 닦아서 정신을 기르면, 기(氣)는 흩어지지 않고 혼(魂)도 변하지 않는다. 정신은 능히 기(氣)를 복종시키고 형상은 능히 맛있는 것을 먹는 것이니, 기가 맑으면 정신이 상쾌하고 형용이 수고로우면 기가 탁해진다. 그 형용을 온전히 하면 살고, 정기를 기르면 성명(性命)이 길이 보존된다.

○ 도(道)로 병을 고치는 법에 대해서는 다음과 같이 말했다.
「어떤 병을 고치려면 먼저 그 마음을 다스려야 하는 것이니, 반

드시 그 마음을 바르게 해야만 비로소 도(道)에 나갈 수 있다. 그
러므로 병자로 하여금 심중의 의심스럽고 걱정되는 생각과, 일체
의 망령된 생각과, 일체의 불평과, 일체의 사리사욕을 다 버리고,
평생에 한 허물과 악함을 뉘우쳐 깨닫게 되면 자연히 마음이 태연
해지고 성품이 화평해져서, 화복이 모두 쓸데없는 것이 되고 살고
죽는 것이 모두 한 꿈처럼 여겨진다. 이렇게 하여 깨끗이 풀어 버
리면 심지가 자연히 맑아지고 질병도 자연히 편안하게 나아서 약
을 입에 대지 않아도 병을 이미 잊게 될 것이다. 이것이 도로써
마음을 다스리고 병을 치료하는 큰 법이다.」

○ 태식법(胎息法)에 말했다.
「한밤중 자정 후에 눈을 감고 편안히 앉아 동쪽을 바라보고 뱃속
에 있는 묵은 기운을 두세 번 내뱉은 후에 숨을 정지하고 코로 맑
은 기운을 조금씩 들이마시면 조금 후에 침이 저절로 생겨 입 안에
가득해질 것이다. 이것을 서서히 삼키면 자연 오장으로 내려가서
이것이 기(氣)가 되어 단전(丹田)으로 돌아간다. 이것은 자정 후 새
벽이 되기 전에 해도 좋고 또한 누워서 해도 좋다.」

○ 안마도인법(按摩導引法)에 말했다. 「손바닥을 뜨겁게 비비다
가 두 눈을 각각 27번씩 문지르면 눈이 자연 밝아지고 풍(風)이 없
어진다. 이마 위를 문지르는 것을 수천정(修天庭)이라 하는데, 머리
가 난 데까지 쓸어 올리면 자연히 광택(光澤)이 난다. 또 가운데 손
가락으로 코 양쪽을 2, 30번 문질러서 겉과 속을 모두 뜨겁게 한다.
이것은 이른바 관개중악(灌漑中岳)이라는 것으로 폐(肺)를 윤택하게
한다. 손으로 귀바퀴를 문지르는데 수를 셀 것 없이 오래 계속한
다. 이것은 수성곽(修城郭)이라는 것으로, 신기(腎氣)를 도와 주고
귀먹는 것을 방지한다.」

○ 섭양요결(攝養要訣)에 말했다.

88

1. 말을 적게 하여 내기(內氣)를 기른다.
2. 색욕(色慾)을 경계하여 정기(精氣)를 기른다.
3. 맛있는 음식을 많이 먹지 않아 혈기(血氣)를 기른다.
4. 정액(精液)을 마셔서 장기(臟氣)를 기른다.
5. 화를 내지 않아 간기(肝氣)를 기른다.
6. 음식을 맛있게 먹어 위기(胃氣)를 기른다.
7. 생각을 적게 하여 심기(心氣)를 기른다.

사람은 기(氣)로 인해서 사는 것이요 기는 정신으로 인해서 왕성해지는 것이다. 기를 기르고 정신을 온전히 해야 참다운 도(道)를 얻는 것이니, 대체로 만 가지 형용 중에 보존할 것은 원기(元氣)보다 앞서는 것이 없다.

사람이 능히 그 욕심을 버리면 마음이 저절로 맑아지는 것이니, 마음이 맑아지면 정신이 저절로 맑아지고 사람의 마음이 비어 있으면 맑아지고, 안정되면 고요해져서 말이 적고 듣는 것이 드물어서 정신과 목숨을 보존하게 된다.

대개 말이 많으면 기(氣)를 손상하고, 기쁨이 많으면 정(情)이 흩어지며, 노염이 많으면 만사가 뜻에 거슬린다. 슬픔과 생각이 많으면 정신을 상하고, 탐욕과 수고로움이 많으면 정기를 상하는 것이니, 대체로 이것은 모두 행실을 닦는 사람이 마땅히 해서는 안 될 일이다.

○ 사람의 몸 안에는 오장(五臟)·육부(六腑)가 있고, 밖에는 근골(筋骨)과 살과 혈맥과 피부가 있어서 그 형용과 정과 기와 신을 이루는 것이다. 또 오장·육부는 백체(百體)의 주인이 되는 것인데, 도가(道家)에 있어서는 청정(淸靜)과 수양(修養)을 근본으로 삼고 의술에서는 약과 침과 뜸으로 다스린다. 그러니 도(道)는 그 정(精)한 것을 얻었고 의술은 그 거친 것을 얻은 것이다.

천식(天食)은 사람이 오기(五氣)로 사는 것을 말하고, 지식(地食)은 사람이 오미(五味)로 사는 것을 뜻한다. 오기는 코로 들어가서 심장과 폐와 위에 간직돼 얼굴빛을 밝게 하고 음성을 맑게 한다.
오미는 입으로 들어가서 장과 위에 간직되어 오기를 기른다. 오기
가 화합해서 진액이 생기고 여기에서 정신을 이루어 비로소 살게
된다.

오기란 수·화·금·목·토이니, 신(腎)은 수, 심(心)은 화, 간
(肝)은 목, 폐(肺)는 금, 비(脾)는 토이다. 오미란 짠것, 쓴것, 신
것, 매운것, 단것이다.

○ 형(形)과 기(氣)가 오래 살고 일찍 죽는 것을 정하는 것이니,
곡식 기운이 원기를 이기면 그 사람은 살찌기는 하나 장수하지 못
하며, 원기가 곡식 기운을 이기면 그 사람은 여위기는 하나 장수할
것이다.

○ 수암(守菴) 박 지화(朴枝華)는 퇴계(退溪)의 문하(門下)에서 공
부를 했는데, 섭양(攝養)을 잘하고 겨울과 여름에는 밖에 나가지
않더니 나이 80인데도 정력(精力)이 보통 사람과 달랐다.

○ 이 성호(李星湖)가 말했다. 「사람의 기억하는 성실은 다 같
지 않아서, 귀로 들어 기억하는 자도 있고, 눈으로 보아 기억하는
자도 있고, 입으로 말해 기억하는 자도 있다. 또 당장은 잘 외어도
오래 가지 않는 자도 있고, 금세 기억하기는 어려워도 오래도록 잊
지 않는 자도 있으니, 이는 심력(心力)의 차이 때문이다.」

○ 채번암(蔡樊巖)이 말했다.
「일찌기 경기도를 다스릴 때 그 고을을 지나게 되어 이 성호(李
星湖) 집으로 찾아 뵈었다. 선생께서는 그때 나이 81세로서 조그만
집의 처마 밑에 앉아 있었는데 눈이 빛나서 쏘는 것 같고 수염은
허리띠에 닿아, 절을 하기 전에 이미 숙연(肅然)히 공경하는 마음
이 생겼다. 앞으로 나가 뵙자 즐겁고 평이하게 경전(經傳)에 대해

서 이야기하는데 고금(古今)의 일에 모르는 것이 없었으니, 이는 대개 도(道)를 가지고 있는 불세출(不世出)일 뿐만이 아니라, 그 수양의 힘을 더욱 공경할 만했다.」

명 기량지력(明器量之力 : 기량의 힘을 밝힘)

○ 신라 장군 김 유신(金庾信)이 백제와 싸울 때 큰 별이 진중(陣中)으로 떨어지자 온 군사들이 모두 놀라고 두려워하였다.

이에 김 유신은 이튿날 밤에 종이로 연을 만들고 거기에 등을 매달아 가지고 산 위로 올려 불에 태우면서 군중에 선언하기를 「지난번 밤에 떨어진 별이 이제 하늘로 돌아갔다」라고 하니, 사기가 다시 진작되어 드디어 크게 승리했다.

○ 신당(新堂) 정 붕(鄭鵬)은 김 한훤당(金寒暄堂)에게 배웠는데 기량(器量)이 넓고 커서 세리(勢利)에 꺾이지 않았다. 영상(領相) 성 희안(成希顔)이 그의 이러한 기량을 아뢰고 불러서 청송 부사(靑松府使)를 시켰다. 성공(成公)과는 본래 좋게 지내는 터여서 글을 보내서 안부를 묻고 그 편에 잣과 꿀을 보내라고 했더니, 공은 회답하기를 「잣은 높은 산 꼭대기에 있고 꿀은 민간 벌통 속에 있는데 태수가 어떻게 얻을 수 있겠는가?」라고 했다.

○ 문정공(文靖公) 오음(梧陰) 윤 두수(尹斗壽)는 일찍이 제기(祭器)를 장식하지 않는다 해서 대각(臺閣) 이 원익(李元翼)의 탄핵을 받은 일이 있었다. 원익(元翼)이 뒤에 공사(公事)로 해서 두수(斗壽)를 찾아보았으나 두수는, 아무런 내색도 하지 않고 말하기를 「가난한 일가들이 혼인을 하거나 장사를 치르려면 나에게 물건을 요구하기 때문에 사람들이 보내는 물건이 있으면 부득이 받아 두어야 하는데, 대계(臺啓)에서 말한 것은 이치에 당연한 것이니 내 어

찌 개의(介意)하겠는가?」하고 수작할 즈음에 마침 향족(鄕族)이 편지로 혼수(婚需)를 요구해 왔다. 이에 공(公)은 즉시 시비(侍婢)에게 명하기를 「저번에 역관(譯官)이 가져온 비단을 가져오너라」고 했다. 그러나 시비는 들어갔다가 다시 나와서 말하기를 「그런 물건은 없읍니다」라고 하였다.

이에 공은 웃으면서 말하기를 「부인들이 공이 와 계시다고 해서 숨기는 것이오」하고 시비를 재촉하여 내오게 하여 향족에게 주면서 조금도 얼굴빛을 변하지 않으니, 원익은 그 아량에 탄복하여 평생토록 공경하고 소중히 여겼다.

○ 문충공(文忠公) 오천(梧川) 이 종성(李宗成)은 일을 알기를 신명(神明)같이 하여서 세상에서 장단대신(長湍大臣)이라고 일컬어졌다.

영조(英祖)가 만년에 아들 낳고 싶은 마음이 간절해서 포태(包胎)에 좋은 약을 자주 정순왕후(貞純王后)에게 지어 보냈으나, 왕후는 성덕(聖德)이 있어서 스스로 생각하기에 자신이 태기가 있으면 혹 세손(世孫)이 임금의 사랑을 잃을까 두려워하여 몰래 버리고 먹지 않았는데 임금은 실상 이것을 알지 못했다.

임금이 사랑하는 후궁 중에 문(文)이란 성을 가진 자가 가만히 사랑을 굳힐 계교를 내어 옷으로 배를 부르게 하여 마치 잉태한 것처럼 하고 있다가 생산할 때가 되자 비밀히 친속(親屬)에게 부탁하여 민간에서 갓 낳은 어린애를 구해다가 자기가 낳았다고 속이려 했으나 그 흉한 계교를 아무도 알지 못했다.

이때 공은 고향으로 돌아가려 했으나 은밀히 그 기미를 살피고 도롱이에 삿갓을 쓰고 용산강(龍山江)에 낚싯대를 드리우고 그 기회를 기다리고 있었다. 마침 한 무변이 낚시터를 지나가는데 재주가 쓸 만해 보였다. 이에 공은 그 사람을 사랑하여 심복을 만들어 가지고 통화문(通化門) 수문장(守門將)을 시켰다.

어느 날 공은 그 무변을 불러 이르기를 「오늘밤 성문을 열면 반드시 궁비(宮婢) 하나가 붉은 보에 함을 싸서 마치 음식처럼 해서 이고 들어올 것이니 너는 불문곡직하고 빼앗아 열어 보면 반드시 어린아이가 있을 것이다. 그때 마음을 단단히 먹고 한 칼로 베어 두 토막을 내도록 하라. 만일 그렇지 않으면 너는 죽을 것이다」라고 했다.

무변이 과연 공의 말대로 했더니 온 궁중이 놀라 동요하였다. 이튿날 아침에 정국(廷鞫)을 해본즉, 결국 문녀(文女)의 간사한 짓임이 발각되어 세손(世孫)은 보존할 수가 있었다.

대개 공은 조정에서 물러나 강호(江湖)에 가 있으면서도 나라를 잊지 않는 것이 이와 같았다. 공이 졸한 후에 정조(正祖)가 친히 제문을 짓기를 「강 위에 낚시 드리운 것이 무엇을 기다린 것이었던가?」라고 했고, 또 말하기를 「5월 강 위에 누구를 위하여 더디 갔던가?」라고 했다.

어느 날 공이 뜰을 깨끗이 쓸도록 시키고 말하기를 「오늘 정승 유 척기(兪拓基)가 오실 것이다」라고 했다. 자질들이 묻기를 「유 정승은 우리 집과 혐의가 있는데 어찌 오겠읍니까?」라고 하자, 공은 말하기를, 「공사(公事)에는 사사로운 혐의를 탓하지 않는 법이다」라고 했다.

얼마 안 되어 벽제(辟除) 소리가 나더니 유상(兪相)이 과연 왔다. 공은 대청에 병풍과 포장을 쳐서 서로 얼굴이 보이지 않게 하고 묻기를 「공께서 무슨 일로 오셨읍니까?」하니, 유상은 「이제 변무사(辨誣使)로 연경(燕京)에 들어가는데 원컨대 가르침을 받고자 해서 왔읍니다」라고 하였다.

공은 본래 회해(詼諧)를 좋아하는 터라 이에 말하기를 「내 항상 제사밥을 좋아하는데 이웃집에 재가(再家)한 여자가 먼저 남편의 제사를 매우 정성껏 지내므로 후부(後夫)가 이를 시기해서 책망했읍니다. 이에 여인은 말하기를, 그대가 만일 불행을 당해서 내가 생활하기가 어려우면 또 재가할 것인데 그때 그대의 제사도 당연히 이렇게 지내야 하지 않겠는가 했더니, 그 남편이 옳게 여겨 제사를 지내게 했답니다. 나에게 제사밥을 주면서 그 이야기를 해 주기에 나도 또한 그 여인을 기특하게 여겼읍니다」라고 하였다.

공은 또 말하기를 「금관조복(金冠朝服) 한 벌을 새로 만든 것이 있기에 공에게 주는 것이니 공은 유의하십시오」라고 했다.

유상(兪相)이 만족히 여겨 길을 떠나서 연경(燕京)에 이르자 미리 금관조복을 갖추고 건륭제(乾隆帝)께 보이니, 건륭제가 노해서 묻기를 「너희 나라가 대보단(大報壇)을 세우고 명(明)나라 임금을 제사지낼 때에도 항상 명나라 제도를 쓴다고 하니, 너희 나라가 짐(朕)의 신민(臣民)이 되었으면서도 여전히 명나라 조정을 잊지 않느냐?」라고 하였다.

이에 유상(兪相)은 떠날 때 이공(李公)이 말하던 대로 풍자해서 비유하고 또 금관조복을 가리키면서 부복하고 말하기를 「이것은 명나라 제도의 공복(公服)이온데 역시 옛 근본을 잊지 못하기 때문에 감히 없애지 못합니다」라고 하니, 청제(淸帝)는 노염이 풀려, 「참 예의지방(禮義之邦)이로다」 하고, 특별히 상으로 천리마(千里馬) 한 필을 주었다.

유상(兪相)은 일을 마치고 돌아오는 길에 이공(李公)의 뜻에 감동하여 그 말을 오촌(梧村) 마을 어귀에 매어 놓고 말도 하지 않고 그대로 서울로 와서 복명(復命)했다. 이와 같이 공의 신명함은 온 세상을 모두 놀라게 했다.

○ 문충공(文忠公) 문곡(文谷) 김 수항(金壽恒)은 가정에서 학문할 때 소학(小學) 경신편(敬身篇)을 주로 하여, 젊어서부터 종일 단정히 앉아 일찌기 다리를 뻗는 일이 없고 어깨를 곧게 하여 조금도 쭈그리고 기대는 일이 없었는데, 그가 말하기를 「자세가 조금이라도 흐트러지면 심지(心志)도 따라서 잃게 된다」라고 했다.

○ 채 번암(蔡樊巖)이 젊었을 때 집이 가난해서 과거를 보러 가고 싶어도 붓과 먹이 없어서 재상에게 요구했더니 재상이 후하게

내다가 공의 앞에 놓았다. 이것을 보고 공은, 「나리! 이것을 내 손으로 가지고 가라는 것입니까?」하니 재상은 잘못을 사과하고 즉시 사람을 시켜 보내 주게 했다.

공이 재상의 집 문 밖에 나서는데 개가죽이 옷 속에서 떨어졌다. 대개 공은 가난해서 솜옷을 입지 못하고 남의 개가죽을 빌어서 등에 찔러 추위를 막았던 것인데 잘못해서 땅에 떨어진 것이다. 이에 공은 그 종을 불러 말하기를, 「네 이것을 내 등에 찔러라」하고 조금도 부끄러워하는 빛이 없으니 그 자리의 사람들이 모두 놀라 반드시 큰 지위에 오를 사람이라고 했다.

○ 상국(相國) 김 재찬(金載瓚)은 본래 대체(大體)를 지키더니, 순조(純祖) 신미년(辛未年)에 가산(嘉山)의 적보(賊報)를 듣고 여러 신하들이 조정에 모여서 적을 토벌할 일을 의논할 때 공(公)은 좌의정(左議政)인데도 불구하고 홀로 참석치 않다가 서너 차례 오기를 청한 뒤에야 비로소 왔다.

이에 여러 재신(宰臣)들이 말하기를, 「어찌해서 이렇게 늦게 오십니까?」라고 하니 재찬(載瓚)은 말하기를, 「국가가 무사한 지 백여 년이 되었다. 내가 대신(大臣)의 몸으로 국가의 이목(耳目)인데, 만일 경망하게 서두르면 나라 사람들이 놀라지 않겠는가?」라고 하니 모두들 사례하고 감복했다.

○ 산천재(山天齋) 홍 명섭(洪明燮)은 어려서부터 침중(沈重)하고 간묵(簡默)했다. 자라자 서 영보(徐英輔)의 집에 장가를 들었는데, 서씨(徐氏)가 장상(將相)이 되자 기생과 풍류를 갖추고 날마다 시끄럽게 놀았다. 그러나 산천재(山天齋)는 자기 몸을 조심하여 조금도 뜻을 변하지 않고, 또한 화기(和氣)를 잃지 않으니, 식자(識者)들이 그가 큰 그릇임을 알았다.

○ 삼휴당(三休堂) 김 염(金濂)은 권신(權臣)의 미움을 받아 한산

군수(韓山郡守)로 내쫓겼는데, 이때 그 고을에 괴질이 있어 누구든지 가기만 하면 죽었다. 이에 사람들이 공에게 아뢰니 공은 웃고 말하기를, 「죽고 사는 것은 하늘에 있는데 한산의 괴질이 하늘에게 어떻게 하겠는가?」 하고 수레에 올라 한산에 이르러, 이튿날 단(壇)을 모으고 초귀문(招鬼文)을 읽어 타이르니, 그 후로는 괴질이 없어졌다.

공은 벼슬살이를 청백하게 하고 산업(産業)을 꾀하지 않았다. 권세 있고 귀한 사람이 생선이나 산채를 요구하면 공은 편지를 써서 회답하기를, 「생선은 천 길 물 속에 있고, 산채는 만 겹 산 속에 있는데, 벼슬살이 하는 사람이 고기잡는 늙은이나 나물 캐는 여인이 아닌 바에야 어디 가서 얻겠는가?」 하고 이내 벼슬을 내놓고 돌아갔다.

○ 이 만원(李萬元)이 평양 감사가 되었을 때 서윤(庶尹)과 사이가 좋지 않았는데 어느날 병부(兵符)가 없어졌다. 그 사실을 어머니께 고하기를, 「제가 병부를 잃었으니 그 죄가 죽어 마땅하겠사오니 어찌하오리까?」라고 하자 그 어머니는 비밀히 아들에게 지시하는 것이 있었다.

이튿날 서윤(庶尹)·도사(都事)와 함께 연광정(練光亭)에서 풍류를 벌이고 노는데, 갑자기 보고하기를, 감영 안에 불이 났다고 하여 바라보니 과연 연기와 화염이 이미 하늘에 가득하였다.

이에 감사는 급히 병부 주머니를 풀어 서윤에게 주면서 말하기를, 「나는 장차 가서 불을 꺼야 하겠으니 이것을 잘 가지고 계시오」 하니 서윤은 사양하지 못하고 받았다.

감사가 감영으로 와서 불을 껐으나 이는 실상 일부러 놓은 불을 일부러 끈 것이었다. 이에 서윤을 청하여 병부 주머니를 찾으니 병부가 과연 그 속에 들어 있었다. 이때 감사는 태연히 통인(通引)을 시켜 주머니를 다시 봉하게 하면서 말하기를, 「이것은 지극히 소중한 물건이니 보통으로 보관해서는 안 된다」라고 하니 서윤의 얼굴이 붉어졌다.

○ 화서 선생(華西先生) 이 항로(李恒老)는 철종(哲宗) 임술년(壬戌年)의 역옥(逆獄) 때 공(公)의 이름이 난초(亂招)에 나와서 포졸(捕卒)들이 공의 집을 포위하고 금랑(禁郞)이 오기까지 해서 자손과 문인(門人)들이 모두 울었다. 그러나 공은 웃으면서 말하기를, 「글 읽은 사람이 어찌 용렬하게 그러느냐? 죄가 있으면 마땅히 죽을 것이요, 죄가 없으면 마땅히 면할 것이니, 다만 천명(天命)을 순수(順受)할 뿐이다」라고 했다. 이리하여 결박되어 국청(鞠廳)으로 나왔으나 대답하는 것이 명백하고 담소(談笑)가 조용하니, 여러 공(公)들이 주목(注目)하고 혀를 차면서 「그는 마땅히 방면(放免)될 것이다」라고 했다.

이때 부중(府中)에서 석방의 윤허(允許)가 내린 것을 알고 옥졸(獄卒)을 시켜 형구(刑具)를 풀어 주게 했으나 공은 윤허의 공문(公文)이 아직 오지 않았다 하여 고집하고 벗지 않아 미시(未時)로부터 술시(戌時)까지 명문(明文)이 도착하기를 기다려 형구를 풀었으니, 그 곤란한 지경에 처해서도 구차하지 않고 정대(正大)하기가 이와 같았다.

방환(放還)이 되어 집에 오자 문인(門人) 유 중교(柳重敎)가 묻기를, 「위태로운 일을 당했을 때 마음을 혼동시키지 않을 수 있는 도(道)가 있읍니까?」라고 묻자 대답하기를, 「지금 사람은 평시에 뜻을 놓아 맘대로 내버려 두었기 때문에 위태로운 일을 당하면 문득 마음이 흔들리는 것이다. 그렇지 않고 만일 항상 공경하고 두려워하는 마음을 갖는다면 편안하고 위태로운 것이 다 같을 것이다」라고 했다.

그 뒤에 특별히 동부승지(同副承旨)를 제수했으나 나가지 않더니, 병인(丙寅)에 서양 배가 갑자기 서강(西江)에 들어오자, 공은 이 소식을 듣고 즉시 병을 무릅쓰고 나가려 했다. 모두들 이를 어렵게 여기니, 공은 말하기를, 「유자(儒者)의 한 목숨은 나라가 승평

(昇平)할 때는 마땅히 퇴양(退讓)하는 것을 의리로 여기는 것이요, 혹시라도 국가에 어려운 일이 있으면 마땅히 급히 나가는 것을 의리로 삼는 것이니, 이 의리는 죽촌 선생(竹村先生)에게서 들었다」라고 했다. 죽촌(竹村)이란 곧 이 우신(李友信)이다.

○ 판서(判書) 김 병기(金炳冀)는 본래 기국(器局)이 있었는데, 흥선 대원군(興宣大院君)이 한미했을 때 푸대접받았다 하여 마음속에 한을 품고 그를 죽이려 했었다.

어느날 대원군이 병기(炳冀)의 생일잔치에 갔는데 술상이 나오기 전에 국수를 대접했다. 대원군은 국수를 입에 넣고 씹다가 얼굴빛이 변하더니 일어나 독약을 넣었다고 올가미를 씌우려 했다.

그러자 병기가 이것을 깨닫고 억지로 대원군의 소매를 잡아 앉히고 나서 말하기를, 「나를 죽이기야 아주 쉬운데 하필 이렇게까지 하십니까?」하고, 대원군이 먹던 국수를 가져다가 자기가 태연히 먹으니 대원군도 어찌하지 못했다.

명 수양지방(明修養之方 : 수양의 방법을 밝힘)

○ 퇴계 선생이 말했다.

「조용히 움직이지 않는 것은 마음의 체(體)요, 감동해서 드디어 통하는 것은 마음의 용(用)이요, 고요하고 엄숙한 것은 공경의 체(體)요, 움직이면서 정제한 것은 공경의 용(用)인 것이다.」

「고요해서 천리(天理)의 본연(本然)을 함양(涵養)하고, 움직여서 인욕(人欲)을 기미에 결단하라. 이렇게 하여 참으로 힘을 쌓아 오래도록 순숙(純熟)한 데 이르면, 정허(靜虛) 동직(動直)하여 일용(日用)의 사이에 비록 백 번 일어나고 백 번 쓰러져도 마음이 진실로 자약(自若)한 것이다.」

「사람이 학문을 하는데는 일이 있거나 일이 없거나, 뜻이 있거나 뜻이 없거나 간에 오직 마땅히 공경(恭敬)을 근본으로 하여 동정(動靜)을 잃지 않으면, 그 사려(思慮)가 싹트기 전에는 심체(心體)가 허명(虛明)하고 본령(本領)이 심순(深純)하며, 사려가 이미 시작되어서는 의리(義理)가 밝게 나타나고 물욕(物慾)이 물러가는 것이니, 이렇게 되면 시끄러운 근심이 점점 감해지고, 수양이 쌓여서 이루어지는 데에 이를 것이니, 이것이 중요한 법인 것이다.」

「일용(日用)의 사이에 한 번 말하고 한 번 움직이는 것이 마땅함을 얻으면 호연(浩然)의 수양에 해로울 것이 없고, 한 가지라도 부족함이 있으면 천지와 서로 일치되지 않아서 문득 호연(浩然)의 수양에 해로움이 있을 것이니, 이렇게 되면 비록 맹자(孟子)가 말한 부동심(不動心)의 지위에 있더라도 반드시 이런 사소한 것에서 시작해야 되는 것이다.」

○ 정암 선생(靜庵先生)이 말하기를, 「내 일찌기 들으니 허상국조(許相國稠)가 책상 앞에 앉아 있는데 밤중에 도둑이 방에 들어왔다. 공은 자지 않고 명연(冥然)히 소상(塑像)과 같이 앉아 있었다.

도둑이 물건을 훔쳐 가지고 간 뒤에 집안 사람이 이를 알고 분해하자, 공은 말하기를, 「도둑보다 더 심한 것이 내 마음에 와서 싸우고 있는데 어느 겨를에 외적(外賊)을 막겠는가?」라고 했다는 것이다.

선배(先輩)의 극기(克己)의 공력이 이와 같았다.

○ 노 소재(盧蘇齋)가 처음에 회재 선생(晦齋先生)을 보고 존심(存心)의 방법에 대해서 묻자, 선생은 손바닥을 가리키면서 말하기를, 「물건이 여기에 있으니 쥐면 있고 쥐지 않으면 없어지는 것이다」라고 했다. 이에 소재(蘇齋)는 기뻐하면서 말하기를, 「이는 잊는 것을 돕는 이명(異名)이다」 하고, 한 마디로 유익하고 좋게 써서 취렴(取斂)의 방법으로 삼았다.

○ 남명 선생(南冥先生)이 일찌기 말하기를, 「사색(思索)하는 공부는 밤에 더욱 전념해야 한다」 하고 항상 스스로 쇠방울을 차고 있어 이를 이름하여 성성자(惺惺子)라 하고, 때때로 이것을 흔들어서 마음을 깨우쳤다. 뒤에 이것을 동강(東岡) 김 우옹(金宇顒)에게 주면서 말하기를, 「나는 이미 이 성성자가 아니더라도 스스로 마음을 깨우치니 그대가 차도록 하라」고 했다. 또 일찌기 술잔에 물을 부어 가지고 두 손으로 받들고 밤새도록 있어 이로써 조존(操存)의 공부를 시험했다.

○ 문민공(文愍公) 탁영 선생(濯纓先生) 김 일손(金馹孫)이 말하기를, 「대체로 사람의 한 마음은, 쓰면 움직여서 끝이 없고, 행하면 고요해서 근본이 허(虛)하게 된다. 허(虛)하기 때문에 오덕(五德)이 갖추어지고 만물이 구비되는 것이니, 천지와 일월이 모두 나의 마음속 물건인 것이다. 하나라도 간사한 생각이 그 마음속에 있으면 본체(本體)의 허(虛)함을 잃고 만 가지 일의 쓰임이 정치에 응하게 되는 것이다」라고 했다.

○ 일재 선생(一齋先生)은 처음에 학문을 할 때, 본래의 성격이 활달하고 사나와서 이를 제어하기가 어려웠다. 이에 앉아 있는 자리 전후 좌우에 칼을 꽂아 자기 몸이 맘대로 구부리고 움직이지 못하게 했다.
이렇게 몇 해가 지나고 보니 기거(起居)가 법도에 맞고 지기(志氣)가 안정되었기 때문에 치지(致知)의 실상과 역행(力行)의 독실함이 참으로 터득되었다.

○ 율곡 선생(栗谷先生)이 일찌기 배우는 자들에게 말하기를, 「내가 젊었을 때 망녕되이 생각하기를, 선가(禪家)가 법을 깨닫고 도(道)에 들어가기가 몹시 빠르다고 하여 만상(萬象)을 하나로 돌렸으나 몇 해가 된 뒤에 생각하니 끝내 깨달음을 얻지 못했다. 그리

하여 이를 반대로 구해 보고 그 잘못을 알았다」라고 했다.

또 말했다. 「불씨(佛氏)의 말은 그 정밀함이 심성(心性)에 대해 지극하여, 이치로 마음을 삼고, 마음으로 만물의 근본을 삼는다. 마음으로 성품을 삼고, 성품으로 견문(見聞)의 작용(作用)을 삼는다. 적(寂)으로 종(宗)을 감동하여 천지 만물을 환망(幻妄)이라 하며, 출세(出世)를 도(道)로 삼아 이륜(彛倫)을 지키는 것을 질곡(桎梏)으로 여긴다.

그 용공(用功)의 요점은 문자(文字)를 세우지 않고 바로 사람의 마음에서 성품을 본다고 말하며, 성불(成佛)하여 갑자기 깨달은 후에라야 비로소 점점 닦여진다고 한다.

양(梁)의 무제(武帝) 때에 이르러 달마(達磨)가 중국에 들어가 비로소 그 도(道)를 전했으니 이른바 선학(禪學)이라는 것이 그것이다. 그것이 당(唐)나라에 이르러 크게 성해 가지고 그 무리가 천하에 두루 퍼져서 제 맘대로 바로 행하고 아무 의사(意思)도 쓰지 않은 뒤에라야 비로소 진견(眞見)이라고 이르고, 여기에 미치지 못한 자는 반드시 한두 구절의 무의미한 말을 가지고 무한한 묘리(妙理)라고 하여 드디어 활연(豁然)히 크게 깨닫고 창광(猖狂)하여 제 맘대로 하면서 이것으로 일이 끝났다고 한다. 송(宋)나라 초년에도 그 무리가 한창 번성하더니 정자(程子), 주자(朱子)가 확청(廓淸)한 뒤에 그 형세가 비로소 쇠해졌으니, 이것이 불가(佛家)의 선(禪)과 유가(儒家)의 경(敬)이 서로 같지 않은 점이다.」

○ 문경공(文敬公) 대산 선생(大山先生) 이 상정(李象靖)이 말했다. 「사람의 마음은 허령(虛靈)하고 통철(洞澈)하여 동정(動靜)을 꿰뚫고 안과 밖을 포섭하는데 그 체(體)는 본래는 곧지만 때로는 어둡기도 하고, 그 쓰임이 본래는 착하지만 악(惡)으로 흐르기 쉽다. 여기에서 마음을 다스릴 어떤 방법도 찾지 못하면 절제해서 어둡고 방일(放逸)해서 물에 빠지고 불에 타지 않는 자가 몇 없다. 그 마음을 유지(維持)하고 막아서 그 근본을 잃지 않고 도(道)로 나가

기 위해서는 경(敬)의 한 글자만이 있을 뿐이다.」

그가 올린 소(疏)에서는 이렇게 말했다.

「지경(持敬)의 공부가 또한 도(道)가 있읍니다. 구속(拘束)하면 핍박해서 오래 갈 수가 없고, 늦추면 해이해져서 잃기가 쉽습니다. 움직이기를 싫어하고 고요한 곳을 좋아하면 좌선(坐禪)해서 입정(入定)하더라도 허(虛)한 데에 가깝고 공을 계교하고 효과를 서두르면 속히 하고자 하여 병을 조장(助長)시킬 염려가 있읍니다. 하오니 오직 생각하고 생각지 않는 사이에 힘을 써서, 엄숙하고 정돈되면서도 자랑하는 데에 지나지 말고, 우유(優遊)하고 함영(涵泳)하면서도 게으르고 폐하는 데로 흐르지 말아야 할 것입니다.

이렇게 하여 동정이 순환하여 각각 그 법을 다한다면, 어찌 선(禪)에 가까울 것을 근심할 것이 있사오며, 반드시 일이 있을 적에 분수에 따라 순응한다면 병을 조장시키는 일이 어찌 있겠읍니까? 이와 같이 평생 동안 계속하여 싫어하지 않고 그치지 않으면 오래 되면 오래 될수록 편안해져서 자연히 광대(光大)하고 고명(高明)해질 것입니다.」

○ 이 성호(李星湖)가 말했다.

「주정(主靜)에 대해서는 주자(朱子)와 남헌(南軒 : 張拭)이 각각 말한 것이 있다. 대개 정(靜)은 공경치 않은 것이 있지만 경(敬)은 고요하지 않은 것이 없는 것이니 마땅히 경(敬)이 더욱 중요한 것이다. 그러나 대체로 학문의 도(道)는 항상 주인을 정하는 것이 안정되지 못하는 것을 근심하기 때문에 반드시 먼저 함양(涵養)하여 모름지기 경(敬)을 써야만 새어나가는 일을 막아 병통이 없는 것이다. 그러나 경(敬)도 또한 어찌 쉽게 얻을 수가 있겠는가? 만일 경(敬)을 어찌해야 얻을 수 있느냐고 물으면 또 반드시 모름지기 먼저 정(靜)을 얻어야 하는 것이니 가장 근본이 되는 공부는 정(靜)에 지나는 것이 없다.

정(靜)은 움직임의 근본이 되는 것이니, 마치 사람의 형상 안에 마음이 있기 때문에 마음이 형상의 근본이 되는 것과 같다. 사람일을 의논하는 데 있어 하늘에 근원을 두지 않는다면 도(道)가 근본이 없기 때문에 주자(周子 : 濂溪)가 주정(主靜)의 설(說)을 지어서 인극(人極)을 세운 것이니 마치 밤에 길을 걷는 자가 북극(北極)을 보고 사방의 지리를 판별하는 것과 같은 것이다. 정부자(程夫子 : 明道·伊川) 형제는 다같이 염계(濂溪)의 문하에서 나와서 오직 인극(人極)에 대해서 말했다. 남헌(南軒)은 오로지 주정(主靜)을 주장했고, 주자(朱子)는 주경(主敬)과 주정(主靜)에 대해서 말했다. 정(靜) 속에 물건이 있으면 문득 주경(主敬)이 되는데, 주자(朱子)가 말한 정(靜)이 필요하다는 것은, 모름지기 함양(涵養)하는 것을 가지고 그 근본을 움직임으로써 정(靜)이 있는 바를 살펴서, 동(動)과 정(靜)이 서로 만나고 체(體)와 용(用)이 떠나지 않은 뒤에라야 새어나가지 않게 된다. 이 두어 마디 말은 뚜렷해서 그 의미가 모두 지극하다. 그렇다면 이른바 주정(主靜)이란 또한 어찌 일찌기 선(禪)의 맛이 있다고 하랴?」

명 경제지도(明経濟之道 : 경제의 방법을 밝힘)

○ 충선공(忠宣公) 삼우당(三憂堂) 문 익점(文益漸)이 사신으로 원(元)나라에 갔다가 목화씨를 얻어 가지고 와서 그 장인 정 천익(鄭天翼)에게 주어 심게 했다. 드디어 이것이 번져나갔는데, 목화에서 씨를 빼는 것과 실을 뽑는 물레는 모두 천익이 처음 만든 것이었다.

○ 문경공(文敬公) 장암(丈巖) 정 호(鄭澔)가 영상(領相)을 내놓고 충주(忠州)로 내려가 쉬고 있으면서, 배나무 수십 그루를 심고 친히 접목(接木)을 하고 있었다. 이때 참판(參判) 이 형좌(李衡佐)가 도승지(都承旨)로서 임금의 명령으로 그에게 갔다가 이것을 보고

빙그레 웃으면서 말하기를, 「이처럼 어린 나무가 언제 열매 맺기를 기다리겠읍니까?」라고 했다. 이때 공(公)의 나이가 80세이므로 그가 늙어서 이 나무에서 여는 배를 먹지 못할 것을 비웃은 것이다. 이 말에 공도 또한 웃었다.

그 후에 형좌(衡佐)가 충청 감사(忠淸監司)가 되어 공을 찾아가니, 공은 간략히 술과 안주를 차리고 따로 배 10여 개를 대접하면서 말하기를, 「이것이 곧 연전(年前)에 내가 친히 접목하던 배나무에서 딴 것일세. 그때 자네는 내가 그 열매를 먹지 못할까 걱정했지만, 그 배를 먹기 시작한 지가 벌써 여러 해째일세」라고 했다. 공은 나이 89세에 졸했다.

○ 환재(桓齋) 박 규수(朴珪壽)는 연암(燕巖)의 손자로서 가학(家學)을 잘 계승하더니, 황해 관찰사가 되었을 때 집사람이 공의 집이 가난한 것을 생각하고 후일의 생활을 위하여 비밀히 녹봉(祿俸)에서 남은 것으로 밭 한 뙈기를 사 두었다.

벼슬을 내놓고 돌아왔는데 고향 사람 하나가 와 보고 말하기를, 「제가 요새 전답 하나를 샀는데 들으니 공께서 먼저 사셨다 하니 사실입니까?」라고 하였다. 이에 공은 말하기를, 「그런 일이 없다」 하고 집사람을 불러 물어보니 그런 일이 있다고 하였다.

공은 문서를 가져오라 하여 내보이니 그 사람은 놀라면서 말하기를, 「과연 이것이 진짜 문서이고, 제가 가진 것은 가짜입니다」라고 했다. 그러자 공은 말하기를, 「가짜 문서를 무엇에 쓰는가? 이 진짜 문서를 가지고 가게」라고 했으나 그 사람은 감히 받지 못하였다.

이때 집사람이 당황하여, 「저 사람이 속은 것인데 어찌 진짜 문서를 내주십니까?」라고 했으나 공은 노해서 꾸짖기를, 「조정 대신이 어찌 가난한 백성과 이(利)를 가지고 다툰단 말이오?」 하고 탄식하기를, 「사대부(士大夫)가 명절(名節)을 더럽히는 것이 모두 이런 무리들의 조그만 충성 때문이다」라고 했다.

○ 최 순성(崔舜星)은 대대로 개성에서 부자로 살면서 남에게 주는 것을 좋아해서, 1년에 제사를 받들고 손님 대접할 비용을 제해 놓고는 모두 따로 저장해 두고 이것을 급인전(急人錢)이라고 해서 알거나 모르거나 간에 곤궁한 사람이면 내어서 도와주었다.

그 집 창고에는 관복·말안장으로부터 도끼·호미 같은 농사에 쓰이는 연장까지 없는 것이 없이 장만해 두었는데, 와서 요구하는 사람이 있으면 누구에게나 내주었다.

또 흉년이 들면 창고문을 열어 놓고 꺼내서 구제했다. 그 후 그의 자손이 유산(遺産)을 보존한 지 8,9대가 되어도 그대로 변하지 않으니, 사람들이 이르기를 선보(善報)를 받는다고 했다.

○ 정 다산(丁茶山)은 산림경제(山林經濟) 수십 권을 저술했으니 모두 민생(民生)·일용(日用)·치가(治家)의 방법이다.

명 기예지술(明技藝之術 : 기예의 재주를 밝힘)

○ 신라 진흥왕(眞興王) 때 악사(樂師) 우륵(于勒)이 가야국(伽倻國)에서 신라로 돌아와서 열 두 줄 거문고를 만들었는데 이것을 가야금(伽耶琴)이라 했다.

그 제자 이문(尼文)이 하림(河臨)·눈죽(嫩竹) 두 곡조를 만들어 연주했고, 진흥왕은 법지(法知), 계고(階古), 만덕(萬德) 등을 시켜 우륵에게 음악을 배우게 했다. 우륵은 계고에게 재주가 있다 하여 거문고를 가르쳤고 법지에게는 노래를 가르쳤고 만덕에게는 춤을 가르쳤다.

이 세 사람이 이미 12곡(曲)을 전하고 나서 서로 이르기를, 「이 음악이 번거롭고 음탕하여 맑지 못하니 이는 가야가 망할 음악이다」 하고, 이에 5곡으로 줄였더니 우륵이 이를 듣고 감탄하기를, 「이것이 바로 정성(正聲)이다」라고 했다.

○ 이때 화사(畫師) 솔거(率居)는 황룡사(黃龍寺) 벽에 늙은 소나무를 그렸더니 새들이 이따금 날아 들어오다가 벽에 부딪혀 떨어져 죽으니, 세상사람들이 그를 일컬어 신화(神畫)라고 했다.
그 후 그림이 오래 되어 빛이 바랬으므로 중이 새로 단청(丹靑)을 칠했더니 새들이 다시는 오지 않았다.

○ 신문왕(神文王)이 해관(海官) 박 숙청(朴夙淸)의 말을 듣고 동해(東海) 가운데 조그만 산에 가서 대나무를 베어다가 만든 것이 곧 피리[笛]이니, 그 곡조를 만파식(萬波息)이라고 했다. 또 옥적(玉笛)을 만들었는데, 길이가 1척 9촌이요, 소리가 또한 맑고 고와서 길이 보전하여 국보(國寶)로 삼았다.

○ 원성왕(元聖王) 때 김 생(金生)이란 사람이 있었는데 어려서부터 글씨를 잘 써서, 평생 딴 재주에 관심을 두지 않고 나이 80이 넘도록 붓 잡는 것을 쉬지 않으니, 뒷사람들이 전하여 보배로 삼았다.
고려 때 학사(學士) 홍 관(洪瓘)이 송(宋)나라에 사신으로 가서 김 생이 쓴 초서를 내보였더니 사신을 대접하던 양구(楊球), 이혁(李革) 등 두 사람이 놀라서 말하기를, 「뜻밖에 오늘 우군(右軍 : 왕희지)의 친필을 본다」고 했다. 이에 관이 말하기를, 「이것은 신라 사람 김 생이 쓴 것이다」라고 했으나, 두 사람은 그 말을 믿지 않고, 「천하에 우군말고 이런 묘필(妙筆)이 어디 있단 말인가?」라고 했다.

○ 이 태조(李太祖)가 함주(咸州)에 있을 때 병영(兵營)에서 70보(步)쯤 되는 거리에 소나무 하나가 서 있었다. 그는 군사들을 불러 놓고 이르기를, 「내가 저 세 번째 가지의 세 번째 솔방울을 쏘아 맞힐 테니 너희들은 보고 있으라」 하고, 유엽전(柳葉箭)으로 일곱 번 쏘아 일곱 번을 다 맞히니, 군중이 모두 춤추고 기뻐했다.

운봉(雲峰) 싸움에 아지발도(阿只拔都)를 생금(生擒)하려 했으나 되지 않으므로 이에 이 지란(李之蘭)에게 명하기를, 「내가 그 투구를 맞힐 테니 너는 그 입을 맞히라」고 하여 드디어 죽였다. 대개 발도(拔都)는 편신갑(遍身甲)과 동면(銅面)을 입었기 때문이다.

○ 세종대왕(世宗大王)은 관상감(觀象監) 김 조(金誂)에게 명하여 간의(簡儀)·혼상(渾象)·앙부(仰釜)·시표(時表) 등의 기계를 만들었는데 그 제작을 일일이 모두 친히 지휘했다.

또 천추전(千秋殿) 서쪽에 집 하나를 세우고 이름을 흠경각(欽敬閣)이라 했는데 여기에 종이로 만든 산을 높이 7척이 되게 세웠다. 이 산 속에 옥루기(玉漏器)를 설치했는데, 그 기계가 물을 운반해다가 목각(木刻)에 떨어지게 하고, 4시·12월·주야의 신령을 사방에 늘여 세워서 각각 그때에 출입하고 진퇴하게 했다.

또 활자(活字)를 주조하게 해서 서적을 인쇄하여 보급시켰다. 또 농서(農書)를 간행하고 양수기(揚水機)를 만들어 나라 안에 반포했다.

○ 문절공(文節公) 김 담(金淡)은 역수(曆數)에 밝아 관상감(觀象監)이 되었는데, 일영대(日影臺) 및 천문지(天文誌), 전세(田稅) 9 등의 법은 모두 왕명을 받고 만든 것이다.

○ 부윤(府尹) 김 돈(金敦)은 의상(儀象)에 정밀하여 간의대(簡儀臺)·보루각(報漏閣)을 만드는 데 업적을 세웠다.

○ 이충무공(李忠武公)은 거북선을 만들었는데, 위를 철판으로 덮고 송곳을 세워서 적이 배 위에 오르지 못하게 하고, 그 속에 병기를 감추고서 팔면에서 총을 쏘아 적선(敵船)을 쳐부수게 만들어 항상 이로써 이길 수 있었다.

○ 마천(麻川) 홍 일동(洪逸童)은 기우(器宇)가 넓고도 성질은 천진스러워서 거짓을 꾸미지 않았다. 사부(詞賦)에 능하고, 술에 취해 풀잎을 따다가 피리처럼 불면 그 소리가 슬프고 웅장했다.

평상시에는 옛 거문고를 어루만졌는데 거문고가 줄은 있으나 악보(樂譜)가 없으므로 일찌기 말하기를, 「내 거문고는 연명(淵明)의 천고에 전하지 않는 취미를 얻었다. 옛날에 백아(伯牙)가 거문고를 타면 종기(鍾期)가 그 곡조를 알아들었는데, 내 거문고는 연명이 살아 있지 않으니 세상에 아는 자가 없다」 하고, 스스로 천지간 기남자(奇男子)로 자처했다.

일찌기 세조(世祖) 앞에서 불교에 대한 이야기를 할 때 세조가 거짓으로 노하여 말하기를, 「마땅히 이놈을 죽여서 부처에게 사례하겠다」라고 좌우에 명하고 칼을 가져오라 했으나 일동은 논변하는 것이 태연했다.

이에 좌우가 칼을 목에 갖다 대기를 두번이나 했는데도 또한 돌아다보지도 않고 두려워하는 빛이 없었다.

○ 전함사(典艦司)의 종 백대붕(白大鵬)은 시(詩)에 능하여 준일(俊逸)하고 횡건(橫健)하여 열협(烈俠)한 풍도가 있으며, 호탕하여 남에게 굽히려 하지 않았다. 임진(壬辰) 싸움에 순변사(巡邊使) 이일(李鎰)을 따라 상주(尙州)에서 싸우다가 죽었다.

그의 호(號)는 석재(碩齋)인데, 다음은 일찌기 그가 지은 시(詩)이다.

술 취해서 산수유꽃 머리에 꽂고 혼자 즐기니,
산에 가득한 밝은 달 아래 빈 술병 베고 누웠네.
옆에 있는 사람 그가 누구냐고 묻지 말라,
백수 풍진(白首風塵)의 전함사의 종이라네.
(醉揷茱萸獨自娛, 滿山明月枕空壺, 傍人莫問何爲者, 白首風塵典艦奴)

○ 의열공(毅烈公) 박 진(朴晉)은 나이 12세에 아버지 인수(麟壽)

를 따라서 경상 좌병영(左兵營) 임소에 가 있었다. 인수의 막료들이 그의 재주를 시험하기 위하여 여러 고을의 군총(軍摠)을 한 번 보게 한 다음 책을 뺏고서 물어 보니, 묻는 대로 대답하는데 조금도 착오가 없었다.

그 후 임진년 싸움에 스스로 비격진천뢰(飛擊震天雷)를 만들어 드디어 경주(慶州)를 회복했다.

○ 석봉(石峰) 한 호(韓濩)는 글씨 잘 쓰기로 이름이 났는데, 그의 임첩(臨帖)은 마치 신(神)이 도운 것과 같았다. 명(明)나라·왕세정(王世貞)은 석봉(石峰)의 글씨를 칭찬하여, 「노한 괭이가 돌을 움켜쥐고, 목마른 말이 냇물을 들이켜는 것과 같다」고 했고, 주지번(朱之蕃)은 말하기를, 「마땅히 왕우군(王右軍), 안진경(顔眞卿)과 서로 우열(優劣)을 다툴 만하다」라고 했다.

○ 조은(釣隱) 김 성기(金聖基)는 처음에 상방(尚方)의 궁인(弓人)이었는데, 마침내 활을 버리고 사람을 따라 거문고를 배웠으며, 또 퉁소와 비파에도 능하여 능히 새로운 소리를 창조해 냈다. 그러나 그 뛰어난 재주를 가지고 돈벌이에 이용하는 것을 부끄럽게 여겨 남이 주는 것이 있으면 이를 구차히 받지 않았다.

당시에 관리로 있던 목호룡(睦虎龍)이 고변(告變)하여 이미 구신(舊臣)들을 많이 죽이고 심지어 동궁(東宮)까지 침범하려다 실패했으나 그의 공훈을 생각하여 동성군(東城君)의 지위에 앉히고 공경(公卿) 이하가 감히 그의 노염을 사지 못했다.

이에 그는 그 무리와 함께 술을 마시고 풍류를 즐기면서 사람을 시켜 준마(駿馬)를 갖추어 가지고 성기(聖基)를 청하기를, 「오늘 술마시는 데 그대가 아니면 즐길 수가 없으니 원컨대 그대는 잠시와 달라」고 했다. 그러나 성기는 병이 있다고 핑계를 대고 가지 않았다. 이에 그는 여러 번 사람을 보내서 굳이 청해도 성기는 끝내 고집하고 가지 않았다. 호룡은 크게 부끄러워하여 그 무리를 시켜 위협하기를, 「오지 않으면 내 마땅히 너를 크게 괴롭게 하리라」
고 했다.

이때 성기는 바야흐로 손으로 비파(琵琶)를 뜯고 있었는데, 이
말을 듣고 노해서 수염이 뻗쳐오르더니 뜯고 있던 비파를 사자(使
者) 앞에 내던지면서 말하기를 「나를 위해서 대신 호룡에게 가서
말하라. 내 나이 70인데 어찌 너를 두려워하겠느냐? 너는 고변(告
變)을 잘하는 사람이니 가서 나의 말을 전하라. 내가 한 번 죽는
것 이외에 더 무엇이 있겠느냐?」라고 하였다. 호룡이 이 말을 듣
고 얼굴이 질려 이내 잔치를 파했다.

○ 추재(秋齋) 조 수삼(趙秀三)은 풍자(風姿)가 아름답고 연하(烟
霞)의 기운이 있었으며 문사(文詞)가 홍박(鴻博)하였는데 그 중에서
도 시(詩)에 가장 능했다. 여섯 번 중원(中原)에 가서 사해(四海) 사
람과 널리 사귀었다. 세상에서 말하기를, 추재의 뛰어난 기량
열 가지 중에 사람들이 그 중에서 하나만 얻어도 평생을 족하게 지
낸다고 했다. 그 열 가지는, 풍도(風度), 시문(詩文), 공령(功令),
의학(醫學), 혁기(奕棋), 자묵(字墨), 강기(强記), 담론(談論), 복택
(福澤), 수고(壽考)이다.

그는 처음 중원에 가다가 강남(江南) 사람을 만나서 수레를 같이
타고 가면서 중국 말을 다 배웠다 한다. 나이 83세에 진사(進士)가
되자 정조(正祖)가 특별히 붉은 옥을 내렸다.

○ 단원(檀園) 김 홍도(金弘道)는 그림을 잘 그려, 산수(山水)·인
물(人物)·화초(花草)·영모(翎毛) 등 하나도 못하는 것이 없었다.
정조(正祖)가 내정(內庭) 큰 벽에 해상군선(海上群仙)을 그리게 하
고, 환자(宦者)로 하여금 진한 먹물 두어 되를 든 채 모자를 벗고 옷
을 걷고서 서 있게 했더니 얼마 안 되어 그림을 완성했다.

또 그가 연풍 현감(延豊縣監)이 되었을 때 명하여 금강산(金剛山)
4군(四郡 : 丹陽·永春·堤川·淸風)의 산수(山水)를 그리게 하고 여러

고을에서 훌륭한 음식을 바치게 했으니, 모두 별다른 대접이었다. 집이 가난하여 혹 식사를 못하는 때도 있었다.

어떤 사람이 매화 하나를 사 갔는데, 몹시 기이하여 돈으로 바꿀 수가 없는 물건이었다. 이때 마침 그림을 그려 달라고 돈 3천 냥을 가져온 사람이 있었다. 이에 그는 2천 냥으로 매화를 찾아 놓고 8백 냥으로 술 두 말을 사다가 동지(同志)들을 불러 매화음(梅花飮)을 차렸다. 그리고 남은 2백 냥으로 쌀과 나무를 샀으니 이것은 2,3일 먹을 것밖에 되지 않았다. 그 소광(疎曠)함이 이와 같았다.

그 아들 긍원(肯園), 양기(良驥)도 또한 그림에 가법(家法)이 있었다.

○ 최 칠칠(崔七七)의 이름은 북(北)이니, 북(北)을 파자(破字)하여 칠칠(七七)로 행세했다.

그림을 잘 그렸으며 명산(名山)에 놀기를 좋아하고, 술 마시기를 좋아하여 풍치(風致)가 있었다. 사람들이 비단을 가지고 그림을 청하려고 문에 늘어섰는데, 자신이 잘 그렸다고 생각하는 그림을 값을 적게 주면 칠칠은 문득 노하여 그 그림을 찢어 없애 버리고 남겨 두지 않았다. 이와 반대로 잘못 그린 그림을 값을 많이 주면 껄껄 웃고 돈을 돌려주었다. 성질이 또 남에게 거슬리고 거만하여 사람의 비위를 맞추지 않았다.

일찌기 서평공자(西平公子)와 바둑을 두어, 칠칠(七七)이 이기게 되었는데 서평(西平)이 한 수만 물려 달라고 청했다. 그러나 칠칠(七七)은 팔장을 끼고 앉아서 말하기를, 「자꾸 물리면 1년 내내 두어도 한 판도 다 두지 못하오」 하고, 다시는 서평(西平)과 바둑을 두지 않았다.

○ 침은(鍼隱) 조 광일(趙光一)의 조상은 태안(泰安)의 거성(巨姓)인데, 침술(鍼術)로 업(業)을 삼아 살고 있었다. 어느 날 이른 새벽에 어떤 여인이 문을 두드리면서 그 아들의 목숨을 구해 달라고 하

였다. 이에 그는 즉시 일어나서 여인을 따라 걸어가는데 조금도 어려워하는 빛이 없었다.

그가 친구 하나를 길에서 만났는데 때마침 비가 내려 진흙이 튀고 옷이 젖는데도 빠른 걸음으로 걸어가고 있었다. 어디를 그렇게 급히 가느냐고 친구가 묻자 그는 대답하기를, 「누가 침을 맞겠다고 해서 가는 길이다」라고 하였다. 「무엇이 생긴다고 우중(雨中)에 이렇게 고생하느냐?」고 물었으나 광일은 웃고 대답도 없이 가 버렸다.

그는 항상 조그만 가죽주머니 하나를 가지고 다녔는데, 그 안에는 동철(銅鐵)로 만든 침 10여 개가 있어, 길고 짧고 둥글고 모난 것이 각각 달랐다. 이것으로 종기도 고치고, 멍든 것도 고치며, 풍(風)도 고치고, 귀머거리까지도 멀쩡하게 고쳤다. 침에 능하여 그 묘방(妙方)을 해득했기 때문이다.

어떤 사람이 묻기를, 「그대의 재주를 가지고 귀인(貴人)과 사귀어 명성(名聲)을 얻지 않고 가난한 소민(小民)들만 골라서 상대하는 까닭은 무엇인가?」하면 그는 웃으면서 말하기를, 「내가 세상이 미워하는 의원이 되어 그 재주를 가지고 사람들에게 교만히 굴고, 또 귀인이나 세력있는 사람과 부호(富豪)만을 찾는다면 이 어찌 어진 사람의 심정이겠는가? 내가 오로지 신분에 관계치 않는 것은 이런 사람들을 징계하기 위해서이다」라고 했다.

제 4 권

계 고(稽古)

나라의 걱정은 신하의 걱정이요,
아비의 근심은 자식의 근심일세. 만
일 어버이 대신 나라에 보답하면,
충효(忠孝)를 쌍으로 이룰 수 있네.
김 지대(金之岱)

공자(孔子)가 말하기를 「넓게 배워서 끝이 없고 독실히 행하여 게으르지 말아야 한다」라고 했다.

대개 사람이 능히 옛 일을 넓게 알지 못하면 인사(人事)의 변화를 알지 못하는 것이다. 이에 신라·고려 이래의 앞 사람들의 지나간 자취를 추려서 지금 사람의 거울로 삼고자 한다.

입　교(立敎 : 가르침을 세움)

홍무왕(興武王) 김 유신(金庾信)은 젊었을 때 어머니 김씨(金氏 : 新羅 宗室)가 날마다 엄한 교훈을 계속하여 교유(交遊)하는 것을 삼가도록 가르쳤다.

어느날 유신이 우연히 궁중 계집종의 집에서 잤는데, 김씨는 면대해서 꾸짖기를 「내가 낮밤으로 네가 성장하고 공명(功名)을 세우기를 바랐는데, 이제 조그만 아이들과 장난하고, 음탕한 방이나 술집에서 노느냐?」 하고 울기를 그치지 않았다. 이에 유신은 즉시 어머니 앞에서 맹세하고 다시는 그 집 문 앞을 지나지 않았다.

어느 날 술이 몹시 취했는데, 말이 익히 다니던 길을 따라서 잘못 창기(娼妓)의 집으로 갔다. 공(公)은 이를 깨닫고 타고 갔던 말을 베고 안장까지 버리고 돌아왔다.

○ 임 강수(任强首)는 임나(任那) 가량(加良) 사람이다. 글을 읽기 시작한 뒤로 의리에 통달했는데, 그 아버지가 그의 뜻을 알아보려고 묻기를 「너는 불(佛)을 배우겠느냐? 유(儒)를 배우겠느냐?」라고 하자, 그는 대답하기를 「불(佛)은 세상 밖의 가르침이오니 유(儒)를 배우기를 원하나이다」라고 했다. 이에 드디어 스승에게

나가서 효경(孝經)·예기(禮記)·이아(爾雅)·문선(文選)을 읽어 얻
은 바가 고원(高遠)해서 그 학식이 뛰어나니 한때의 걸인(傑人)이
되었다.

당(唐)나라 사신이 신라에 왔는데, 가지고 온 글이 해득하기 어
려운 곳이 있는 것을 강수가 한 번 보고 해석하여 그 뜻을 알아내
니 이에 무열왕(武烈王)이 놀라고 이상히 여겨 매양 강수 선생(强
首先生)이라 부르고 사명(詞命)을 위임했다. 또한 그의 집이 가난하
므로 해마다 벼 백 석씩을 하사했다.

문무왕(文武王)이 여러 신하들에게 이르기를「강수가 문장에 능
하여 당나라와 고구려·백제에 대한 공이 매우 컸다. 우리 선왕
(先王) 때에 당나라에 청병(請兵)해서 두 나라를 평정한 것은 비록
무공(武功)이라 하겠지만 역시 문장의 공이 컸으니 그 공을 어찌
소홀히 여길까 보냐?」하고 세봉(歲俸)을 배로 늘려 주었다.

그가 세상을 뜨자 신무왕(神武王)이 그 아내에게 벼 백 석을 주었
으나, 그 아내는 이를 사양하면서 말하기를「제가 남편이 살아 있
을 때 국가의 은혜를 받은 것이 많사온데 이제 이미 홀로 된 바에
어찌 감히 다시 이런 은혜를 입을 수 있사오리까?」하고 받지 않
고 갔다. 그 아내는 부곡(釜谷) 풀무장이집 딸이었다.

○ 삼국(三國) 중엽(中葉)에 각각 자제들을 보내어 당나라 국학
(國學)에 입학시키니 이로부터 비로소 유학(儒學)을 숭상하기 시작
했는데, 강수(强首) 외에도 수진(守眞), 양도(良圖), 풍훈(風訓),
골향(骨香) 등 여러 선비들이 계속해 이름을 떨쳤고, 신라 문무왕
(文武王)이 삼국을 통일한 이후, 문화(文化)를 숭상하여 비로소 국
학(國學)을 세웠다.

○ 진양군(晋陽君) 김 원술(金元述)은 홍무왕(興武王)의 둘째 아들
이다. 아우 군승(軍勝)과 함께 석문(石門) 싸움에 나가서 군승은 힘
껏 싸우다가 죽었으나 원술은 죽지 못하고 도망해 돌아왔다. 그러

나 그 아버지는 죽어 마땅하다고 하므로 원술은 부끄러워서 감히 아버지를 뵙겠다고 청하지 못하고 어머니께 뵙기를 청했다. 어머니도 노해서 말하기를 「네가 이미 너의 아버지께 뵙지 못했으니 내가 어떻게 네 어미라고 할 수 있겠느냐?」하고 끝내 만나보지 않으니, 여러 종족(宗族)들이 그 엄함을 탄복했다.

이에 원술은 산으로 들어가 수련(修鍊)해 가지고 뒤에 당나라 군사를 크게 무찔러 부모의 교훈을 잘 계승할 수 있었다.

○ 김 반굴(金盤屈)은 흥무왕(興武王)의 조카다. 아버지 흠순(欽純)이 임금의 명령을 받고 백제를 치다가 황산벌에 이르러 전세가 이롭지 못하자, 흠순은 반굴을 불러 가르치기를 「신하가 되어서는 충성보다 더한 것이 없고 자식이 되어서는 효도보다 더한 것이 없다. 그런데 만일 위태로움을 보고 목숨을 바친다면 충성과 효도가 모두 온전한 것이다」라고 했다.

이에 반굴은 「삼가 명령대로 하겠읍니다」하고 힘껏 싸우다 죽으니, 삼군(三軍)이 그 의리에 감동하여 모두 나라를 위해서 죽을 뜻이 생겨 용기백배하여 백제를 물리쳤다.

○ 백제의 박사(博士) 왕 인(王仁)은 천자문(千字文) 및 논어(論語)를 가지고 일본에 가서 가르쳤으니 일본에 문자(文字)가 생긴 것은 이로부터였다.

○ 문창후(文昌侯) 최 치원(崔致遠)은 당나라에 들어가 과거에 급제했다. 황소(黃巢)의 난에 공이 격문을 지었는데 거기에 말하기를, 「천하 사람들이 모두 드러내어 베이려고 생각할 뿐만 아니라, 또한 땅 속의 귀신까지도 이미 속으로 죽일 의논을 했다」는 구절에 이르러서는 저절로 침상에서 내려앉았다. 이로부터 그 이름을 천하에 떨쳤다.

당나라로부터 신라로 돌아오자 국운이 이미 다하여 바야흐로 고려가 일어나고 있었는데 이때 고려가 보낸 글에, 「계림(雞林)의 누른 잎이요, 곡령(鵠嶺)의 푸른 솔」이란 귀절이 있어서 이 때문에 신라 조정의 미움을 받았다. 그후로 불우(不遇)한 세월을 보내면서 산수에 회포를 붙이고 시(詩)를 가지고 스스로 즐겼으니, 시를 가르치기 시작한 것이 공으로부터 시작되었다.

○ 최 언위(崔彦撝)는 신라 말년부터 글 잘하기로 이름을 떨쳤다. 나이 18세에 당(唐)나라에 들어가 과거에 급제하고, 42세에 돌아오자 고려에서 태자의 사부(師傅)로 삼고 문한(文翰)의 책임을 맡기니, 당시의 귀한 사람들이 모두 스승으로 섬겼다.

○ 문안공(文安公) 유 승단(兪升旦)은 침착하고 말이 적고 겸손하며, 널리 들어서 아는 것이 많아서 경사(經史)의 깊은 뜻을 알지 못하는 것이 없으니, 상서(尙書) 박 인석(朴仁碩)이 그를 두고 항상 밤에 비치는 구슬이라고 일컬었다. 고종(高宗)이 잠저(潛邸)에 있을 때 그에게 가르침을 받았고, 즉위해서도 사부(師傅)로 삼았다.

몽고(蒙古) 군사가 국경을 넘어 들어오자 최 우(崔瑀)가 천도(遷都)할 뜻을 결단하니 강화(江華) 사람들이 모두 우를 두려워하여 감히 아무 말도 하지 못했다.

그러나 승단(升旦)은 홀로 말하기를, 「작은 나라가 큰 나라를 섬기는 것은 마땅히 이치이다. 예(禮)로써 섬기고 신(信)으로 사귀는 터에 저들은 또한 무슨 명목으로 거듭 우리를 괴롭힌단 말인가? 이제 성곽(城郭)을 버리고 종묘(宗廟)를 없애고서 섬으로 도망하여 구차히 세월만 허비하여 변방에 있는 장정들로 하여금 모두 적의 칼날에 죽게 하고 노약자(老弱者)로 하여금 섬 속의 노예가 되게 하는 것은 나라를 위한 장구한 계획이 아니다」라고 했다.

○ 정종대왕(定宗大王)이 처음 집현전(集賢殿)을 두고 문신(文臣)으로 하여금 날마다 번갈아 가며 입직(入直)하게 하고 경서를 강독

하게 하다가 이윽고 이름을 고쳐 보문각(寶文閣)이라 했다.

○ 세종조(世宗朝)에 다시 집현전(集賢殿)을 두고 문신(文臣)을 길렀으나, 세조조(世祖朝)에 육신(六臣)이 화를 입은 후에 없어졌었다. 그 후 성종조(成宗祖)에 또 호당(湖堂)을 두고 문신으로 하여금 사가독서(賜暇讀書)하게 하였으니, 이것이 선비양성의 시초가 되었던 것이다.

○ 중종(中宗) 기묘년에 정암 선생(靜庵先生)이 화를 입은 후로 사기(士氣)가 꺾이고 감춰지므로 사숙(私塾)을 세워 학문을 가르치니 퇴도(退陶)의 문학이 일어난 것이 여기에서 시작되었다. 이로부터 일대의 명사들이 계속해서 배출됐는데, 비록 연원(淵源)이 분열되는 폐단은 있었어도 경학(經學)이 성해진 것은 실로 이로부터 시작되었다.

○ 송당 선생(松堂先生) 박 영(朴英)은 어려서부터 활쏘는 것과 말타기를 익혀 무예(武藝)가 뛰어나, 말을 달리면 높은 담을 뛰어넘고 활을 쏘면 반드시 명중(命中)했으며, 지조가 보통 사람과 다르고 도량이 넓었다.
그가 선전관(宣傳官)으로 있을 때 서울에서 돌아오다가 한 원(院)에서 자는데, 대상(大商) 수십 명이 황급히 몰려오더니, 조금 있다가 도둑떼가 쫓아오는 것이었다. 여러 장사꾼들이 몰려들어 목숨을 구해 달라고 간청하자, 공은 좋다고 대답하고 활을 가지고 문루(門樓)로 올라가 활을 한번 쏘니 화살 소리가 요란했다. 이것을 보고 도둑떼는 놀라서 흩어졌다.
일찌기 대궐에 들어가 입직(入直)하다가 탄식하기를, 「말을 달리고 칼을 휘두르는 것은 일개 용부(勇夫)의 일일 뿐이니, 글을 배우지 않고서야 어찌 군자가 될 수 있으리요」 하고 드디어 뜻을 세우고 신당(新堂) 정 붕(鄭鵬)에게 가서 글을 배우는데 마음을 가라

앉히고 몸소 확인하면서 몇 해 동안 문 밖에 나가지 않았다.

어느 날 신당(新堂)이 냉산(冷山)을 가리키면서, 「저 산 겉모양이 어떠하냐?」하자 공은 대답하기를, 「외면이 곧 전면(前面)으로서 피차가 한모양입니다」라고 하니 신당이 웃으면서, 「이제 비로소 그대의 글읽은 공을 알겠다」라고 했다.

공은 곧 양녕대군(讓寧大君)의 외손이다. 형제 6인이 한 방에 같이 거처하면서 서로 공경하고 사랑하며 집안 다스리는 데 법도가 있었다. 뒤에 사람을 가르치는데 정성스럽고 게으르지 않아 거만한 기색을 보지 못하니, 그 문하에서 공부하는 자들이 공경하고 복종하지 않는 자가 없었다.

○ 아계(鵝溪) 상국(相國) 이 산해(李山海)는 나이 겨우 5세에 글을 읽느라고 먹는 것도 잊었다. 숙부 토정 선생이 혹 그의 몸이 상할까 걱정하여, 읽는 것을 그치고 밥을 먹으라 하면서 운(韻)자를 불러 시를 지으라 하자, 이내 대답하기를, 「먹기 더딘 것도 민망한데 하물며 배움이 더디오리까? 배고픈 것도 민망한데 하물며 마음 고픔이오리까? 집은 가난해도 오히려 마음 다스리는 약이 있으니, 모름지기 가슴 위에 달 오를 때를 기다리겠나이다」라고 하니, 토정이 더욱 기이하게 여겼다.

○ 돈암(遯庵) 선우 협(鮮于浹)은 어려서부터 정명(精明)하고 단결(端潔)하며 언행(言行)을 항상 삼갔다. 8세에 능히 도보(徒步)로 수백 리를 걸어갔으니, 그 기품이 타고난 천품이었다는 것을 알 만하다.

일찌기 공부를 하는 데 고심(苦心)하여 아무리 몸이 피곤해도 조금도 게을리하지 않았다. 배고프고 목마른 것도 모두 잊고 얻는 것이 있으면 책에 써 두고, 밤이면 베개에 의지하여 잠시 잠들었다가 깨면 이불로 몸을 덮고 아침까지 책을 보아, 울연(蔚然)히 서토(西土)의 유종(儒宗)이 되었다.

드디어 동남쪽으로 산천을 두루 보며 놀다가 도산 서원(陶山書院)에 이르러 퇴계(退溪)의 남긴 글을 보고, 인동(仁同)에 가서 장 여헌(張旅軒)을 뵙고 나서, 이로부터 규모(規模)가 홍대(弘大)해지고 조예(造詣)가 충실해졌다. 효종조(孝宗朝)에 사업(司業)으로 부름을 받고 소(疏)를 올려 도(道)의 요점을 말했다.

○ 호고와(好古窩) 유 휘문(柳徽文)이 일찌기 백형(伯兄)에게 말하기를, 「나로 하여금 3년 동안만 손님을 만나지 않게 해 준다면 가히 정신을 한데 모아 힘써 공부하겠읍니다」 하고 내당(內堂)에서 천인(天人)의 학문을 연구하여 마침내 간세(間世)의 유학자(儒學者)가 되었다. 그의 학문은 쇄소응대(灑掃應對)로부터 수제치평(修齊治平)에 이르기까지 일관(一貫)되었다. 그는 천문(天文)에 대해 논의하여 말하기를, 「이후로는 인민(人民)들이 수(壽)하는 자가 많을 것이다」 하고, 지리(地理)에 관해 말하기를, 「동해(東海)의 동쪽은 곧 서해(西海)의 서쪽이다」라고 했다.

일찌기 장악원(掌樂院)에 들어가 음악 소리를 듣고 말하기를, 「황종률(黃鍾律)에 흠이 있다」 하고 악공(樂工)을 시켜 이를 바로잡게 했다.

그는 항상 세도(世道)가 험한 것을 탄식하고 숨어서 나오지 않으면서 《창랑문답(倉浪問答)》 수십 권을 저술했는데 모두 유례없는 걸작들이었다.

명 륜(明倫)

○ 손 순(孫順)은 신라 변량(弁梁) 사람이다. 그 아버지가 죽자 집이 가난해서 아내와 함께 품팔이해서 어머니를 봉양했다. 손 순에게는 아들 하나가 있었는데 이 아이 때문에 어머니를 봉양하는 데 지장이 있다 하여 그 아내와 이야기하기를, 「아들은 다시 얻을 수

있지만 어머니는 다시 구할 수가 없다」라고 하니 그 아내도 좋다고 하였다.

이에 아들을 업고 깊은 산속으로 들어가 땅을 파고 곧 묻으려 하는데 갑자기 거기에서 석종(石鍾) 하나가 나왔다. 아내는 이것을 보더니 「이상한 물건이 나왔으니 이는 이 아이의 복입니다」 하고 아이를 데리고 돌아왔다.

집에 와서 그 종을 한번 쳤더니 그 소리가 왕궁(王宮)에까지 들렸다. 이 소식을 듣고 흥덕왕(興德王)이 말하기를, 「옛날에 곽 거(郭巨)가 아들을 묻었더니 하늘에서 금부(金釜)를 주었는데, 이제 손 순은 아들을 땅에 묻다가 석종을 얻었으니 전후의 일이 서로 같구나」 하고 순의 집에 전답 한 구역을 주고 해마다 곡식 50석씩을 주었다.

○ 비녕자(丕寧子)는 신라 중군(中軍)이다. 진덕왕(眞德王) 때 백제가 침략하자 김 유신이 군사를 이끌고 나가 싸웠으나 고전을 면치 못해 힘이 다했다.

이때 유신이 비녕자에게 이르기를 「추운 겨울이 되어야 어려움을 견뎌 굳게 절조를 지키는 소나무와 잣나무의 기백이 비로소 드러나는 법인데, 오늘 일이 급하니 그대가 아니면 누가 능히 힘을 다하고 기이한 꾀를 내서 여러 사람들의 마음을 격동시키겠는가?」라고 했다. 비녕자는 대답하기를, 「이제 여러 사람이 모인 자리에서 유독 나에게 부탁하시니 가위 지기(知己)라 하겠읍니다. 마땅히 죽음으로써 보답하겠읍니다」 하고 나와서 그의 종 합절(合節)에게 말하기를 「오늘 마땅히 위로 국가를 위하고 아래로 지기를 위하여 죽으리라」 하고 드디어 창을 비껴 들고 힘껏 싸우다가 죽었다.

이것을 본 그 아들 거진(擧眞)이 말하기를 「아버지의 죽음을 보고 구차히 도망해 살면 어찌 효도라 하리요」 하고 역시 죽으니, 합절이 또 말하기를 「하늘이 무너졌는데 죽지 않고 무엇하리요」 하고 역시 칼을 들고 나가 싸우다가 죽었다.

이에 삼군(三軍)이 감격하여 일제히 분격하여 백제 군사를 물리쳤다.

○ 신무왕(神武王)이 아들을 낳으니 용모가 몹시 아름다우므로 왕이 기이하게 여기고 사랑하여 이름을 호동(好童)이라 했다.

그러나 원비(元妃)는 자기가 낳은 아들이 적자(嫡子)의 권리를 빼앗길까 두려워하여 「호동이 저에게 무례한 짓을 하려 합니다」하고 울면서 왕에게 거짓말을 하였다.

이에 어떤 이가 호동을 보고 말하기를 「왜 스스로 변명하지 않는가?」라고 하자, 호동은 「내가 만일 그렇지 않다는 것을 변명하고 보면 이는 어머니의 악한 것을 드러내고 아버지에게 근심을 끼치는 것이 된다」하고 드디어 칼에 엎드려 죽었다.

○ 의종(毅宗)이 기거사인(起居舍人) 최 누백(崔婁伯)을 불러 시정(時政)의 득실(得失)을 의논했는데, 누백(婁伯)은 수원(水原) 아전 상저(尙翥)의 아들이다. 나이 15세 때 그 아비가 범에게 물려 가자 누백은 도끼를 메고 그 범을 쫓아가 앞에서 도끼로 찍고 아비의 시체를 빼앗아다가 장사지내고, 범의 고기를 그릇에 담아 땅에 묻었다가 3년상이 끝난 후에 꺼내서 다 먹었다.

○ 영산(靈山)의 신씨(辛氏)는 낭장(郞將) 사장(斯藏)의 딸이다. 적이 영산에 들어오자 난을 피하려고 사장이 가족을 데리고 막 멸포(蔑浦)를 건너려는데, 적이 쫓아와서 사장을 쏘아 죽이고 신씨를 잡아 데리고 가려고 칼날을 목에 대고 위협하였다.

그러나 신씨는 큰 소리로 꾸짖기를 「네가 이미 우리 아버지를 죽였으니 불공대천의 원수이다. 차라리 죽을지언정 의리를 버리고 너를 따라가서 살 수는 없다」하고, 적의 뺨을 때리고 발로 차고 물어뜯으니, 적이 노해서 드디어 그를 죽였다. 이때 그의 나이 스물이었는데, 이 사실이 조정에 알려지자 돌을 세워 그 사적을 기록했다.

○ 박 조(朴慥)의 아내 임씨(林氏)는 그 시어머니 전씨(田氏)를 섬기는 데 있어 부도(婦道)를 다했다. 조는 벼슬하러 서울에 가고 임씨가 홀로 어머니를 모시고 있는데, 어느 날 밤에 집에 불이 나서 사람들이 모두 놀라 저 한 몸 피하기에 바빴고 시어머니는 늙고 병들어서 일어나지 못했다. 이에 임씨는 급히 들어가 그 시어머니를 안고 나오다가 뜰에서 넘어졌다. 바람은 거세고 불꽃은 사나운데, 임씨는 자기 몸으로 시어머니를 가린 채 머리와 등이 모두 탔으나 끝내 놓지 않았다.

이때 건장한 종 하나가 그 의리에 감동하여 사나운 불 속으로 뛰어들어가 업고 나와서 고부(姑婦)가 모두 죽음을 면했다. 이런 일이 있은 후로 세상에서 그를 효의부(孝義婦)라고 일컬었다.

○ 김 후직(金后稷)은 신라 진평왕(眞平王) 때 사람이다. 왕(王)이 사냥을 너무 좋아하므로 후직(后稷)이 간절히 말렸으나 왕은 듣지 않았다. 그는 죽음을 앞두고 아들에게 말하기를 「내가 인신(人臣)이 되어 임금의 마음을 바로잡지 못했으니, 내가 죽거든 왕이 사냥 나가는 길가에 묻으라」고 하므로 아들은 그 말을 따랐다.

그 후 어느 날 왕이 사냥을 나가는데 중도에서 「왕께서는 가시지 마옵소서」 하는 소리가 세 번이나 났다. 왕이 놀라서 그 소리 나는 곳을 돌아다보고 까닭을 묻자, 종자(從者)가 말하기를, 「김 후직의 묘에서 나는 소리입니다」 하고 그가 죽을 때 한 말을 자세히 고했다. 왕은 눈물을 흘리면서 말하기를 「살아서는 충성껏 간(諫)했고, 죽어서도 잊지 않으니 그가 나를 사랑함이 깊도다. 내 만일 끝내 고치지 않는다면 무슨 면목으로 그를 지하에서 만나겠는가?」 하고, 그 후로 목숨이 다할 때까지 다시 사냥을 하지 않았다. 이에 사람들은 이것을 묘간(墓諫)이라고 했다.

○ 대아찬(大阿湌) 박 제상(朴堤上)은 신라 충신이다. 눌지왕(訥祇王)에게는 두 아우가 있는데, 복호(卜好)는 고구려에 인질로 잡혀갔고, 미사흔(未斯欣)은 일본에 인질로 가 있었다. 왕은 항상 그 아우들을 생각하고 있었는데, 들으니 제상이 용맹스럽고 꾀가 있다 하므로, 그를 불러 묻기를 「나의 두 아우가 오랫동안 외국에 인질로 가 있는데 살려 돌아올 방법이 없겠는가?」라고 했다. 제상은 말하기를 「신(臣)이 비록 못났사오나, 청컨대 다녀오겠읍니다」 하고 드디어 고구려로 갔다. 그가 하도 열렬하고 간절하게 청원하므로 고구려 왕이 허락하여 복호와 함께 돌아가게 했다.

신라로 돌아오자 왕은 제상에게 말하기를 「내가 두 아우를 생각하기를 마치 좌우의 손과 같이 하는데 이제 손 하나는 얻었으나 하나는 얻지 못했으니 어찌하랴?」라고 하니, 제상이 말하기를 「이 몸을 나라에 바치기로 했사온데 어찌 감히 사양하겠읍니까?」 하고, 드디어 죽음을 맹세하고 그 처자도 보지 않은 채, 나라에 죄를 지어서 모반하는 사람으로 가장하고 일본으로 갔다.

일본왕이 그를 믿고 장차 신라를 계승시키고자 했다. 어느 날 제상은 미사흔과 함께 섬으로 가서 미사흔에게 비밀히 도망하라 하고 제상은 혼자 배 안에서 자고 늦게 일어나 미사흔이 멀리 가기를 기다렸다.

일본왕이 이를 알고 노해서 제상을 가두고 국문하자, 제상은 말하기를 「나는 계림(雞林)의 신하로서 우리 임금의 뜻을 이루게 한 것 뿐이다」라고 하니 일본왕이 노해서 형구(刑具)를 갖추고 말하기를 「네가 일본 신하라고만 하면 반드시 상으로 많은 녹(祿)을 주리라」고 했으나, 제상은 「차라리 계림의 개돼지가 될지언정 그대 나라의 신하는 되지 않을 것이요, 차라리 계림의 매는 맞을지언정 그대 나라의 작록(爵祿)은 받지 않겠다」고 했다.

일본왕이 제상의 다리 살을 다 벗겨 내고 갈대를 베어다가 그 위로 다니게 하면서 「네가 어느 나라 신하냐?」하고 물었으나, 제상은 「계림의 신하이다」라고 대답했다. 또 뜨거운 쇠 위에 서게 하고

「네가 어느 나라 신하냐?」하고 물었으나, 제상은 역시 계림의 신하라고 대답했다.

이에 일본왕은 그가 굴하지 않을 것을 알고 목도(木島)에서 태워 죽이니, 눌지왕이 이 소식을 듣고 애통하여 대아찬이란 작위를 주고 그 집에 후하게 재물을 내렸으며, 미사흔으로 하여금 제상의 딸에게 장가들게 하였다.

이때 제상의 아내는 세 딸을 데리고 치술령(鵄述嶺)에 올라가 일본을 바라보고 통곡하다 죽으니, 지금도 그 고개 위에는 망부석(望夫石)이 있다.

○ 김 유신(金庾信)의 병이 위중하자, 왕이 친히 가서 문병하고 울면서 말하기를 「과인(寡人)에게 경(卿)이 있는 것은 마치 물고기에게 물이 있는 것과 같은데, 만일 무슨 일이 있으면 백성과 사직을 어찌한단 말이오?」라고 했다. 유신이 대답하기를 「엎드려 바라옵건대, 전하께서는 공을 이루기가 쉽지 않다는 것을 아시고 수성(守成)하기가 또한 어렵다는 것을 생각하시어, 소인을 멀리하시고 군자를 가까이하시어 위로는 조정이 화합하고 아래로는 백성들이 편안하게 하시어 화란이 일지 않고 기업(基業)이 무궁하게 하시면 신이 죽어도 유감이 없겠읍니다」라고 하니 왕은 울면서 그렇게 하겠다고 약속했다.

사론(史論)에 말했다.

「옛날부터 영웅호걸의 선비가 비록 비상한 재주를 타고났다 해도 꼭 일을 할 수 있는 임금을 만나지 못하고, 비록 일을 할 수 있는 임금을 만났어도 반드시 일을 할 수 있는 때를 얻을 수는 없는 것이다. 그런데 비상한 재주를 지니고 일을 할 수 있는 임금을 얻고, 그 위에 일을 할 수 있는 때를 얻어서 세상에 드문 공을 세운 예는 유신에게서 볼 수가 있다.

그는 삼국(三國)이 대립하고 있을 때에 태어나서 그 임금을 만나니 그 인연이 기이하여 마치 물고기가 물을 만난 것 같았고, 충성된 마음으로 영특한 지략을 겸해서 진중(陣中)에서 계획을 세우면 하나도 틀린 것이 없었다.

그리하여 동쪽으로 정벌하고 서쪽으로 쳐서 가는 데마다 대적할 자가 없고 고구려와 백제를 평정하여 통일의 공을 이룩하니, 그 임금으로 하여금 동한(東韓)의 땅을 차지하게 하고 그 백성으로 하여금 난리로 인한 화를 면하게 했다.

이로 인해서 지위가 장상(將相)을 겸한 지 30여 년에 걸출한 나라의 장성(長城)이 되었으니, 어찌 이른바 그 재주가 있고 그 임금을 얻고 그 때를 만나서 그 공을 이룬 자가 아니겠는가?

하물며 임종 때에 한 말은 참으로 대신(大臣)이 임금에게 고하는 체통을 얻었으니, 그 어렵고 위태로운 일을 다 겪고 몸소 충성을 다하여 공명(功名)과 충절(忠節)을 겸전한 김 유신과 같은 이는 동방에서는 그와 비슷한 이조차 드물 것이다. 아아! 장하도다.」

○ 고구려 을파소(乙巴素)는 성질이 강하고 굳세며 생각하는 것이 깊었는데 힘써 농사지어 스스로 생계를 꾸리고, 밖으로 이름이나 영달하는 것을 구하지 않았다.

고국천왕(故國川王)이 그의 어질고 착한 것을 알고 묻기를 「무엇으로 과인(寡人)을 가르치겠는가?」라고 하니 대답하기를 「어질고 착한 사람을 가려서 높은 벼슬에 쓰시옵소서. 대개 어진 사람이 초야(草野)에서 불쑥 일어나면 조그만 사무(事務)에는 밝지 못하기 때문에 그를 만일 낮은 자리에 두면 왕좌(王佐)의 재주를 펴지 못하고 소인(小人)의 손에 괴로움만 당하게 되니, 어찌 어진이를 대우하는 도리이겠읍니까?」라고 했다. 그러자, 고국천왕은 그를 당장 올려 썼다.

○ 고구려 영양왕(嬰陽王) 22년에 수제(隋帝) 양광(楊廣)이 그 신하 배구(裵矩)의 말을 받아들여 영양왕을 위협하여 입조(入朝)하라 했다. 그러나 왕이 듣지 않으므로 수제는 이를 노엽게 여겼다.

이때 마침 신라와 백제가 서로 계속하여 사신을 보내어 고구려 치기를 청하자, 수제는 뜻을 결정하고 친히 정벌하여 장군 우문술(宇文述), 우중문(宇仲文)으로 하여금 길을 나누어 가게 하고 육군(六軍)이 그 뒤를 따르는데 깃대가 천여 리에 뻗쳤다. 이에 고구려 왕은 을지문덕으로 하여금 군사를 내어 막게 했다.

을지문덕이 우중문에게 보낸 시에 말하기를 「신과 같은 책략은 천문에 통달했고, 묘한 문필은 지리를 다 알았네. 싸움에 이겨 공이 이미 높았으니, 족한 것을 알아 그만 그치기 원하노라」고 했으니, 대략 그 뜻은 적장 우중문의 마음을 태만하게 하기 위한 데 있었다.

을지문덕이 처음에는 거짓 항복하여 그 허실(虛實)을 보고, 두번째 거짓 항복하여 그 예기(銳氣)를 늦추었으며, 혹 싸울 때에는 갑자기 달아나서 적이 지치기를 기다리고, 혹은 패하여 쫓겨서 그들의 돌아갈 길이 없게 하다가 마침내 하루낮 하루밤에 4백 50리를 달려나가서 수제의 위엄으로써도 크게 패하여 돌아가게 했다. 이 싸움에서 수군(隋軍) 중 요동(遼東)에 이른 자가 30만 5천 명이었는데 돌아간 자는 겨우 2천 7백 명이었다.

이 싸움에 임금과 신하는 신의를 지키고 사졸들까지도 마음을 같이하여 안으로는 우방(友邦)끼리의 좋은 사이를 이루었고, 밖으로는 큰 적의 업신여김을 막았으니, 이는 오직 을지문덕의 공이라 할 수 있다.

보잘것없는 작은 나라로서 등 뒤에서는 신라 백제가 삼키려 하고, 앞에서는 큰 수나라가 밀려드는데, 작은 나라로서 큰 나라를 대적하여 나라의 위신을 잃지 않은 자는 천고에 이 한 사람뿐이리라.

○ 물계자(勿稽子)는 신라 사람이다. 남에게 얽매이지 않고 뜻이 크더니, 내해왕(奈解王) 때에 포상(浦上)의 여덟 나라가 신라를 침입하자, 왕자(王子) 이음(利音)과 함께 가서 구원하라고 명령했다.

이때 물계자가 큰 공을 세웠으나, 이음이 그를 기피하여 그 공이 기록되지 않았다. 이에 어떤 사람이 말하기를 「그대의 공이 누구보다도 컸는데 기록되지 않아서 원망하는가?」라고 물었으나, 그는 말하기를 「내 직책을 행했을 뿐인데 무엇을 원망하겠는가?」라고 했다. 또 어떤 사람은 「어찌해서 임금에게 알리지 않는가?」라고 했으나, 그는 말하기를 「자기의 공을 자랑하여 이름을 구하는 것은 지사(志士)가 할 일이 아니요, 다만 뜻을 닦을 뿐이다」라고 했다.

그후에 갈화성(竭火城) 싸움에 공이 있었으나 또한 기록되지 않자, 돌아가겠다고 하며 말하기를 「신하 된 도리에 위태로운 것을 보고 목숨을 바치고 어지러운 일에 임해서 몸을 잊는 것이 충성이요, 목숨을 바치고 그 몸을 잊은 것이 임금에게 들리지 않으면 충성스러운 것이 못 된다. 그런데 이미 충성스럽지 못해서 그 누(累)가 선인(先人)에게까지 미치면 어찌 효도라고 하겠는가. 이미 충성과 효도를 잃었으니 장차 무슨 면목으로 조정에 나가겠는가?」하고 드디어 머리를 풀고 거문고를 끼고 산으로 들어가서 돌아오지 않았다.

○ 고구려 보장왕(寶藏王) 2년에 당(唐)나라 태종(太宗) 이세민(李世民)이 조서를 내려, 연개소문(淵蓋蘇文)이 임금을 죽이고 백성에게 포학하게 한 죄를 포고하고, 이어 장양(張亮), 이세적(李世勣), 이도종(李道宗) 등이 군사 10만을 거느리고 와서 고구려를 공격하였다.

이보다 앞서 고구려는 백제와 화친하고 신라의 당항성(唐項城)을 같이 쳐서 신라가 당나라로 들어가는 길을 막으려 하자, 신라 선덕왕(善德王)이 당나라에 급한 사정을 고했다. 이에 당나라 태종은 사자를 고구려에 보내어서 신라를 침범하지 말라고 타일렀다.

이때 고구려 장수 연개소문은 이를 듣지 않고 사자를 굴 속에 가두니, 태종이 크게 노해서 계책을 세우고 친히 정벌에 나섰기 때문에 이 싸움이 일어난 것이다.

당나라 군사는 첫번째 싸움에서 개모성(蓋牟城)을 함락시키고, 두번째 싸움에서 비사성(卑沙城)을 빼앗고, 세번째로 요동성(遼東城)을 취하고 나서, 이긴 기세를 타고 안시성(安市城)을 공격했다. 그러나 성주(城主) 양 만춘(梁萬春)이 굳게 지키니 함락시킬 수가 없었다. 도종이 성 남쪽에 토산(土山)을 쌓고 그 성을 공격하자, 만춘도 또한 그 성을 더 높이 쌓고 막았다.

이번에는 도종이 충거(衝車)에 돌을 실어다가 성첩(城堞)을 부수었으나 만춘은 목책(木柵)을 세우고 맞서서 막았다. 도종이 다시 토산을 쌓고 60일 동안 성을 공격했다.

이리하여 성이 무너지자, 만춘은 정병(精兵)을 내어 힘껏 싸워서 적의 토산을 빼앗아 가지고 지켰다.

당나라 황제는 요좌(遼左)가 일찍 추워져서 풀이 마르고 물이 얼어 사람과 말이 오래 머무를 수 없고 또 양식이 곧 떨어졌으므로 군사를 돌이켜 돌아갔다.

○ 성 충(成忠)은 백제 의자왕(義慈王) 때 사람이다. 왕이 음탕하고 풍류에 빠지고 술을 몹시 마셔 쉴 줄을 모르므로 성 충이 간곡히 간하자, 왕은 노하여 그를 가두었다. 성 충은 먹지 않고 죽기에 임하여 글을 올려 말하기를 「충신은 죽어도 임금을 잊지 않는 것이오니 원컨대 한 말씀만 하고 죽겠읍니다. 신(臣)이 지금 시세를 보옵건대 반드시 전쟁이 일어날 것이오니 험한 곳에 의지하여 방비하고 막는 것이 좋을 것입니다」라고 했으나 왕은 살피지 못했다.

성 충이 드디어 옥중에서 죽은 후에 당나라와 신라 군사가 쳐들어와 이긴 기세를 타고 성으로 몰려오자, 왕은 탄식하여 말하기를 「내가 성 충의 말을 좇지 않아서 여기에 이르렀다」고 했다.

○ 신라 헌덕왕(憲德王) 때 상대등(上大等) 충공(忠恭)이 정사당(政事堂)에 앉아서 내외 관원의 인사 발령을 내리다가 물러나왔는데, 병을 얻어 의원을 불렀다. 의원이 진찰하고 말하기를 「심장병

이 들었으니 모름지기 용치탕(龍齒湯)을 써야겠다」하여, 그 후로 문을 닫고 손님을 대하지 않았다.

이때 집사랑(執事郞) 녹진(祿眞)이 문 밖에 서서 만나기를 청한 지 세 번 만에 비로소 만났다. 이에 녹진이 말하기를 「보체(寶體)가 불편하시다니 혹 이른 아침에 나가시고 밤에 늦게 파하시어 바람과 이슬을 범하여 마음의 화기를 잃은 것이 아닙니까?」라고 하자, 충공은 「다만 침침하고 어두워서 정신이 상쾌하지 않소이다」라고 했다.

녹진이 말하기를 「그렇다면 공의 병은 애써 약을 쓸 것이 아니라 말 한 마디로 고칠 수 있을 것입니다」라고 하니, 충공은 「어디 들어 봅시다」라고 하였다.

녹진이 말하기를 「재상이 사람을 씀에 있어 재주가 큰 자는 높은 지위에 두고, 재주가 적은 자는 낮은 자리를 맡겨, 조정에 빈 자리가 없고 자리마다 그 자리에 맞지 않는 자가 없어야만 올바른 왕정(王政)이 이루어지는 것입니다. 그러나 지금은 그렇지 않은 듯하여 사사로움만을 좇고 공변된 것은 없어서, 사람을 위해서 벼슬자리를 마련하여 그 사람을 사랑하면 아무리 재주가 없어도 높은 자리에 올려 쓰고, 미워하면 아무리 훌륭한 계획이 있는 자라도 구렁에 버려 둡니다. 취해서 쓰고 버리는 것이 그 마음을 혼동시키고 옳고 그른 것이 그 뜻을 어지럽히오니, 이는 비단 나라가 어지러워질 뿐만 아니라, 그 일을 하는 자도 또한 수고롭고 병드는 것입니다. 만일 그 일을 맡은 벼슬아치가 청백하고 일을 공손하게 처리하여 뇌물이 오는 문을 막고 청탁(請託)의 길을 멀리하여, 올려 쓰고 내쫓는 일을 오직 분명히 하고 주고 뺏는 일을 사랑하고 미운 것에 관련시키지 아니함은, 마치 저울이 가볍고 무거운 것을 속이지 않는 것과 같고, 노끈이 굽고 곧은 것을 속이지 않는 것과 같아야 합니다. 이와 같이 하면 형정(刑政)이 화목하고 국가가 화평할 것이오니, 날마다 높은 다락문을 열고 아름다운 술로 친구들과 담소하면서 놀아도 좋을 것이오니 어찌 구구하게 약을 드오리까?」라고 했다.

이에 충공이 사례하여 의원을 보내고 수레를 타고 들어가 왕께 뵈오니, 왕이 말하기를 「경(卿)이 매일 약을 든다더니 어찌해서 와서 보는가?」라고 했다. 이에 충공은 대답하기를 「녹진의 말이 약과 같사오니 어찌 용치탕을 먹는 것에 비하오리까?」 하고 녹진의 말을 전하자, 왕이 말하기를 「과인은 임금이요, 경은 정승인데 이런 사람이 있다니 얼마나 기쁜 일인가」라고 했다. 이 소식을 듣고 태자도 들어와서 하례하기를 「임금이 밝으면 신하가 곧은 법이오니 이는 국가의 아름다운 일입니다」라고 했다.

○ 설 총(薛聰)이 신문왕(神文王)을 모시고 있는데, 왕이 말하기를 「오늘은 내리던 비도 개고 훈풍도 서늘하여 아무리 좋은 음식이나 아름다운 음악이 있어도 고상한 이야기와 좋은 해학으로 답답한 마음을 푸는 것만 못하겠도다. 경은 반드시 신기한 이야기를 알고 있을 터인데, 어찌해서 나를 위하여 이야기하지 않는가?」라고 했다.

이에 공이 화왕설(花王說)을 가지고 비유해서 간했다. 즉, 모란화(牧丹花)로써 여러 임금을 비유하고, 장미화로써 아첨하는 신하에 비유하고, 백두옹화(白頭翁花)로써 충신에 비유했는데, 대개 임금된 자는 간사한 자를 가까이하고 정직한 자를 멀리하지 않는 자가 드물다는 것을 뜻한 이야기이다.

이 말을 듣고 왕은 추연히 얼굴빛을 고치고 말하기를 「경의 이야기는 진실로 깊은 뜻이 있도다」 하고 이것을 글로 쓰게 하여 왕자(王者)의 경계로 삼았다.

○ 헌안왕(憲安王)이 임해전(臨海殿)에 여러 신하들을 모이게 했는데, 김 응겸(金膺兼)이 나이 15세로서 여기에 참여했다.

왕이 그의 뜻을 시험하기 위하여 묻기를 「네가 와서 공부한 지 오래 되었는데 착한 사람을 본 일이 있느냐?」 하니 그는 대답하기를「신이 착한 사람 셋을 보았읍니다. 하나는 훌륭한 가문의 자제 이온데 자기가 앞서려 하지 않고 남의 밑에 있사오며, 하나는 집이 부자여서 재물이 많은데도 옷을 사치스럽게 입지 않사오며, 하나는 영화롭게 살면서도 교만스러운 빛을 나타내지 않습니다」라고 했다.

이 말을 듣고 왕은 가상히 여겨 딸을 그 아내로 주고 후에 유조(遺詔)를 내려 왕으로 삼으니 이가 경문왕(景文王)이다.

○ 진성여왕(眞聖女王)이 음란하고 절도가 없어 기강이 해이해지자 어떤 사람이 당시 정치를 비방하는 글을 써서 조정 앞 길에 붙였다.

이에 한 신하가 여왕에게 고하기를「이는 필시 뜻을 얻지 못한 어느 문인(文人)이 한 짓이오니 혹시 대야주(大耶州)의 은자(隱者) 왕 거인(王巨仁)이 아니겠읍니까?」라고 했다.

이에 여왕이 명하여 왕 거인을 잡아다가 옥에 가두고 장차 벌하려 하자 거인은 분하고 원통해서 감옥 벽에 쓰기를「우공(于公)이 통곡하자 3년 동안 가물었고, 추연(鄒衍)이 슬픔을 머금자 5월에 서리가 왔네. 이제 내가 갇혀서 근심하는 것도 옛 일과 같은데 황천은 말이 없고 다만 푸르기만 하네」라고 했다.

이날 저녁에 갑자기 천둥과 번개가 치면서 우박이 내리니 왕이 두려워하여 그를 석방했다.

○ 경순왕(敬順王)이 고려에 항복하기를 꾀하자, 왕자가 간하기를「나라의 존망(存亡)은 반드시 천명이 있는 것이옵니다. 마땅히 충신 의사(義士)들과 함께 인심을 수습해 가지고 죽을 각오로 지키다가 힘이 다한 뒤에 그만둘 것이지, 어찌 1천 년 내려온 사직을 경솔히 남에게 준단 말입니까?」라고 했으나, 왕은 듣지 않았다.

이에 왕자는 울면서 임금께 하직하고 개골산(皆骨山 : 금강산)으로 들어가 바위에 의지하여 집을 만들고 베옷〔麻衣〕을 입고 풀을 먹다가 죽으니, 세상에서 그를 마의태자(麻衣太子), 혹은 동경노인(東京老人)이라고 불렀다.

○ 장절공(壯節公) 신 숭겸(申崇謙)은 고려 태조를 도와서 큰 공을 세웠다. 견훤(甄萱)이 신라 경애왕(景哀王)을 포석정(鮑石亭)에서 포위하자 고려 태조가 군사를 거느리고 나가서 이에 대항하였는데, 동수(桐藪) 싸움에서 견훤의 군사에게 포위당하여 상황이 몹시 급하게 되었다.

이때 공이 대장이 되었는데 모습이 태조와 비슷했다. 그는 그 전세가 급한 것을 알고 태조가 타는 수레를 대신 타고 나가서 힘껏 싸우다가 전사했다.

○ 정민공(貞敏公) 서 필(徐弼)은 성격이 화통하고 민첩해서 관리식으로 벼슬길에 나갔다. 이때 광종(光宗)은 상으로 재신(宰臣)들에게 금으로 만든 술잔을 하사했는데, 필(弼)은 이것을 받지 않고 말하기를 「신이 외람되이 높은 자리에 있어서 이미 은총을 받고 있사온데 또 금술잔을 주시니, 분수에 넘치는 듯하여 두렵습니다. 또 사치와 검소함은 이치에 관계되는 것이오니, 앞으로 난신(亂臣)들이 금술잔을 쓴다면 왕께서는 무슨 잔을 쓰시렵니까?」라고 하자, 왕이 말하기를 「경이 보물을 보물로 여기지 않으니, 나는 마땅히 경의 말로써 보배를 삼으리라」고 했다.

공의 아들 희(熙)도 역시 가정 교훈을 받았다. 희가 일찌기 성종(成宗)이 해주(海州)에 거동했을 때 따라갔더니, 왕이 그가 있는 막사(幕舍)에 들어오고자 했다. 이에 희는 「신의 막사는 지존(至尊)께서 들어오실 곳이 못 됩니다」라고 했다.

또 왕이 술을 내오라고 명령하자 「신의 술은 감히 올리지 못하겠읍니다」라고 하니, 성종은 그대로 막사 밖에 앉아서 어주(御酒)를 가져오게 하여 같이 마시다가 돌아갔다.

일찌기 희의 조부 신일(神逸)이 농촌에 사는데 사슴 한 마리가

화살을 맞고 집으로 뛰어들었다. 이에 신일은 그 화살을 뽑고 약을
바른 다음 숨겨 주었다. 사냥꾼이 쫓아왔으나 사슴을 잡지 못하고
돌아갔다.
　그날 밤 꿈에 신인(神人)이 나타나 사례하기를 「내 자식이 그대
의 도움으로 죽지 않았으니, 마땅히 그대의 집안으로 하여금 대대
로 경상(卿相)이 되게 하리라」고 했다.

　○ 문정공(文貞公) 최 승로(崔承老)가 소(疏)를 올리기를 「성인(聖
人)이 하늘과 사람을 감동시키는 것은 순일(純一)한 덕이 있고 사사
로운 마음이 없기 때문입니다. 만일 성상께서 마음 갖기를 겸손하
게 하고 항상 경계하고 두려운 마음을 갖고 신하를 예로 대우하면,
그 누가 마음과 힘을 다하여 나아가서는 좋은 계획을 아뢰고 물러
가서는 나라를 위해 도움될 것을 생각지 않으오리까? 불교에서
몸을 닦는 것은 내생(來生)을 위한 것이요, 유교에서 나라를 다스
리는 것은 곧 오늘의 책임이온데, 오늘은 지극히 가깝고 내생은 지
극히 먼데도 가까운 것을 버리고 먼 것을 구하니, 또한 잘못이 아
닙니까?」라고 했다.

　○ 성종(成宗) 12년에 거란[契丹]의 소손녕(蕭遜寧)이 크게 군사를
일으켜 침입해 와서 안주(安州)에 이르자, 왕이 여러 신하에게 물
었다. 「누가 짐(朕)을 위하여 거란 진영에 가서 말로써 적병을 물
리치겠는가?」 하니 좌우에서 대답하는 자가 없는데, 서 희(徐熙)가
홀로 아뢰기를 「신이 비록 민첩하지 못하오나, 청컨대 가겠나이다」
라고 했다.
　서 희가 거란 진영에 이르자, 손녕이 그에게 절을 하라 하였다.
희는 의리로 따져 절하지 않고 그대로 앉으니, 손녕이 말하기를
「고구려 땅은 나의 소유인데 너희가 침식해 들어오기로 이제 와서
토벌하는 것이니, 만일 땅을 베어 주고 우리를 맞으면 무사할 것이
다」라고 했다.

그러나 희는 말하기를 「그렇지 않다. 우리 나라는 곧 고구려의 옛 땅이기 때문에 국호를 고려라 했고, 만일 땅의 경계를 가지고 말하자면 귀국의 동경(東京)이 모두 우리 경계 안에 있는데 어찌 침식이라고 말하는가. 또 압록강 안팎도 역시 우리 경계 안인 것을 여진(女眞)이 도둑질해서 점령한 것이니, 그 동안 길이 막혀 조빙(朝聘)이 통하지 못한 것도 여진 때문이다」라고 했다.

이때 희의 얼굴빛이 워낙 강개하여 도저히 굽힐 수 없음을 안 손녕은 이에 강화할 것을 허락하고 잔치를 베풀어 위로해서 보냈다.

○ 태사(太師) 강 감찬(姜邯贊)은 금천(衿川 : 始興)사람이다. 성질이 맑고 검소하며 글읽기를 좋아하고 기이한 꾀가 많았다.

현종(顯宗) 때에 거란 군사를 물리치자 왕이 손수 글을 써서 주기를 「경술년간에 오랑캐 군사가 한강 가에까지 깊숙히 침입하였을 때 상공(姜公)이 꾀를 쓰지 않았더라면 온 나라가 모두 오랑캐가 될 뻔했다」라고 하니 사람들이 모두 영화롭게 여겼다.

공이 태어날 때 큰 별이 그 집에 떨어졌는데, 그후에 송(宋)나라 사신이 공을 보자 자기도 모르게 절하면서 말하기를 「문곡성(文曲星)을 본 지 오래더니 여기에 계셨읍니까?」라고 했다.

공은 체격이 왜소하고 의관이 남루했지만 얼굴색이 발랐고 조정의 걸출한 기둥이 되었다.

○ 문숙공(文肅公) 윤 관(尹瓘)은 학문을 좋아하여 손에서 책을 놓지 않았다. 장상(將相)이 되어 비록 군중(軍中)에 있어도 항상 오경(五經)을 읽었고, 어진이를 좋아하고 착한 일을 좋아하는 것이 당대의 제일이었다.

여진(女眞)을 토벌할 때 적의 화살이 비오듯 하는데 척 준경(拓俊京)에게 이르기를 「이제 일이 급한데 어찌할 것인가?」 하니, 준경이 말하기를 「제가 일찌기 죄를 범했을 때 공께서 저를 장사라 하시고 조정에 청해서 용서받게 하셨으니, 오늘이 곧 이 준경이 몸을 죽여 어진 일을 이룰 때입니다」하고 방패를 들고 돌격해 나가 공을 세웠다. 그의 사람 보는 안목이 이와 같았다.

○ 지제고(知制誥) 최 약(崔瀹)은 예종(睿宗)이 서쪽으로 거동하여 대동강에 배를 띄우고 여러 신하들과 시를 지으려 한다는 말을 듣고 글을 올려 간하기를「제왕께서는 마땅히 경학(經學)을 좋아하여 날마다 맑은 선비들과 경사(經史)를 토론하여 선도(善道)를 들으셔야 하는 것이온데, 어찌 경박한 선비들과 음풍 영월(吟風咏月)하시어 타고난 마음을 손상시키려 하시나이까?」하자, 왕은 이를 옳게 받아들여 중지했다.

그러나 이때 글하는 신하 한 사람이 틈을 타서 나와서 말하기를「약이 말하는 맑은 선비란 신(臣) 등을 빼놓고 달리 누가 있단 말입니까? 그가 시를 모르기 때문에 이런 말을 한 것입니다」라고 하니, 왕이 그 말을 곧이듣고 노하여 공을 춘주부사(春州府使)로 내보냈다가, 뒤에 시를 잘 짓는다는 말을 듣고 비로소 불러들였다.

○ 진락공(眞樂公) 이 자현(李資玄)은 과거에 올라 대악서승(大樂署丞)이 되었으나, 벼슬을 버리고 청평산(淸平山)에 들어가 베옷을 입고 나물을 먹으면서 선(禪)을 즐기고 도를 좋아했다.

예종이 여러 번 조서를 내려 불렀으나 그는 글을 올려 사양하기를「새가 된 마음으로 새를 기르니 거의 종고(鍾鼓)의 근심이 없사옵고, 물고기를 보면서 물고기를 아니 마침내 강호(江湖)의 성품을 찾겠읍니다」라고 했다.

왕이 글을 보고 불러 쓸 수 없다는 것을 알고 특별히 남경(南京)에 거동하여 그 아우 자덕(資德)을 시켜 손수 글을 써서 불렀더니, 자현이 비로소 올라왔다.

이에 왕이「도덕이 있는 노인을 사모한 지 오래이니 굳이 신하의 예로 대하지 않아도 될 듯싶소」하고 대궐에 오르게 하여 앉으라 하고 양성(養性)의 요점을 물었다.

자현이 대답하기를 「욕심을 적게 하는 것보다 더 좋은 것이 없읍니다」 하고 드디어 심요(心要) 한 편을 올리니, 왕이 이를 보고 감탄하여 마지 않았다.

이윽고 자현이 산으로 돌아가겠다고 하자, 왕은 도복(道服) 한 벌을 하사하여 그 사모하는 뜻을 표했다.

○ 문열공(文烈公) 김 부식(金富軾)이 《삼국사기(三國史記)》를 지었다. 이보다 먼저 《동사고기(東史古記)》라는 것이 있어서 대략 단군(檀君) 이래 수천 년 동안의 일을 기록했으나, 복잡하고 바르지 못해서 믿을 만한 것이 적었다.

이에 부식이 발분하고 이를 저술하는데, 삼국의 일은 사관(史官)의 기록을 근본으로 하고 고기(古記) 및 중국사(中國史)까지도 참고로 해서 한 체제를 이루니 고세(古世)에 이를 좋은 역사책이라고 했나.

인종(仁宗) 13년 요승(妖僧) 묘청(妙淸)이 평양에서 반란을 일으키자, 공이 원수(元帥)가 되었다. 이때 여러 장수들이 모두 의논하기를, 군사를 몰아 빠른 길로 가서 적의 태세가 갖추어지기 전에 엄습하사고 했나.

그러나 공은 말하기를 「서경(西京 : 평양)이 모반한 지 이미 5, 6년이 되었으니 그들의 설계가 필연 갖추어졌을 것이다. 그리고 군사를 견고한 성 밑에 주둔시키고 있다가 날씨가 춥고 땅이 얼어서 보루도 쌓지 못하고 있을 때 갑자기 적이 침략을 할 것이니 이것은 만전(萬全)의 계책이 아니다」 하고 군사를 이끌고 지름길로 성주(城州)로 나가서 여러 성에 격문을 보내서 나라의 명령을 받들어 적을 치라고 격려했다.

그리고 적의 무리가 귀순해 오자, 양부(兩府)에 글을 보내서 그들을 후하게 대접하여 그들이 마음을 바로잡는 길을 열어 주게 하였다.

이때 조정 신하들이 서로 의논하여 「수만 명의 군사를 거느리고 나가서 1년이 넘도록 일을 결단하지 못하고 있으니, 만일 이웃 적이 이 틈을 타서 쳐들어오면 어떻게 이를 막겠읍니까? 청컨대 딴 장수를 보내서 즉시 적을 쳐부수게 하시옵소서」하고 왕에게 아뢰었다.

왕이 이를 부식에게 의논하자, 「진실로 그 말이 옳기는 하오나, 지금 우리 군사로 하여금 성을 등지고 공격하게 한다면 수일을 지나지 않아서 용맹스러운 장수와 날랜 군사가 모두 적의 시석(矢石) 아래 죽을 것입니다.

이제 신이 온전한 계책으로 적을 이겨서 사졸도 상하지 않고 나라의 위신도 꺾이지 않게 하겠읍니다. 하오니 적을 토벌하는 일을 노신(老臣)에게 맡기시고 신으로 하여금 편의에 따라 일을 처리하게 해 주시면 반드시 적을 쳐부수어 보답하겠나이다」라고 했다.

왕도 또한 이 말을 옳게 여겨 여러 사람의 의논을 물리치고 공에게 맡겼더니, 공이 여러 방법으로 적을 꺾어서 마침내 이를 평정하였다.

○ 임 원후(任元厚)는 도량이 넓고도 깊고 풍채가 엄하고 무거웠으며, 널리 경사(經史)에 통했다.

재상이 되자 부지런하고 맑고 검소했으며, 이부(吏部)의 일을 맡아 보자 사람 쓰기를 매우 공정하게 하니, 사람들이 일컫기를 옛날의 산도(山濤)라고 했다.

처음에 묘청(妙淸)이 비밀히 떡을 만드는데, 그 속은 비게 하고 구멍 하나를 뚫어 그 속에 끓인 기름을 넣은 다음 강에 담갔다. 기름이 점점 물 위로 떠오르니, 그것을 바라보면 마치 강에서 오색빛이 나는 것 같았다. 이것을 가지고 묘청은, 용신(龍神)이 침을 토하니 상서로운 일이라 하여 백관들에게 하례하라고 했다. 그러나 공은 홀로 왕에게 묘청이 사람들을 속이고 의혹시킨 죄를 꾸짖기를 청했다.

○ 국자사업(國子司業) 임 완(林完)이 소(疏)를 올려 묘청(妙淸)을 베이기를 청하며 「인군(人君)이 덕을 닦아 하늘에 응하면 하늘이 복을 주지 않아도 복이 저절로 오는 법이요, 만일 덕을 닦지 않고 헛글에 종사(從事)하면 비단 유익함이 없을 뿐만 아니라 하늘을 욕보일 따름입니다. 지금 폐하께서는 묘청을 사랑하고 믿어서 늘 좌우에 두시고, 대신(大臣)들까지 다투어 서로 천거하고 칭찬하여 성인(聖人)으로 여겨서 뿌리가 깊고 꼭지가 굳어서 뽑으려 해야 뽑을 수가 없읍니다. 이리하여 대화궁(大花宮)의 역사(役事)가 일어난 지 7,8년이 지났는데, 재앙과 변고가 거듭되고 있으니 이는 필시 하늘이 폐하를 일깨워 주는 것입니다. 하온데 폐하께서는 어찌 한 간신(奸臣)을 아껴서 하늘의 뜻을 어기십니까? 원컨대 폐하께서는 묘청을 베어 하늘의 경계에 답하시고 백성의 마음을 위로하시옵소서」라고 했다.

○ 문안공(文安公) 정 항(鄭沆)은 총명하고 학문을 좋아하며 일을 당해 판단을 잘했는데, 그가 죽자 집에 항아리 하나가 없었다. 왕이 이 소식을 듣고 탄식하기를 「30년 동안 내 가까이에 있었고, 11년 동안이나 높은 벼슬에 있었으면서도 그 가난함이 이와 같았구나」 하고, 친필로 특별히 시호를 문안(文安)이라고 써 주었다.

○ 사정공(思靖公) 김 약온(金若溫)은 성품이 공손하고 검소하며, 청렴하고 정당했다. 그래서 여러 벼슬을 거치는 동안 사람들이 많이 따랐다. 이 자겸(李資謙)이 권세를 잡자 이(利)를 좋아하는 자는 다투어 그에게 붙었지만, 약온은 자겸과 내외종(內外從) 사이가 되면서도 절연하고 만나지 않으니 세상에서 그의 바른 것을 지키는 마음을 갸륵하게 여겼다.

○ 장경공(莊景公) 최 사전(崔思全)은 의술(醫術)로 해서 벼슬에

나갔다가, 이 자겸의 난을 평정한 공으로 갑자기 재상이 되었다.

그러나 그는 한미한 가문에서 일어나 지위가 극도에 오르고 임금의 사랑이 지나치다 하여 스스로 벼슬을 내놓겠다고 간청했다.

○ 추밀원 지주사(樞密院知奏事) 정 습명(鄭襲明)은 보통 사람보다 뛰어나고 훤칠하게 생겼으며, 학문에 힘써서 문장에도 능했다.

인종(仁宗)이 임종에 아들을 부탁한 일이 있었으므로, 그는 임금의 잘못을 간하여 나라를 바로잡는 것으로 자기의 책임을 삼았다. 그러나 의종(毅宗)은 이를 몹시 꺼려했다. 뒤에 그가 병으로 쉬고자 하자, 왕은 아첨하는 신하 김 존중(金存中)으로 그 직책을 대신하게 하므로 공은 왕의 뜻을 알고 약을 먹고 죽었다.

의종은 이로부터 맘대로 방탕하고 절도없이 놀았다. 어느 날 의종은 귀법사(歸法寺)에 거동하여 놀다가, 근시(近侍)를 보고 말하기를「만일 정 습명이 있었더라면 내가 어찌 여기에 올 수 있었겠느나?」고 했다.

○ 문숙공(文淑公) 최 유청(崔惟淸)은 젊어서 과거에 급제했으나 문을 닫고 글만 읽었다. 혹 천거하는 자가 있으면 그는 아직 학문이 이루어지지 않았다고 사양했다.

뒤에 천거에 못 이겨 한림(翰林)이 되었으나, 이 자겸의 배척을 받았다. 자겸이 패하자 왕의 부름을 받고 여러 고을을 다스렸는데, 가는 곳마다 업적과 칭찬이 있었다. 명종(明宗) 때에는 평장사(平章事)가 되었다.

의종(毅宗)이 화평재(和平齋)에 거동하여 문신(文臣)들과 함께 술을 마시고 시를 읊으며 돌아갈 줄을 모르니, 모시고 갔던 장사(壯士)들이 몹시 배가 고팠다.

이때 무신(武臣) 정 중부(鄭仲夫) 등이 난을 일으켜 대신과 문신들을 수없이 죽여 시체가 산처럼 쌓였지만, 오직 최 유청과 서 공아(徐恭雅)만은 무신들에게 존경을 받던 터여서 화를 면했다.

○ 공숙공(恭肅公) 유 필(庾弼)이 문하시중(門下侍中)으로 있을 때 의종이 내시(內侍) 정 함(鄭諴)을 지후(祗侯)로 삼으려 하자, 필은 끝내 사령장에 서명하지 않았다. 이에 왕이 재삼 타일렀으나 필은 듣지 않았다. 그 때문에 함은 필이 세상을 떠나기 전에는 임명되지 못했으니, 그 강직하고 바른 것이 이와 같았다.

○ 최 척경(崔陟卿)이 탐라령(耽羅令)이 되었을 때, 선정을 베풀고 폐단을 없애 백성들이 매우 평안했다.

그러나 그후에 온 관리들이 불법을 많이 저질러 탐라 사람들이 시달리던 나머지 모반하여 수령을 쫓아내고 말하기를「만일 척경이 다시 수령이 된다면 우리는 군사를 풀겠다」고 했다.

이에 왕이 다시 적경을 보냈다. 척경이 그 지역에 들어가자 탐라 사람들은 배를 가지고 와서 그를 맞아 창을 버리고 와서 절을 했나.

○ 유 응규(庾應圭)는 필(弼)의 아들이다. 총명하고 풍채가 늠름하며, 생각이 바르고 일을 당하면 과단성이 있었고, 벼슬 자리에 있으면서도 청렴하고 결백하여 하찮은 물선 하나를 남에게서 받지 않았다.

의종(毅宗)이 정 중부(鄭仲夫)에 의하여 폐해지고 명종(明宗)의 서자 응규가 표문(表文)을 가지고 금(金)나라에 들어갔다.

금나라 임금이 표문을 보고「형을 폐하고 왕위를 빼앗았으니 베어야겠다」하고, 전왕(前王 : 毅宗)에게 조서를 보내어 양위(讓位)를 허락치 않으려 하였다.

이에 응규가 말하기를「새 임금의 표문에 회답을 주지 않으면 이는 신하가 임금의 명령을 욕되게 하는 것입니다」하고, 의관을 정제한 채 대궐 뜰에 서서 밤낮으로 꼼짝 않고 7일 동안 물 한 모금 마시지 않아, 마침내 숨이 끊어질 정도가 되었다.

이것을 보고 금나라 임금은 그 충성을 갸륵히 여겨 조서를 주고 위로하여 돌려보냈다.

○ 문정공(文正公) 조 충(趙冲)은 풍채가 훤칠하고 외양은 장엄하면서도 속은 화락하여 세상 사람들은 오로지 그가 관후장자(寬厚長者)인 줄만 알았다. 그러나 큰 군사를 거느리고 큰일에 임한 것을 본 뒤에야 비로소 그가 조그만 일에 구속되지 않는 비범한 사람임을 알았다.

○ 추밀원사(樞密院使) 이 적(李勣)은 거란〔契丹〕의 침입 때 전공(戰功)이 매우 컸다. 그는 사람됨이 원만하고 따뜻하고 부드러우며, 기쁨이나 노여움을 얼굴에 나타내지 않았다. 그래서 별다른 기개가 없는 것같이 보였으나, 전진(戰陣)에 나가서는 그 용맹에 아무도 미치지 못했다. 또 성품이 검소해서 신분이 높아져도 항상 비좁은 방에서 거처했다.

○ 위열공(威烈公) 김 취려(金就礪)는 사람됨이 검소하고 정직하며, 충성과 의리를 스스로 지키고 군사 거느리기를 엄정하게 하니 사졸들이 감히 범하지 못했다.
 조정에서 그에게 술을 내리자 즉시 한 잔만 따라 마시고 사졸 중 맨 아래에 있는 자와 같이 마시니, 그들이 목숨을 걸고 싸우게 되었다.
 전진(戰陣)에 나가서 적과 싸울 적에는 좋은 계책을 많이 내서 큰 공을 세웠건만 스스로 자랑하지 않았고, 정승이 되어서도 얼굴빛을 바르게 하고 아랫사람을 거느리니 사람들이 감히 속이지 못했다.
 고종(高宗) 5년에 거란이 이미 여진을 치고 나서 진군하여 양주(楊州)에 침입했다. 이때 몽고가 그 원수 합진(哈眞)을 보내어 거란을 치고 고려를 구하겠다고 큰소리를 치며 글을 보내서 군사와 양곡을 청했다. 그러나 몽고 사람들은 본래 강하고 사납기로 이름이 났고 또 우리와는 옛날부터 사이가 좋지 않았기 때문에 여러 장수들이 모두 가기를 꺼렸다.

이에 김 취려는 「국가의 안위(安危)가 바로 오늘일에 달려 있다」 하고 한 광연(韓光衍)과 함께 열 명의 장군 및 날랜 기병을 거느리고 갔다.

취려는 인물이 잘나고 언변이 강개했으므로 합진은 그를 보자 중히 여겨 자리를 같이하여 앉아서 형제가 되기를 약속하며 「내가 여섯 나라를 정벌하는 동안 직접 만나 본 귀인이 많았지만 형과 같은 자는 없었다」고 하였다.

수일 후에 원수(元帥) 조 충(趙冲)이 군사를 거느리고 오자, 합진은 그를 상좌에 앉히고 또한 형으로 섬겼다. 그리고 드디어 함께 거란을 쳐서 항복받을 일을 도모하고 동맹을 맺은 후 군사를 이끌고 돌아갔다.

○ 병마사(兵馬使) 박 서(朴犀)가 몽고 군사와 귀주(龜州)에서 싸울 때 장군 김 경손(金慶孫)이 날아오는 화살에 어깨를 맞고 피를 흘리면서도 북치기를 그치지 않아 몽고 군사를 물리쳤다. 경손이 진중으로 돌아오자, 서(犀)는 그를 맞아 절하고 눈물을 흘렸다. 그리고 성 지킬 일을 경손에게 맡겼다.

몽고 군사들이 온갖 계책을 다해 공격했으나, 두 사람이 응전(應戰)하기를 신(神)과 같이 하기 때문에 이길 수가 없었다.

몽고의 한 늙은 장수가 성루(城壘)와 병기를 보더니 「내가 머리를 땋고 군사를 따른 이후로 두루 천하의 성지(城地)를 보았지만 일찌기 이런 것은 보지 못했다」 하고 탄식했다. 그리고 군사를 이끌고 평양으로부터 진군하여 경성(京城)을 공격했다. 경성의 인심이 흉흉하므로 조정에서는 민 희(閔曦)를 시켜 몽고 장수를 만나게 하여 강화하기를 청했지만, 몽고 장수는 귀주가 항복하지 않는다는 이유로 더욱 심하게 공격했다. 이에 조정에서는 몽고 진영에 가서 항복했다.

몽고 군사가 다시 귀주를 공격하자, 박 서는 대포를 쏘아 적을 무수히 죽였다. 몽고 장수 살례탑(撒禮塔)이 글을 보내서 달랬으나 더욱 견고하게 지키므로, 이번에는 조정에서 민 희를 박 서에게 보냈다. 귀주성 밖에 이른 민 희는 「나라에서 이미 강화를 맺어 삼군(三軍)이 항복했다」고 항복을 권했으나 박 서는 좇지 않았다. 이에 희는 민망히 여겨 칼을 빼어 자살했고, 박 서는 두 번이나 왕의 명령을 어겼다 하여 군사를 풀었다.

몽고 사자(使者)는 서(犀)가 굳게 지키고 항복하지 않았다 하여 죽이려 하였다. 이에 최 우(崔瑀)가 「그대의 국가에 대한 충절은 비할 데가 없으나 이제 몽고 사람의 말도 두려우니 알아서 처리하라」하니, 서는 그 고향인 죽주(竹州)로 돌아가 여생을 마쳤다.

5년 후에 몽고 군사가 다시 침범해서 죽주에 이르렀다. 이때 방호 별감(防護別監) 송 문주(宋文胄)가 군사를 내어 이를 쳐서 쫓아 버렸다.

문주가 일찌기 귀주성 안에 있을 때, 박 서가 몽고 군사를 막아 내는 것을 보았기 때문에 몽고 사람이 계획하는 것을 모두 미리 알아서 그때 그때 무리들에게 「오늘은 적이 반드시 어떤 계책을 세울 것이니 우리는 마땅히 이리이리 대응해야 한다」 하고 즉시 준비하도록 명령하면 과연 그 말과 같았다.

○ 자주 부사(慈州副使) 최 춘명(崔椿命)이 처음에 몽고 군사와 싸울 때 성을 굳게 지켜서 함락되지 않았다. 살례탑(撒禮塔)이 강화를 맺자, 조정에서 춘명에게 태집성(太集成)을 보내어 항복하라고 달랬다. 춘명은 이 말을 듣지 않고 좌우에 명하여 활을 쏘게 하니, 집성이 몹시 분하게 여겨 돌아갔다.

이에 집성은 최 우에게 「춘명을 죽이지 않으면 몽고 군사의 노염을 어찌하겠는가?」 하였다. 우는 이 백전(李白全)으로 하여금 춘명을 잡아 오게 하여 죽이려 했으나, 춘명은 얼굴빛 하나 변하지 않았다.

몽고인이 묻기를 「이자는 누구인가?」 하자, 백전은 「자주 수령(慈州守令)이다」라고 대답했다. 그러나 몽고인은 「이 사람은 비록 우리 명령을 거역했지만 그대 나라에 대해서는 충신이다. 우리도 차마 죽이지 못하는데 하물며 그대들에게 있어서이랴?」 하고 풀어 주기를 굳이 청했다.

○ 어사(御史) 송 언기(宋彦琦)는 젊어서부터 글에 능했다. 김해 수령(金海守令)이 되었을 때, 고을을 다스림에 있어서 청렴하고 평화로우며 사리를 잘 판단하니, 간사한 무리들이 자취를 감추었다.

우창감(右倉監)으로 있을 때 흉년이 들어 알현을 요구하는 자가 많자, 공은 한결같이 공정하게 처리하고 분배를 매우 고르게 했다.

몽고의 2백 기병이 수달(水獺)을 잡는다는 핑계로 가주(嘉州)·삭주(朔州)·귀주(龜州)·태주(泰州) 지방에 들어왔는데, 사실은 재물을 노략질하기 위한 것이었다. 이에 공은 군사 두어 명을 데리고 가서 말로 달래어 물러가게 했다.

이로부터 네 번이나 몽고에 사신으로 가서 네 번 모두 말로 몽고 임금을 감동시키니, 7년 사이에 변방이 차츰 평화로와졌다.

조정에서 다시 몽고에 사신으로 보내려 했으나 공은 이미 병을 앓고 있었다. 이에 재상들이 서로 이르기를 「송(宋)의 병은 나라의 근심이다」라고 했다.

○ 좌복야(左僕射) 손 습경(孫襲卿)이 일찌기 경상도 순문사(巡問使)가 되었을 때, 백성 중에 동생과 누이가 서로 송사(訟事)하는 일이 있었다.

동생은 말하기를 「우리는 같은 부모의 자식인데, 어찌 누님만이 홀로 부모의 재산을 차지하고 나는 나누어 받지 못한단 말이오?」 하고, 누이는 말하기를 「아버지께서 돌아가실 때 동생에게는 검은 의관 한 벌과 짚신 한 켤레, 종이 한 권만 주라고 한 문서가 여기 있으니, 어찌 어길 수 있으랴?」 해서, 여러 해 동안 판결이 나지 않았다.

이에 습경은 두 사람을 앞에 불러 놓고 「너의 아비가 죽을 때 네 어머니는 어디 있었더냐?」 하고 물으니, 어머니는 먼저 죽었다고 한다. 「너희들은 그때 몇 살이었더냐?」고 물으니, 누이는 이미 시집을 갔고 동생은 아직 어렸다고 한다.

습경이 타이르기를 「부모의 마음이 어찌 자라서 시집간 딸에게 후하고 어미 없는 어린 아들에게 박했겠느냐? 그 동생이 의뢰할 곳은 오직 그 누이뿐이니, 아버지가 재물을 누이에게 준 것은 그 동생을 사랑하는 마음이 혹 지극하지 못하고, 기르는 것이 혹 온전하지 못할까 두려워해서였던 것이다. 이 아이가 커서 이 종이에 장계를 쓰고 검은 의관을 입고 짚신을 신고서 관청에 고하면 능히 판결하는 자가 있을 것이니, 이 네 가지 물건을 준 뜻이 여기에 있는 것이다」라고 했다.

이 말을 듣고 그 누이는 감동해서 울었다. 그래서 습경은 그 재산을 반으로 나누어 주었다. 그의 일 처리하는 것은 이와 같이 물 흐르 듯 막힘이 없었다.

○ 유 석(庾碩)은 공숙공(恭肅公) 필(弼)의 증손(曾孫)이다. 강직하고 청렴해서 가는 곳마다 업적을 남기고 명성이 높았다. 그가 안동 도호부사(都護府使)가 되었을 때 관리와 백성들이 그를 부모처럼 사랑했다.

이때 순문사(巡問使)가 글을 보내어 석(碩)으로 하여금 판관(判官) 신 저(申著)와 함께 산성(山城)을 쌓도록 했다. 저(著)는 본래 재물을 탐했으므로, 석은 그와 함께 일하는 것을 부끄러워하여 모든 일을 그에게 맡기고 자기는 홀로 선비들과 글을 읊을 뿐이었다.

그러나 저가 공을 참소해서 드디어 암타도(巖墮島)로 귀양길을 떠나게 되었는데, 늙은이와 어린이까지 길을 막고 울면서 붙잡고 차마 놓지 못했다.

석의 아내는 자녀를 이끌고 가느라고 걸어서 가고 있었는데, 고

을 사람들이 말을 가지고 나와서 모시고 가려 했다. 그러나 그녀는
「주인이 귀양을 가니 처자도 모두 죄인인데, 어찌 고을 사람을 괴
롭히겠는가?」하고, 아무리 청해도 끝내 사양하고 허락하지 않았
다.

　이에 고을 사람들이 감탄하여 「부인이 아니면 어찌 우리 공의 짝
이 될 수 있겠는가?」라고 했다.

　○ 평장사(平章事) 이 장용(李藏用)이 원종(元宗)을 따라서 몽고에
갔을 때 일이다. 몽고의 승상이 장용에게 「고려의 주군(州郡)과 호
구(戶口)가 몇이나 되는가?」하고 물었다. 장용은 모른다고 했다.

　몽고 승상이 다시 「그대가 정승이 되어 어찌 그것을 모르는가?」
하고 말했다. 그래서 장용은 창문을 가리키면서 「저 창살이 몇 개
인지 승상은 아십니까?」라고 하니 승상은 모른다고 했다.

　이에 장용은 「호구 수는 그 유사(有司)가 따로 있는데 어찌 재상
이 그것을 다 안단 말이오?」하니, 몽고 승상은 아무 말도 하지
못했다.

　그는 문장이 유려하고 응대하는 것이 자상해서 몽고 사람들이
몹시 소중히 여겼다.

　○ 충렬공(忠烈公) 김 방경(金方慶)은 성질이 충직하고 미덥고 후
하며, 엄숙하고 굳세고 말이 적으며, 마음이 너그럽고 넓어서 조그
만 절도에 구애받지 않았다. 또 고전(古典)을 많이 알고 일 처리하
는 데 착오가 없었으며, 비록 벼슬을 내놓고 물러나 한가로이 있으
면서도 나라 근심하기를 집 근심하듯 했다.

　명종(明宗) 때 최 충헌(崔忠獻)이 임금을 세우고 폐하는 것을 제
맘대로 하였다. 고종(高宗) 때는 그 아들 우(瑀)가 나라 권세를 잡
았으나, 나라 안에 도둑이 많은 것을 두려워하여 용사들을 모집해
서 밤마다 순행하면서 사나운 일을 금하게 하고 이것을 야별초(夜
別抄)라고 했다.

이들을 나누어 여러 도에 보내니 그 수가 점점 늘어나므로, 드디어 이것을 좌우 별초로 나누었다. 또 나라 사람 중에 몽고에서 도망해 온 자로 한 부(部)를 만들었으니, 이 셋이 곧 삼별초(三別抄)이다.

이로부터 권신(權臣)들이 권세를 잡으려면 이들을 자기네 편으로 삼아야겠으므로 녹봉(祿俸)을 후하게 주고 사사로운 은혜도 넉넉히 베풀어서 그 마음을 사서 그들로 하여금 앞을 다투어 힘을 내게 했다. 이리하여 전후에 역적을 베는 것은 모두 그들의 힘에 의지하였었다.

원종(元宗) 때 장군 배 중손(裴仲孫)과 노 영희(盧永禧) 등이 드디어 그 군사를 이끌고 반란을 일으켜 공사간의 재물을 약탈하려고 바다로 해서 남쪽으로 와서 진도(珍島)를 점령하고 좌우 고을을 침략했다. 이에 충렬왕이 공을 추토사(追討使)로 삼아 몽고 장수 아해(阿海)와 함께 진도에 이르니, 적은 모두 배에 타고 깃대를 많이 세우고 징과 북을 치면서 바다 위에서 날뛰었다. 이에 아해는 겁이 나서 배에서 내렸다.

공이 홀로 부하들을 거느리고 진격했으나, 전세가 불리해져 적이 공을 포위하고 세차게 공격해 왔다. 이때 사졸들은 모두 종기가 나서 일어나 싸우지 못하자, 공은 적의 손에 죽을 수는 없다 하여 바다에 빠져 죽으려 했다. 이것을 보고 종기로 앓던 군사들이 다시 일어나 힘껏 싸워서 적이 비로소 포위를 풀고 돌아갔다. 이리하여 공은 죽음을 면하고 그들을 쳐서 평정했다.

충렬왕 7년에 원나라가 사신을 보내어서 일본을 달랬으나 일본은 그 사신을 잡아서 죽였다. 노한 원나라는 이를 토벌하기 위해 장수 흔도(忻都)와 홍다구(洪茶丘) 등을 합포(合浦)로 보냈다. 이들은 고려 원수 김 방경과 함께 수군을 거느리고 일기도(一岐島)에 이르렀는데, 원나라 장수 범문호(范文虎)가 군사 10만을 거느리고 강남(江南)에서 오다가 바람을 만나 물에 빠져 죽고 흔도 등은 여러 번 싸워도 전세가 유리하지 못하므로 군사를 돌이키려 했다.

이에 방경이 「앞으로 한 달 먹을 양식은 있으니, 청컨대 남쪽 군사를 기다려서 같이 공격하자」고 하니, 여러 장수들이 감히 다시 말하지 못했다.

곧 이어 남쪽 군사가 순풍을 만나 그곳에 도착했다.

○ 문정공(文貞公) 김 구(金圻)는 진실하고 검소하며 말수가 적었으나, 나라 일을 의논하는 데 있어서는 간절하고 곧아서 피하는 바가 없었다.

이때 고려는 원나라로부터 시달려 한 해도 무사한 적이 없었는데, 공이 사명(詞命)을 맡은 이후로는 일에 따라 글을 만드는 것이 모두 이치에 합당해서, 이 때문에 화를 많이 면했다. 원나라 학사(學士) 왕악(王鶚)은 그가 지은 표문(表文)을 보면 반드시 아름답다고 칭찬하면서 그 얼굴을 보지 못하는 것을 한스럽게 여겼다.

○ 최 석(崔碩)이 일찌기 승평(昇平 : 순천)부사로 있을 때, 청렴하고 깨끗하기로 이름이 났었다.

이때 고사(故事)에 수령이 바뀌면 반드시 말 여덟 필을 주고 그 중에서 고르는 것이 관례가 되어 있었다. 그러나 석은 만기가 되어 돌아올 때 이를 받지 않고 「이 고을을 다스리는 동안 내가 타던 암말이 새끼를 낳았는데, 이것을 데리고 가면 이는 재물을 탐하는 것이 된다」 하고 그 망아지까지 돌려보냈다.

이로부터 수령에게 말을 주는 폐단이 드디어 없어지니, 고을 사람들이 비석을 세우고 팔마비(八馬碑)라고 불렀다.

○ 문절공(文節公) 주 열(朱悅)은 문장이 뛰어나, 나라에 큰일이 있어서 사신을 고를 때엔 반드시 천거되었다.

공이 원나라 상부(相府)에 이르러 원나라 재상과 이야기하는데, 그 말을 듣고 앉아 있는 모습이 몹시 거만스러웠다. 이것을 보고 원나라 재상이 아랫사람을 시켜 「재상이 말을 할 때는 마땅히 땅에 엎드려 듣는 법이다」라고 하자, 열은 「재상의 말을 땅에 엎드려 듣는다면, 임금의 말은 땅을 파고 들어가서 들어야 하는가?」하고 끝내 굴하지 않았다.

열은 그 모습이 추했다. 공주(公主)가 잔치 자리에 오자 열이 일어나서 축하하니, 공주가 놀라서 「이 늙고 추한 것이 어찌 가까이 오는가?」라고 하였다. 그러자 왕은 「이 늙은이는 모습은 귀신처럼 추하지만 마음은 맑기가 물과 같다」라고 하였다.

○ 문정공(文正公) 유 경(柳璥)은 살이 찌고 키가 작았으나 인망과 위엄이 있었다. 타고난 천성이 밝고 민첩하며 도량이 크고 깊어서 능히 큰일을 판단하고, 사람을 보는 안목이 있었다. 원나라에 기용된 허 기(許琪), 김 구(金坵)는 모두 그가 천거한 사람이다.

○ 문민공(文敏公) 허 기(許琪)는 홍충정(洪忠正) 자번(子藩)과 같이 상부(相府)에 있었다. 기는 공손하고 신중한 대신 자번은 굳세고 강해서 일을 의논할 때는 언제나 서로 대립하여 심지어 얼굴에 나타내기까지 하니, 사람들이 서로 사이가 좋지 않다고 말했다.

그러나 기가 죽자 자번은 「공변되고 정직해서 아는 일은 말하지 않는 것이 없더니, 세상에 어찌 다시 공과 같은 이가 있으랴?」고 탄식했다. 이 말을 듣고 사람들은 비로소 두 사람이 다툰 것이 공사(公事) 때문이었다는 것을 알았다.

○ 영헌공(英憲公) 김 지대(金之岱)는 힘써 공부하여 문장에 능하고 기개가 남달리 뛰어났으며 큰 뜻을 가졌다. 고종(高宗) 때 강동(江東) 싸움으로 그 아버지가 군대에 들어가게 되자, 지대는 태학생(太學生)으로서 아버지를 대신해서 갔다. 이때 전사(戰士)들이 방패 머리에 모두 기이한 짐승을 그렸으나 지대는 홀로 한 절(絶)의 시(詩)를 썼는데, 그 시의 내용은 「나라의 걱정은 신하의 걱정이요, 아비의 근심은 자식의 근심일세. 만일 어버이 대신 나라에 보

답하면, 충효(忠孝)를 쌍으로 이룰 수 있네.(國患臣之患 父憂子所憂 代親如報國 忠孝可雙修)」라는 것이었다.

이듬해 개선해 돌아와 장원과(壯元科)에 급제하여, 후에 명신(名臣)이 되었다.

○ 문열공(文烈公) 이 조년(李兆年)은 바른 말을 잘해서 충혜왕(忠惠王)이 꺼렸다. 그의 발소리만 들으면 왕은 「조년이 온다」 하고 좌우를 물린 채 얼굴을 정제하고 기다렸다.

어느 날 왕이 북문(北門)으로 걸어나가서 언덕 위에서 참새 잡는 구경을 하고 있는데, 공이 지름길로 나가서 무릎을 꿇고 「신은 화(禍)가 조석(朝夕)에 있어 두렵사온데, 그것은 생각지 않으시고 자질구레한 것만 좋아하시니 되겠읍니까?」라고 했으나, 왕은 받아들이지 않았다.

이에 그는 그 이튿날 필마(匹馬)로 고향으로 돌아가 세상 일에 관계하지 않고 평생 묻혀 지냈다.

○ 문절공(文節公) 한 종유(韓宗愈)는 사람됨이 후하고도 신중하며 일 처리하고 사물을 접하는 데 여유가 있었다. 네 임금을 섬기는 동안 여러 번 위태롭고 어려운 일을 당했으나, 그 순수한 충성과 곧은 절개가 해처럼 밝았다.

충혜왕(忠惠王)이 이백(李白)과 두보(杜甫)의 시를 보려 하자, 공은 「누르고 흰 것을 읊은 것이 도를 다스리는 데 이로울 것이 없읍니다」 하고 마침내 올리지 않으니, 당시 사람들이 체통을 얻었다고 말했다.

○ 완풍군(完豊君) 이 원계(李元桂)는 태조의 형이다. 공민왕 때에 서쪽으로 홍건적을 막고 남쪽으로 운봉(雲峰)의 난을 평정하여 그 공훈으로 완산군(完山君)에 봉해졌다.

그러나 고려의 운수가 다하고 태조가 혁명의 뜻이 있어서 그 의

논이 이미 정해진 것을 알고 「삼한 옛 나라에 이 몸 어디에 있는가. 원컨대 지하에서 태백과 중옹 따라 놀고 싶네. 같은 처지에 있으면서 처리하는 것이 각각 다르다 하지 말라. 남방 오랑캐 땅이라 해서 반드시 바다로 가야 하나.(三韓故國身何在 地下願從伯仲〈泰伯 · 仲雍〉遊 同處休云裁處異 荊蛮不必海桴浮)」하는 시를 지은 다음, 약을 먹고 죽었다.

○ 포은 선생(圃隱先生)이 고려의 사직을 붙들려고 하자, 태조가 잔치를 베풀고 그를 청했다. 그리고 노래를 짓게 하여 그 뜻을 보려 했더니, 포은은 「이 몸이 죽고 죽어, 일백 번 다시 죽어, 백골이 진토되어 혼백이야 있건 없건, 님 향한 일편단심을 어이 고칠 수 있으랴?(此身死了死了 一百番更死了 白骨爲塵土 魂魄有也無 向主一片丹心 寧有改理也歟)」라고 했다.

그 후 그가 선죽교에서 순국(殉国)할 때 흘린 피의 흔적이 지금까지도 남아 있으니, 후세 사람들이 기이하게 여겼다.

○ 운곡(耘谷) 원 천석(元天錫)은 고려 말년의 정치가 어지러운 것을 보고 치악산(雉岳山) 밑에 숨어 살면서, 몸소 농사를 지어 부모를 봉양하였다.

일찌기 태종이 왕위에 오르기 전에 그에게 배운 일이 있으므로 여러 번 불렀으나 응하지 않았다. 태종이 동쪽으로 갔다가 공의 집을 찾았으나, 공은 숨어 피하고 만나려 하지 않았다. 할 수 없이 태종은 마침 시냇가 돌 위에 앉아서 공의 식사를 준비하고 있던 계집종을 불러서 먹을 것을 주고 돌아왔다. 그래서 후세 사람이 그 돌을 태종대(太宗臺)라고 하였다.

○ 백암(白巖) 김 제(金濟)는 고려 말년에 평해군(平海郡) 지사가 되었는데, 혁명이 났다는 말을 듣고 바닷가에 가서 통곡하며 「배를 불러 함께 노중련의 간 곳을 묻노니, 5백 년 된 지금의 일개 신하

일세. 이 외로운 넋이 사라지지 않는다면, 원컨대 붉은 해 따라서
천지에 비치리(呼船同問魯仲連津 五百年今一介臣 可使孤魂能不死 願隨
紅日照中垠)」하는 시를 지었다. 그리고 처자와 작별한 후 패랭이를
쓴 채 배를 타고 바다로 들어갔는데, 어디까지 갔는지 알 수가 없
었다.

○ 충정공(忠貞公) 농암(籠巖) 김 주(金澍:白巖의 아우)가 사신으
로 명나라에 갔다가 돌아올 때, 압록강에 도착하여서야 비로소 나
라가 망한 것을 알고 강가에서 통곡했다. 그러다가 부인에게 「충신
은 두 임금을 섬기지 않고 열녀는 두 남편으로 바꾸지 않는 법이
오. 그러니 내 이제 강을 건너간대도 내 몸을 붙일 곳이 없소. 이
에 조복과 신을 보내어 이것으로 신적(信跡)을 삼는 것이니, 부인
이 세상을 떠난 후에 이것으로 합장(合葬)해서 우리 부부의 무덤을
만들고, 또 내가 압록상에 이르러 숭국을 바라본 날을 나의 제사날
로 하시오」하는 편지를 쓰고, 마침내 오랑캐 땅으로 가서 숨었다.

○ 도은(陶隱) 이 숭인(李崇仁)은 고려 때 벼슬이 제학(提學)에 이
르렀는데, 정 도전(鄭道傳)과 함께 목은(牧隱)에게 배워 재주와 명
성이 서로 같았으나 그 뜻은 달랐다. 그 때문에 도전은 불평을
품었다.
  태조가 즉위한 후, 도전은 그 사인(私人) 황 거정(黃居正)을 공이
귀양가 있는 고을에 수령으로 내보내, 공에게 수백 대의 매를 때리
고 말에 싣고 수백 리를 달려가서 죽이게 했다.
  일찌기 공은 「산 북쪽과 산 남쪽에 가느다란 길이 나뉘었는데,
송화가 비에 젖어 어지러이 떨어지네. 도인이 우물을 길어 모사(茅
舍)로 돌아오니 한 줄기 푸른 연기가 흰 구름에 물들었네(山北山南
細路分 松花含雨落紛紛 道人汲井歸茅舍 一帶靑煙染白雲)」라고 했다.

○ 문정공(文靖公) 목은(牧隱) 이 색(李穡)이 일찌기 장단(長湍) 별

장에 있을 때, 야은(冶隱) 길 재(吉再)가 가서 거취에 대해서 물었다. 그러자 공은 말하기를, 「마땅히 각자 그 뜻을 행할 것이다. 우리는 대신이니 국가와 휴척(休戚 : 기쁨과 근심 걱정)을 같이해야 하므로 갈 수가 없지만 너는 가는 것이 옳다」 했다.

야은은 이 말을 듣고 그 거취를 정했다.

○ 송산(松山) 조 견(趙狷)은 본래 이름이 윤(胤)이니, 개국 훈신(開國勳臣) 준(浚)의 아우이다. 고려가 망하자 공은 통곡하다 두류산(頭流山)으로 들어가서 「나라가 망했는데도 죽지 못하니 나는 개나 한가지로다」 하고 이에 이름을 고쳐 견이라 했다.

태조가 그를 호조전서(戶曹典書)로 임명하고 글로 불렀으나, 공은 회답하기를 「원컨대 송산의 고사리를 캘지언정 전하의 백성이 되기는 원치 않습니다」 하고, 결국 응하지 않고 그 길로 청계산(淸溪山)으로 들어갔다.

후에 태조가 청계(淸溪)에 거동했는데 그는 숨어서 나오지 않았다. 그러다가 태조가 그 지조를 가상히 여겨 빈주(賓主)의 예로 만나기를 청하니, 그제서야 견은 나와서 만났다. 그러나 읍(揖)만 하고 절은 하지 않았고, 감히 하지 못할 말을 많이 하였으나 태조는 모두 용납했다.

또 태조는 어명으로 청계 한 구역을 봉해 주어 거기에 거주하게 했으나, 공은 끝내 살지 않고 양주(楊州) 송산(松山)으로 들어가 그 지명을 호로 삼았다.

공은 임종에 자손들에게 경계하기를 「너희들은 벼슬 이름을 써서 나에게 누(累)가 되게 하지 말라」 했는데, 자손들은 감히 그럴 수가 없어서 묘표에 벼슬 이름을 썼다. 그랬더니 어느 날 벼락이 쳐서 부서지고 다만 「趙公之墓」 넉 자만 남아 있다.

○ 야은(冶隱) 길 재(吉再)는 나라가 장차 망할 것을 알고 벼슬을 버리고 선산(善山)으로 돌아가서 도학(道學)을 강명(講明)하는 데 힘

썼다.

정종(定宗)이 태상박사(太常博士)라는 벼슬로 불렀으나 「계집은 두 지아비가 없고 신하는 두 임금이 없으니, 고향에 돌아가 두 성(姓)을 섬기지 않는 뜻을 완수하겠읍니다」라는 글을 올리니, 임금이 이를 허락했다.

세종(世宗) 초년에 절의를 높이고 장려하는 뜻으로 그 아들 사순(師舜)을 불러 쓰게 되었는데, 떠나기에 앞서 공은 「너는 마땅히 고려로 향한 나의 마음을 본받아서 너의 조선 임금을 섬기도록 하라. 이것이 네 아비의 마음이요, 그 외에는 바라는 것이 없다」라고 경계했다.

○ 서 견(徐甄)은 금천(衿川)으로 물러가 「천 년 된 도읍이 아득히 멀리 떨어져 있는데, 어진 신하는 똑똑하게 밝은 임금을 돕네. 세 나라를 통일하여 하나로 만든 공은 어디로 갔는가. 문득 전왕조의 운수가 길지 못한 것이 한스럽도다(千載神都隔渺茫 忠良濟濟佐明王 統三爲一功安在 却恨前朝業不長)」라는 시를 지었다.

이 시를 가지고 대간(臺諫)이 죄주려 하자, 태종은 얼굴빛을 변하고 「견(甄)은 고려를 위하는 신하로서 시를 지어 이를 표현한 것이니, 백이 숙제(白夷叔齊)와 같은 사람이다. 상은 줄지언정 죄줄 수는 없다」고 했다.

○ 석탄(石灘) 이 양중(李養中)은 고려 말년에 벼슬이 형조참의(刑曹參議)였었는데, 혁명이 나자 새 왕조의 신하 노릇은 하지 않는다는 절개를 지켜 광주(廣州) 시골집에 숨어 살면서 임금의 부름에 응하지 않았다.

태종이 등극하기 전의 친구라 하여 그를 매우 극진히 돌보아 주어 한성윤(漢城尹)에 임명했으나 역시 받아들이지 않았다.

하루는 태종이 광주에 거동했다가 옛 이야기를 하려고 불렀다. 공은 야복(野服) 차림에 거문고를 끼고 와서 절하고는, 병 술에 생선 안주로 즐겁게 놀다가 돌아갔으나 끝내 그 뜻을 돌리지 않았다.

이에 태종은 특별히 그 아들에게 벼슬을 주어 격려하고 항상 임금의 반찬을 나누어 보내면서 안부를 물었다. 그 아우 암탄(巖灘) 양몽(養蒙)도 공의 마음과 거의 같았다.

○ 둔촌(遁村) 이 집(李集)은 학문과 지조와 절개가 있어 목은, 포은, 도은의 삼은(三隱)이 매우 공경했다.

그런데 신 돈(辛旽)의 문객에게 미움을 받아 장차 있을 화를 헤아릴 수 없게 되자, 그 아버지를 업고 남쪽으로 도망했다. 그리하여 동갑인 영천(永川)의 사간(司諫) 원 도(元道)의 집에 숨었다가, 신 돈이 주살을 당하자 여주로 돌아가 살면서 끝내 나오지 않았다.

○ 여천백(女川伯) 남 을진(南乙珍)은 포은, 야은 등 여러 어진이와 도의로써 사귀었으나 왕씨의 정치가 어지럽자 물러가서 사천(沙川)에 숨었다.

등극한 태조는 옛 친구라 해서 손수 편지를 써 가지고 충경공(忠景公)에게 명하여 공을 맞아오게 했다. 공은 문무의 재주를 겸비하였으므로, 태조가 항상 존경하고 소중히 여겼던 것이다.

그러나 공은 「나는 늙도록 여기서 살다가 죽기로 맹세했다」 하고 고집하며 누워서 응하지 않았다. 이에 충경(忠景)이 울면서 「주(周)나라가 은나라의 난을 평정하는 데는 열 사람의 충신이 있었읍니다」라고 했다. 그러자 공은 「나는 백이를 따라 서산(西山)에서 고사리를 캐런다」라고 했다.

이 말을 듣고 태조는 「내 높은 선비와 함께 새 나라를 교화시키려 했으나 끝내 기꺼이 오지 않으니, 차라리 그 충성된 절개를 새겨서 후세에 권하는 것만 못하다」라고 탄식했다.

○ 상촌(桑村) 김 자수(金自粹)는 태조의 옛 친구로서, 맨 먼저 불러서 대사헌(大司憲)을 시키려 했으나 공은 침묵하고 끝내 응하

지 않았다.

뒤에 태종(太宗)이 또 형조판서로 부르자 공은 가묘(家廟)에 가서 절하고 그 아들에게 명하여 관(棺)과 염습할 제구를 가지고 따르게 했다. 그날로 길을 떠난 그는 광주(廣州) 추령(秋嶺)에 이르러 그 아들에게 「이 땅이 곧 나의 죽을 곳이니, 내 뜻은 이미 결정되었다」하고 말한 다음, 약을 먹고 자살했다.

○ 효녕대군(孝寧大君)은 천성이 총명하여 나이 스물이 되기 전에 학문과 덕성(德性)이 이미 이루어졌고, 또 활을 잘 쏘았다.

그 형 양녕(讓寧)은 장차 왕위를 사양하고자 하여 병을 칭탁하였다. 어두운 때 양녕이 효녕의 처소로 와서 비밀히 말하기를 「그대는 내 병의 원인을 아는가?」하니, 「이미 알고 있읍니다」라고 했다. 양녕이 「그대는 장차 어찌하려는가?」하니 효녕은 말없이 합상(合掌)하여 보였다. 후에 그는 산으로 들어가 스님이 되었다.

○ 신라 진흥왕(眞興王) 때에 두 높은 관리가 같은 마을에 살았는데, 한 사람은 아들을 낳아 이름을 백운(白雲)이라 했고, 한 사람은 딸을 낳아 이름을 제후(際厚)라 했다.

이 두 집은 서로 혼인을 약속했는데, 백운이 15세에 소경이 되었으므로 제후의 부모는 딸을 딴 곳으로 시집보내려 했다. 이리하여 제후는 무진(茂榛) 태수 이 교평(李佼平)에게로 시집을 가게 되었는데, 떠나기 전에 백운에게 비밀히 이르기를 「내가 부모의 명령을 듣지 않으면 불효가 되므로 갈 수밖에 없지만, 일단 무진으로 간 후에는 죽고 사는 것이 내게 달렸으니 그대는 하루 속히 나를 찾아 옛날 맺은 약속을 이행하도록 하세요」라고 했다.

이 교평에게로 온 제후는 「택일을 해서 그대의 집으로 들어가겠다」하고 밤에 백운과 둘이 도망했다. 그런데 도중에 도둑을 만나서 제후가 납치되는 불상사가 일어났다. 그러자 백운의 하인 김 천(金闡)이 도둑을 쫓아가 죽이고 제후를 찾아다 주었다. 이 사실이 조정에 알려지자 임금은 「세 사람의 신의가 갸륵하다」 하고 모두 벼슬을 주었다.

○ 진평왕(眞平王) 때 율리(栗里)라는 마을에 설씨(薛氏)라는 여자가 있었는데 얼굴이 몹시 예뻤다. 그 아비가 변방으로 수자리를 살러 나가게 되었는데 나이가 많은데다가 병을 앓고 있어서 이를 근심하고 있었다.

사량(沙梁) 사람 가실(嘉實)이 이 소식을 듣고 설씨에게 「내가 그대 아버지 일을 대신하겠소」라고 했다. 이에 설씨의 아비가 가실에게 사례로써 딸과의 혼인을 약속했다.

가실이 물러나와서 설씨에게 혼인 날짜를 정하자고 하자, 설씨는 「혼인이란 인륜의 대사인데 어찌 창졸간에 이룬단 말이오. 그대가 돌아오기를 기다렸다가 날을 가려 성례해도 늦지 않을 것이오」 하고 거울을 깨어 신표로 삼아 나누어 가졌다.

가실이 떠난 후로 나라에 어려운 일이 많아서 6년이 되도록 돌아오지 못했다. 이에 그 아비는 딸에게 「처음에 3년으로 기약했던 것이 이제 6년이 되어도 돌아오지 않으니 마땅히 딴 곳으로 시집가야겠다」고 했으나, 딸은 「저는 차마 신의를 버리고 거짓말을 할 수 없읍니다」라고 했다.

그러나 그 아비는 딸의 나이가 너무 많아지는 것을 걱정하여 딴 곳으로 혼인을 정하여 날짜까지 잡았다. 이에 설씨는 도망해 나와서 가실을 찾아 나섰다. 도중에 수자리를 끝내고 돌아오는 가실과 마주쳤으나, 그 모양이 하도 수척하여 처음에는 알아보지 못했다. 그러다 마침내 거울을 꺼내서 맞춰 보고서야 그가 가실임을 알았다. 후에 두 사람은 부부가 되어 잘 살았다.

○ 고구려 평원왕(平原王) 때 온달(溫達)이라는 사람이 집이 몹시 가난해서 남루한 옷차림으로 날마다 밥을 빌어다가 어머니를 봉양했다. 그 모습을 보고 사람들은 그를 가리켜 바보 온달」이라고 불

렀다.

어느 날, 온달이 산에서 느릅나무 껍질을 지고 돌아오니 왕녀(王女)가 찾아와서 보고 말하기를 「그대는 나의 배필이오」라고 했다. 온달이 괴이하게 여겨 그 이유를 물어 보니, 왕녀는 어렸을 때 너무 울어서 왕이 희롱삼아 「너는 울기만 하니 마땅히 온달에게로 시집보내야겠다」라고 했었다 한다. 그런데 왕이 상부(上部)의 고씨(高氏)에게로 시집보내려 하자 「왕이 거짓말을 해서야 됩니까?」 하고 온달을 찾아온 것이라 하였다. 두사람은 마침내 부부가 되었다.

왕녀는 자기가 가지고 온 패물을 팔아서 집과 땅을 사고, 또 말을 많이 길러서 온달이 필요할 때 쓰도록 했다. 왕은 사냥을 즐겼는데, 온달이 말을 타고 앞에서 달리자 놀라고 이상히 여겼다.

주무왕(周武王)이 침공해 들어오자, 왕은 사산(肆山)에서 적을 맞아 싸웠다. 이때 온달이 먼저 올라가 적을 물리쳐서 제일 큰 공을 차지했다. 그러나 신라와의 아차성(阿且城) 싸움에서 날아오는 화살을 맞고 죽었다. 그런데 장사를 지내려 하자 관(棺)이 움직이지 않았다. 이것을 보고 그 아내가 와서 관을 어루만지면서 죽고 사는 것이 이미 결정이 났으니 돌아가라 하니, 드디어 관이 움직여 들어다가 장사지냈다.

○ 신라 가림군(加林郡)의 한 여인이 소나(素那)라는 사람의 아내가 되었다. 소나가 전쟁터에 나가서 죽자, 어떤 사람이 와서 그 아내에게 조상했다. 그러자 아내는 울면서 「죽은 남편이 항상 대장부가 마땅히 왕사(王事)에 죽을 것이지 어찌 집사람의 수중(手中)에서 죽는단 말인가 하더니, 이번에 죽은 것은 그의 평소의 뜻입니다」라고 했다.

○ 고려 말년에 해적(海賊)이 크게 침입해 와서 강호문(康好文)의 아내 문씨(文氏)가 포로로 잡혀 몽불산(夢佛山)에 이르렀는데, 돌언덕의 높이가 천척(千尺)이나 되었다. 이것을 보고 문씨는 「적에게

몸을 더럽히면서 살기를 구하느니 차라리 몸을 깨끗이 하여 죽는 것이 낫겠다」하고 즉시 몸을 날려 밑으로 떨어졌다. 그런데 그 밑에 등덩굴과 담쟁이덩굴이 얽혀 있어서 죽지 않고, 3일 만에 적이 물러나자 집으로 돌아올 수 있었다.

○ 고려의 공민왕(恭愍王) 때 어느 형제가 같이 길을 걸어가다가, 아우가 황금 두 덩어리를 얻어서 그 중 하나를 형에게 주고 양천강(陽川江)에 이르러 같이 배를 타게 되었다. 그런데 이때 아우는 갑자기 자기가 가지고 있던 금덩어리를 물 속에 던졌다. 형이 괴이하게 여겨 묻자 아우는 「내가 평생에 형님 사랑하기를 매우 독실히 했었는데, 금덩어리를 나누어 갖고부터는 형님을 꺼리는 마음이 싹트고 있으니 이는 상서롭지 못한 물건이므로 강에 던져 잊는 것만 못합니다」라고 했다. 이 말을 듣고 그 형은 「네 말이 옳다」하고 역시 금덩어리를 강물에 던졌다. 같은 배에 탔던 사람들이 성명을 물었으나, 그들은 대답하지 않고 그대로 가 버렸다.

경   신 (敬身 : 몸을 공손히 함)

○ 문충공(文忠公) 이 인복(李仁復)이 일찌기 말하기를 「내 성질이 편협하고 급해서 실언(失言)하는 일이 있을까 두려워 참는 것으로 몸을 지켰더니, 이젠 늙었는데도 오히려 마음이 움직이는 것은 깨닫지 못하니 이는 나의 수양이 부족한 탓이다」라고 했다.

○ 야은(冶隱) 길 재(吉再)는 항상 밤이면 만 가지 생각을 거두고 조용히 앉아 말하지 않고 있다가 밤중이 되어야 자고, 이튿날이면 일찍 일어나 의관을 갖추고 사당에 가뵙고 나서, 서당으로 물러나와 단정히 앉아서 도학을 강명(講明)하여 해가 저물도록 게으르지 않았다.

○ 문정공(文正公) 국재(菊齋) 권 부(權溥)는 눈으로는 아름답게 꾸민 여자를 곁눈질하지 않고 입으로는 재물 이야기를 하지 않았으며, 자질(子姪) 대하기를 손님 대하듯 하고, 종들 보기를 높은 사람 보듯 했다.

○ 문정공(文正公) 김 태현(金台鉉)은 말하고 행동하는 것을 예에 따라서 하고, 낮에는 눕지 않았으며 더워도 옷을 벗지 않았다.
　무열왕(武烈王) 때에 간신이 당(黨)을 나누어 임금과 부자 사이를 이간해서 부자가 정이 통하지 않자, 공이 그 사이에서 주선하여 한결같이 공변되게 하니 아무도 말하는 이가 없었다.

○ 문경공(文敬公) 허 공(許珙)은 여럿이 있는 데서는 입을 삼가고, 편안히 있을 때도 마치 큰 손님을 대한 듯이 했다.

○ 포은 선생은 종일 단정히 앉아서 손을 두 무릎에 놓고 조용히 움직이지 않았다. 배를 타고 명나라에 가거나 일본에 갈 때 풍랑을 만나 위급하게 되면 생각을 더욱 정숙히 하고 정신을 더욱 청명히 하였으며, 옷깃을 여미고 몸을 단정히 하여 마치 방안에 앉아 있는 것과 같았다.

○ 문정공(文正公) 이 공승(李公升)은 행동이 높고 깨끗했다. 일찌기 사신으로 금(金)나라에 갔는데, 이때 모든 사신에게 은(銀) 한 근씩을 주었으나 공은 1전도 받지 않았다.
　의종(毅宗)이 달밤에 청녕재(淸寧齋)에서 놀다가 공을 눈으로 가리키면서 「가을 달이 맑게 떠오르고 한 점 티끌도 없으니 바로 공승의 가슴속과 같도다」라고 했다.

○ 산원(散員) 노 극청(盧克淸)이 집이 가난해서 살고 있는 집을 팔려고 해도 팔리지 않더니, 일이 있어 이웃 고을에 간 동안에 그

아내가 낭중(郎中) 현 덕수(玄德秀)에게 백금 12근을 받고 팔았다.

극청이 돌아와서 이 사실을 알고 덕수를 찾아가「내가 이 집을 살 때는 겨우 백금 9근을 주고 샀고 수년 동안 살면서 연목 하나 보탠 것이 없는데 3근을 더 받는다면 말이 되겠소? 청컨대 도로 받아주시오」하니, 덕수는「그대가 의리를 지킨다면 어찌 나라고 의리가 없겠소? 더구나 물가란 높을 때도 있고 낮을 때도 있는 법인데」하고 끝내 받지 않았다.

그러나 극청은 다시「내가 평생에 의리 아닌 일은 하지 않았는데 어찌 헐하게 산 물건을 비싸게 팔아서 그대의 재물을 축내겠소? 그대가 내 말을 듣지 않는다면, 집값을 다 돌려주고 팔지 않겠소」하여 서로 사양하여 결말이 나지 않았다.

이 말을 듣는 사람들이 모두「지금 세상에 서로 이익을 가지고 다투는 이런 사람들도 보겠구나!」라고 감탄했다.

○ 충정공(忠正公) 이 공수(李公遂)가 연경(燕京)에서 돌아오는데 말이 몹시 피로해했다. 여산참(閭山站)에 이르렀을 때, 아무도 없는 들 가운데에 벼가 쌓여 있는 것을 보고 종이 말에게 갖다 먹였다. 그러자 공은 벼 한 묶음에 포목 몇 자냐고 물어서 곡식값만큼 포목을 끊어 곡식 위에 놓아 두고 가던 길을 갔다.

이것을 보고 종이「저 포목은 길가는 사람이 가져갈 것인데 무슨 소용이 있겠읍니까?」라고 하자, 「그렇게라도 해야 내 마음이 편안해서 하는 일이다」라고 했다.

○ 유 응규(庾應圭)는 일찌기 남경(南京)의 수령으로 있을 때 물건 하나라도 남의 것을 받지 않았다.

그 아내가 병을 앓는데 겨우 나물죽만 먹으므로, 아전 하나가 비밀히 꿩 두 마리를 보내 주었다. 그러자 그 아내는「내 남편이 평생에 남이 주는 것을 받지 않았는데, 어찌 내 구복(口腹)을 위하여 남편의 맑은 덕에 누가 되게 하리요」하고 받지 않으니, 그 지방 사람들이 지금까지도 그 말을 한다.

통 론(通論)

○ 신라 진평왕(眞平王) 때에 사량(沙梁) 사람 귀산(貴山)이 추항 (箒項)과 사이좋게 지내며 그 스승에게 함께 가르침을 받았다. 즉, 첫째는 임금을 충성으로 섬길 것, 둘째는 어버이를 효도로 섬길 것, 세째는 친구를 믿음으로 사귈 것, 네째 싸움에 나가서 물러서 지 않을 것, 다섯째 산 생명을 죽일 때는 가려서 할 것들이었다.

후에 백제가 침범했을 때 귀산과 추항이 모두 소감(少監)으로서 나가 막았는데, 신라 군사가 힘이 다하여 후퇴하게 되었다. 그러자 귀산이 말했다. 「내 일찌기 스승에게 가르침을 받을 때 싸움에 임 해서는 물러서지 말라고 배웠는데, 어찌 그 가르침을 어길 수 있으 랴?」 이에 추항 또한 「벗을 사귈 적에 믿음으로 하라 했는데, 어 찌 그 가르침을 어기랴?」 하고 함께 힘껏 싸우다가 죽었다.

이에 신라왕이 여러 신하들을 거느리고 아방(阿邦) 들에 나가, 예로 장사지내 주었다.

○ 백결 선생(百結先生)은 낭산(狼山) 밑에 살았는데, 집이 몹시 가난해서 옷을 백 번이나 기워 입었기 때문에 백결(百結)이라는 호 를 얻었다.

섣달 그믐께가 되자 이웃에서 떡방아를 찧었다. 그 소리를 듣고 아내가 탄식했다. 「모두들 곡식이 있는데 나만 홀로 없으니 어떻 게 한 해를 보낸단 말인가?」 그러자 선생은 「대체로 죽고 사는 것 은 운명이고, 부자 되고 귀하게 되는 것은 하늘에 달려 있으니, 그 오는 것은 막을 수 없고 그 가는 것은 좇을 수가 없거늘 그대는 무 엇을 마음 상해하시오?」 하고 거문고로 방아소리를 내니, 세상에 서 이것을 대악(碓樂)이라고 했다.

○ 설문양공(薛文良公) 공검(公儉)은 물건 접하기를 검소하게 하고 몸 갖기를 공손하게 했다. 조정 관리 6품(品) 이상인 사람이 친상(親喪)을 당하면 비록 본래 모르는 사람이라도 반드시 소복을 입고 가서 조상했고, 자기를 찾아오는 자가 있으면 귀천을 가리지 않고 신을 거꾸로 신을 정도로 급히 나가서 맞았다.

○ 이 익재(李益齋)는 남의 조그만 선행이라도 그것을 듣지 못할까 두려워하고, 선배들이 한 일은 비록 작은 일이라도 어렵게 여겼다.

○ 한 유한(韓惟漢)은 지리산에 숨어서 몸을 맑게 닦고, 절개가 곧아 세상에서 그 풍격을 높이 평가했다.
고려왕이 그 소식을 듣고 사자를 보내서 맞아 오려 하자, 그는 사양하기를 「멀리 있는 신하는 아는 것이 없읍니다」 하고 문을 닫고 나오지 않았다. 이에 사자가 기다리다 못해서 문을 밀치고 들어가 보니, 벽 위에 다음과 같은 시 한 구절을 써붙여 놓은 채 뒷문으로 도망가고 없었다. 「한 조각 임금의 명령이 마을로 들어오니, 비로소 내 이름 세상에 있는 줄 알겠도다. (一片絲綸來入洞 始知名字落人間)」

○ 공민왕 때에 유 탁(柳濯)이 시중(侍中)으로 있었다. 이때 원나라 사신이 왔는데, 그 행동이 몹시 눈에 거슬렸다. 왕에게도 자못 거만하게 굴고, 재상과는 한자리에 앉으려고도 하지 않았다.
그러나 탁을 보더니 그 태도가 매우 공손해졌다. 이 목은(李牧隱)이 이를 보고 좌우에 이르기를, 「유 시중(柳侍中)은 그 행동이 예에 맞으니 그가 중하게 보이는 것은 당연하다」라고 했다.

○ 정 포은(鄭圃隱)이 말하기를 「선비 된 자의 도리는 매일 쓰고 평상시에 행하는 일에도 따르는 것으로서, 음식이나 남녀 사이의

일이 남과 다 같은데도 지극한 이치가 있는 것이다. 요순(堯舜)의 도도 여기에 벗어나지 않아서 행동하고 말하는 것이 바르면 곧 요순의 도이다」라고 했다.

○ 이 목은(李牧隱)이 말했다. 「대체로 어버이를 섬기고 임금을 섬기는 도(道)는 같다. 정자(程子)는 자기 몸을 다하는 것을 충(忠)이라 가르치고 있으니, 효(孝)도 역시 충이다. 신하가 되어 자기 몸을 다하는 것은 조정에 있어서의 충성이요, 자식이 되어 자기 몸을 다하는 것은 집안에 있어서의 충성이다. 벼슬하면 기뻐하고 그만두면 노여워하는 것은 임금에 대해 자기 몸을 다하지 못하는 것이요, 가까이 있으면 친하고 멀리 있다고 해서 잊는다면 어버이에 대해 자기 몸을 다하지 못한 것이다. 효도란 멀고 가까운 것으로 해서 달라져서는 안 되고, 충성은 벼슬하거나 그만두었다고 해서 변해서는 안 되는 것이니, 자기 몸을 다한 자가 아니면 어찌 능히 하겠는가?」

제 5 권

가　언(嘉言)

글은 자세히 읽지 않으면 안 되고, 이치는 익히 강구하지 않으면 안 되고, 마음 갖는 것은 공평하게 하지 않으면 안 되고, 일하는 것은 굳게 하지 않으면 안 되고, 물건에 응하는 것은 지혜를 쓰지 않으면 안 된다.

김 창협(金昌協)

광 입교(廣立敎 : 가르침을 넓힘)

○ 퇴계 선생이 일찌기 문인들에게 말했다. 「타고난 기품의 기(氣)와 혼백의 백(魄)을 합쳐서 이름하기를 기백(氣魄)이라고 하는 것이니, 백이란 곧 음(陰)의 신령스러운 것이다. 음의 성질은 능히 가지고 지켜서 안정함을 얻기 때문에, 모든 사람들이 복록(福祿)을 누리고 지켜서 사업을 담당하여 나가는 것은 모두 그 백(魄)이 하는 것이다. 그런 까닭에 기백이 크고 성한 자는 복록과 사업도 또한 따라서 크고 성한 것이다.

진실로 성인(聖人)의 말에 있어서 자기 몸에 맞는 것은 취하고, 자기 몸에 맞지 않은 것은 억지로 내 몸과 같게도 하고 혹은 배척하여 그르다고도 한다. 그러나 비록 당시의 온 천하 사람들이 나와 함께 그 시비를 가리는 자가 없더라도 천만 년 후에 성현이 나와서 내 흠을 지적해 내고 나의 숨은 병을 깨칠 자가 없겠는가? 이야말로 군자가 부지런히 내 뜻을 숨기고 말을 살펴 의리에 복종하고 착한 일을 하면서 감히 일시라도 남을 억지로 이기려고 하지 않는 까닭인 것이다.」

선생은 또한 「유가(儒家)는 글과 뜻이 스스로 구별되는 것이니 글공부만 하는 것이 선비가 아니요, 과거에 급제만 하는 것이 선비가 아니다. 세상의 허다한 영재(英才)들이 속된 학문에 빠져 있으니 다시 어떤 사람이 있어서 능히 이 과거의 병통을 깨쳐 없애겠는가?」라고 탄식했다.

○ 정암 선생(靜庵先生)이 조정에서 말했다. 「폐조(廢朝) 때에는 문장만을 가지고 불시에 사람을 뽑았기 때문에, 선비란 자는 항상 붓과 먹만 가지고 다니며 그 행동은 대단치 않게 여겼다. 그런 사람은 다만 제 몸만 영화롭게 하고 일신만 살찌기를 바랄 뿐이니,

국가에 무슨 이익이 되었겠는가? 선비의 습관이 바르기만 하면 비록 과거(科擧)가 있어도 해로울 것이 없다. 그런데 웃사람이 과거를 소중하게 여기지 않음으로써 사람들이 웃사람들의 뜻에 맞추어 그 좋아하는 대로 하다 보니 자연히 과거의 가치가 떨어진 것이다.」

○ 일두 선생은 학문을 하는 데 있어 독실한 것으로 근본을 삼았다. 일찌기 선생이 말했다. 「내 바탕은 남보다 모자라니 만일 충분히 공들이지 않으면 어찌 조그만 효험인들 있으리요? 비유컨대 메마른 밭에 씨를 뿌리면 곡식이 무성하지 못하고, 기름진 땅에는 싹이 쉽게 자라는 법이니, 만일 심고 김매 주는 힘이 없다면 아무리 좋은 땅이 있은들 또한 무슨 이익이 있으랴.」

○ 사가(四佳) 서 거정(徐居正)의 《허곡기(虛谷記)》에 다음과 같은 말이 있다. 「천지가 비어 있지 않으면 여러 가지 물건을 용납할 수 없고, 하해(河海)가 비어 있지 않으면 많은 냇물을 받아들일 수가 없고, 산이 비어 있지 않으면 많은 짐승들을 숨겨 줄 수가 없다. 만 가지 구멍은 지극히 열려 있기 때문에 바람소리가 울리고, 만 가지 틈은 지극히 벌어져 있기 때문에 해와 달의 빛이 비쳐 오는 것이다.」

○ 사숙재(私淑齋) 강 희맹(姜希孟)이 말했다. 「옥을 다듬지 않으면 그릇이 이루어지지 않고, 쇠를 달구지 않으면 칼을 만들 수 없다. 옥의 용도는 그릇을 만드는 것인데 다듬기는 반드시 모래나 돌로 해야 하고, 쇠의 용도는 칼을 만드는 것인데 달구기는 풀무와 숯으로 한다.
진실로 모래나 돌, 풀무나 숯의 더러움을 싫어해서 만지기를 부끄럽게 여긴다면 옥은 나무 속에 묻어 두고 쇠는 돌 속에 감추어 둘 뿐이니, 어찌 좋은 그릇을 만들고 이름있는 칼을 만들어서 기이

한 보배로 삼을 수 있겠는가?」

○ 《훈자설(訓子說)》에 다음과 같은 말이 있다. 「아비가 자식 대하기를 마치 농부가 곡식을 대하듯이 하라. 곡식을 제대로 재배하지 못하면 끝내는 굶주리는 근심을 맞이하게 되고, 자식 가르치는 것을 이루지 못하면 끝내 외롭고 위태로운 화를 당하게 된다. 그러니 그 거름 주고 김매주는 것이나 가르치고 격려해 주는 것을 어찌 조금이라도 마음에 늦출 수 있으랴?

자제들을 기르면서 그 부형이 부귀를 누릴 뜻을 품게 되는데, 생각컨대 사람마다 모두 이와 같을 것이다. 그런데 저들이 어찌 오늘날 가볍고 따뜻한 비단옷을 입는 것이 누추하고 성긴 것을 입던 전날의 검소했던 덕이며, 부드럽고 맛있는 음식을 먹는 것이 곧 전세상에 거친 것을 먹은 덕임을 알랴?」

○ 모재 선생(慕齋先生)이 일찌기 자제들에게 가르치기를 「겸손과 공손함은 곧 군자의 위엄있는 덕이니, 너희들은 이 말을 평생토록 기억할 것이다. 너희들이 일찌기 내가 남에게 거만하게 대하고 남의 과실을 말하는 것을 보았느냐? 차라리 죽을지언정 자손들이 이런 일을 행하는 것을 원치 않는다」라고 했다.

○ 주 신재(周愼齋)가 그 조카에게 보낸 글에 말하기를 「흙의 맥이 기름지면 거기에서 나는 풀은 반드시 무성하고, 한 집이 화목하면 거기에서 생기는 복이 반드시 성한 것이다」라고 했다.

○ 정 한강 선생은 회연초당(檜淵草堂)을 짓고, 시골 친구들이나 제자들과 약속하여 매월 초하루마다 강습(講習)하기로 했다. 그 약속한 글에서 다음과 같이 말했다. 「이 약속을 한 사람은 각각 스스로 몸을 단속하여 글을 읽고 행동을 닦아야 한다. 비록 지혜에 깊고 얕은 것이 있고 재주에 높고 낮은 것이 있더라도 그 뜻은 반

드시 옛 사람을 배워야 한다. 반드시 그 우의(友誼)를 바르게 하여 그 이로움을 꾀하지 말고, 그 도를 밝게 하여 그 공을 따지지 않는다. 부귀에 급급하지 말고 빈천에 너무 구애받지 말 것이며 거의 유자(儒者)의 기미(氣味)가 있어서 모름지기 자로(子路)의 의리와 용기 있는 기상으로써 초연히 이익과 세력에서 벗어나며, 부귀로 해서 마음을 움직이지 않은 뒤에라야만 인욕을 없애고 천리(天理)로 나아갈 수가 있을 것이다. 정자(程子)가 말하기를, 벼슬을 대수롭게 보고 배우는 자는 모름지기 부귀와 친해지는 것에 마음을 두지 말아야 하는 것이니, 각자가 현재 당해 있는 처지에서 지나간 일을 너무 뉘우치려 하지 말고 자기 기질이 미치지 못하는 것을 한하지 말고 오직 마음에 새기고 스스로 힘써야 그 공이 백 배로 나타날 것인데, 지금 사람들은 어찌 옛 사람에 미치지 못하는 것을 걱정한단 말인가?

높게는 성현이 될 것이요, 낮게도 길한 사람이나 착한 선비의 지위는 잃지 않을 것이니, 오직 나의 힘쓰는 것이 어떠한가에 달린 것이다.」

「성인의 성스러움과 현인의 어진 것은 이미 높고 멀고 이상해서 마치 하늘에 오르는 것과 같은 것이 아니요, 실지로는 당연한 사람의 이치인 것이다.

남자가 밭을 갈고 여자가 길쌈하는 것은 서로가 맡은 일인데, 다만 사람들이 스스로 살피지 못하는 까닭일 뿐이다. 진실로 하고자 하여 실지로 애써 실행하기를 그치지 않는다면 끝내는 도달하는 바가 있을 것이니, 이는 마치 새로 난 나무의 성장을 저해하지 않는다면 반드시 하늘에라도 닿게 되는 것과 같은 것이요, 새로 심은 곡식의 재배를 저해하지 않는다면 반드시 커서 익게 되는 것과 같은 것이니, 오직 일을 하려는 마음과 쉬지 않는 공로가 귀하기 때문에 옛 사람들은 반드시 뜻을 세우라고 말한 것이다.

이윤(伊尹)이 처음에 천하를 맡을 뜻이 없었다면 신야(莘野)의 한 농부에 지나지 않았을 것이요, 안연(顔淵)이 처음에 중니(仲尼 : 공자)를 사모하는 뜻이 없었으면 어찌 석 달 동안 누항(陋巷)에서 어진 일을 할 수 있었겠는가?

하물며 우리는 모두 맹자(孟子)가 말한 대로 요순도 될 수 있는 사람임에랴? 그러니 모름지기 스스로 분발하여 뜻을 세우고 스스로 힘써서 쉬지 않는다면, 우리 무리들 중에도 스스로 얻은 즐거움과 굽히지 않는 지조가 있을지 어찌 알겠는가?」

○ 정재(定齋) 곽 월(郭越)이 의주윤(義州尹)이 되었을 때 특히 학교를 세우는 데 뜻을 두었기 때문에 그 지방 백성들이 그를 위하여 홍학비(興學碑)를 세웠다.

그는 일찌기 말하기를, 「활 쏘고 말 타는 일도 역시 학문 중의 한 가지이다」 하고 퇴청하면 즐겨 활을 쏘았는데, 맞히지 못하는 법이 없었다. 그리고 그 자제들에게도 그것을 가르쳤다.

○ 이 한음(李漢陰)이 자제들을 가르치는 글에서 다음과 같이 말했다.

염계(濂溪) 주 선생(周先生)은 어려서부터 옛 일을 믿고 명절(名節)을 좋아하며, 스스로 몸을 닦아 자기 몸을 지극히 검소하게 하고, 벼슬살이에서 받은 봉록(俸祿)은 종족(宗族)과 친구들을 도와주어 처자에게 돌아가는 것이라곤 죽거리도 넉넉치 못했지만 아무렇게도 생각지 않을 만큼 회포가 넓고 시원했다. 거기에 고상한 취미가 있는데다가 더우기 아름다운 산과 물을 좋아하여 마음에 맞는 곳을 만나면 종일 거기에 머물면서 즐겼다. 황산곡(黃山谷)이 말하기를 「무숙(茂叔 : 濂溪)은 인품이 매우 높고 가슴 속이 시원해서 마치 비가 갠 뒤의 바람이나 달 같다」고 했다.

명도(明道) 정선생(程先生)은 타고난 바탕이 이미 남과 다르고 수양한 것이 도가 있어서, 너그럽고도 제도가 있고 화락하고도 어지럽지 않았다. 사물을 접하는 그의 눈빛은 마치 봄날의 따뜻함과 같았고 그 말을 들으면 마치 비가 곡식을 윤택하게 하는 것 같았다.

자기 몸의 행동은 안으로 공경을 주장으로 해서 행하고, 용서하는 마음으로 사람을 가르쳤기 때문에 사람이 쉽게 좇고 남에게 노여워해도 그 사람이 원망하지 않았다. 어질고 어리석고 착하고 악한 사람 할 것 없이 모두 그 마음을 이해하여서, 종일 화락한 얼굴로 지내니 일찌기 분노하고 성내는 모습을 보지 못했다.

이천(伊川) 정선생(程先生)은 학문을 지극한 정성으로 대하여, 그 말하고 행동하고 일 처리하는 것이 소통하고 간결하여 거짓스럽거나 까다로운 일이 없이, 너그럽고 사나운 것이 합당했고 씩씩하고 묵중한 것에 체통이 있었다. 그 아버지 태중(太中)의 나이가 많자 좌우에서 봉양하는 것을 어기지 않아 집안 일을 스스로 책임지고 힘을 다하여 주선하여 아무리 조그만 일이라도 반드시 눈으로 본 뒤에 처리했다. 안팎 친족이 80여 명이나 되었는데, 그 사람 가르치는 것에 있어 공손히 이치를 궁구하는 것으로 주장을 삼았다.

횡거 선생(橫渠先生)은 말에는 가르침이 있고 행동에는 법도가 있어, 낮에는 하는 일이 있고 밤에는 마음으로 얻는 것이 있었으며, 눈 깜짝할 사이에도 수양이 있고 쉬는 사이에도 마음에 얻는 것이 있었다. 일찌기 말하기를, 「글은 많이 읽고서도 잘 잊는 자는 의리가 바르지 못하기 때문이다. 의리에 의심나는 바가 있으면 즉시 옛날의 보고 들은 것을 씻어 없애고 새로운 뜻을 가져와야 할 것이다. 글을 읽으면 모름지기 욀 것이요, 바른 생각은 밤중에 조용히 앉았을 때 이루어지는 수가 많은 것이다. 얻고서도 기억하지 못하면 생각이 일어나지 않는 것이니 사람 가르치는 데는 예로써 먼저 해야 한다」고 했다.

강절 소선생(康節邵先生)이 처음에 백원산(百源山) 속에서 공부할 때 굳고 고생스러이 몸에 새기고 힘써서 겨울에도 화로불을 쬐지 않고 여름에도 부채질을 하지 않았으며, 자리에 눕지 않은 지가 수년이 되었다. 그 학문은 순일(純一)하고 잡되지 않았고, 혼후하고 커서 모난 데를 볼 수가 없었다. 정 명도(程明道)가 말하기를, 「요부(堯夫 : 康節)의 마음은 사방으로 통하고 팔방으로 틔어서 공중에서 있는 누각과 같다」고 했다.

무이(武夷) 호선생(胡先生)은 사양하고 받고 취하고 버리는 그 모든 것을 한 가닥 사소한 마음이라도 의리에 비추어 헤아렸다. 편안하고 고요하며 간결하고 침묵하여 말과 행동함이 조용했다. 항상 새벽과 저녁에 자제들이 와서 정성을 다하면 반드시 그 공부하는 바를 묻고 말하기를, 선비는 마땅히 성인이 될 생각을 해야 한다 하고, 그 게으르고 공손치 못한 것을 보면 반드시 찡그리고 말하기를, 세월이 아까우니 소인이 되지 말도록 하라 했다. 사람을 가르치는 데는 뜻을 세우는 것을 앞세워 충성과 믿음을 근본으로 삼고, 배움에 이르는 것을 이치 연구의 시작으로 삼으며, 공손하게 행동하는 것을 수양의 요점으로 삼았다.

회암(晦庵) 주선생(朱先生)은 평상시에 날이 밝기 전에 일어나서 의관을 정제하고 사당에 참배하고 나서 물러나와 서실(書室)에 앉으면 책상을 반드시 바르게 하고 서적과 기구들을 반드시 정돈했다. 부모 봉양함에 있어 그 효성이 지극했고, 아랫사람 돌보기를 매우 자애롭게 했다. 집안에서는 은혜와 의리가 도타와서 항상 화락했고, 제사에는 크고 작은 것을 가리지 않고 반드시 정성을 다하여 공경했으며, 조금만 이치에 맞지 않아도 종일 즐거워하지 않았다. 친구에 대해서는 아무리 소원해도 반드시 그 사랑하는 마음을 다했고, 향당(鄕黨)에 대해서는 아무리 미천해도 반드시 그 공손함을 다했다. 그러나 자기 몸에 대해서는, 옷은 몸을 가릴 수 있는 것이면 족했고 먹는 것은 배를 채우는 만큼만 취했으며, 거처하는 곳은 바람과 비를 가리는 곳이면 족했으니, 다른 사람들은 견딜 수 없는 곳이라도 선생은 편안하게 거처했다.

남헌 장선생(南軒張先生)은 사람됨이 도량이 넓고 명백하며 겉과 속이 훤칠했다. 이치가 이미 정하고 미더우며 도가 또한 독실했다. 자기의 허물 듣는 것을 즐거이 여기고 옳은 데로 옮기는 데 용맹스러웠으며, 또 분발하여 몸소 힘써서 터럭만큼도 그대로 머물러 두는 인색한 뜻이 없었다. 병으로 앓아서 죽게 되었는데도 입으로 하늘의 이치와 사람의 욕심에 대해서 말을 중단하는 법이 없었으니, 평일의 그 수양을 알 수 있었다. 그가 정 자명(鄭自明)에게 회답한 글에 「하늘의 이치는 연구하기 어렵고 타고난 바탕은 믿기가 어렵다. 남의 말을 잘하는 자는 자기 몸을 살피는 데는 항상 소활하고, 남의 잘못을 들추어 내는 데 버릇이 된 자는 그 하는 말에 병통이 많은 법이다」라고 했다.

우연히 송(宋)나라 때 여러 노선생(老先生)의 언행록(言行錄)을 보다가 그중에서 중요한 것을 뽑아 써서 보내는 바이니, 원컨대 아이들은 이것을 항상 보아 양심(良心)이 감동되어 나오게 하라. 아아! 부모의 심정을 너희들은 알지어다.

○ 김 학봉(金鶴峯)이 문인늘에게 홍범오복(洪範五福)의 글을 주면서 「몸이 혹시 수(壽)하지 못해도 이 마음은 실상 수를 하고, 집은 혹시 부사가 아니더라노 이 마음은 실상 부자이며, 비록 화란이 있어도 이 마음은 강녕(康寧)해야 하는 것이니, 이런 마음을 잠시라도 도에서 떠나게 하지 않아야 이것이 좋은 덕을 쌓는 것이 된다. 혹 나라를 위해서 죽더라도 제 몸을 죽여서 어진 것을 이루면 또한 명대로 다 산 것이 된다. 오복(五福)을 말하는 데는 마땅히 사람의 한 마음을 말해야 할 것이니, 이 마음이 바르면 너희에게 복되지 않을 것이 없을 것이니 너희는 이를 기억하라」고 했다.

○ 유 서애(柳西厓)가 아들 진(袗)에게 준 글에서 말하기를 「세상이 아무리 위태롭고 어려워도 남자가 마땅히 해야 할 일은 세상이 어지럽다고 해서 스스로 폐하지 말 것이니라. 허 노재(許魯齋)는 전쟁이 요란한 속에서도 동서로 피난하여 숨어서 가는 곳마다 학업을 폐하지 않았다. 이는 심상한 사람이 감히 말할 바는 못 되지만 뜻을 세우면 이같이 하지 않아서는 안 된다. 사서(四書) 공부를 하는 자에게는 부고(府庫)에 만일 이 근본되는 책이 없으면 딴 책을 읽더라도 유익함이 없을 것이니 모름지기 정밀히 생각하고 익히

읽는 것이 옳다」라고 하였다.

그는 또 일찌기 문인들에게 가르쳤다. 「학문을 한다는 것은 별달리 기이한 일이 아니라 다만 날마다 공부하는 사이에 평탄한 법도로 마음을 쉽고 명백한 데에 두고, 공을 강론하고 이치를 생각함에 있어 서두르지도 말고 게을리하지도 말고 오로지 평생 사업으로 여기고 힘써 따라가면 날이 가고 달이 가는 동안에 자연히 뜻이 생겨서 유연(油然)히 그칠 수 없게 되는 것이다. 그런데 지금 사람들은 학문의 길을 알지 못하고 먼저 남과 다르다는 것만 자처(自處)하고 이치를 찾아 연구하는 일에 힘쓰지 않기 때문에, 조금만 있어도 몸이 피로하고 기운이 막혀 여러 가지 폐해가 침입해 온다. 그런데도 끝내 그 마음을 버리지 않으면 왕왕 그 처음 먹었던 마음을 버리고, 어쩔 수 없이 허탄한 데로 흘러서 이로써 일생을 그르치는 자가 많은 것이다.」

○ 경재(慶齋) 경 세인(慶世仁)은 언제나 경연에서 임금의 마음을 열어 주는 일에 힘썼다. 항상 정 이천(程伊川)의 사부(師傅)의 설(說)을 강론하였는데, 「삼대(三代) 이하는 사부(師傅)의 직책이 없어져서 지금의 경연에서는 오직 글을 강독하는 일에만 힘을 쓰니 날로 새로와지는 공(功)에 해로울까 걱정된다」 하고, 또 말하기를, 「학교의 스승 되는 사람은 학문과 행동이 겸해서 갖추어진 사람이라야 되는 것이니, 비록 한 가지 행실이 있어도 진실로 학문이 없다면 역시 후진을 가르칠 수 없는 것이다」라고 했다.

○ 북창(北窓) 정 렴(鄭磏)이 항상 말하기를, 「성인(聖人)의 학문은 인륜을 소중히 여기기 때문에 그 묘한 곳을 말하지 않았고, 선(仙)이나 불(佛)은 오로지 남의 마음을 거두어서 성질을 보이는 것으로 근본을 삼기 때문에 깊고 어려운 이치에 통달한 사람만 있을 수 있고 낮고 쉬운 것을 배우는 자가 있을 곳은 전혀 없으니, 이것이 이 세 교(敎)의 다른 점이다」라고 했다.

○ 유 원순(兪元淳)이 항상 말했다. 「지극히 깊고 오묘한 말은 오랜 뒤에라야 맛을 깨닫게 되고, 얕고 간단한 말은 한번 들으면 즉시 기뻐한다. 그러니 배우는 자는 글을 볼 때 마땅히 익히 읽고 깊이 생각해서 기어코 맛을 얻은 후에 그만둘 것이다.」

○ 현곡(玄谷) 조 위한(趙緯韓)이 일찌기 옥당(玉堂)에서 수직(守直)하는데, 학사(學士) 한 사람이 책을 보다가 다 보기도 전에 「책만 덮으면 이내 잊어버리니 무슨 유익함이 있단 말인가?」라고 했다. 이에 공은 「사람이 먹는 밥도 항상 뱃속에 머물러 있지 않고 소화가 되어 밖으로 나가지만 그 정령(精靈)의 기운은 남아 스스로 몸을 윤택하게 한다. 글 읽는 것도 이와 같아서 보고 나서 이내 잊어도 스스로 길이 진보하는 효과가 있는 것이니, 기억하지 못한다고 해서 스스로 버릴 수는 없는 것이다」라고 하였다.

○ 장 여헌(張旅軒)이 말하기를 「허(虛)라는 것은 만 가지 실제의 창고요, 정(靜)이란 것은 만화(萬化)의 터전이다. 정(貞)은 만 가지 일의 줄기요, 겸손은 만 가지 유익한 것의 자루이며, 검소한 것은 만 가지 복의 근원이다」라고 하였다.
   또 말하기를 「글을 읽어서 그 이치를 연구하고, 힘껏 행해서 그 덕을 진보시킨다. 어느 때나 힘쓰지 않는 때가 없고 어느 곳에서나 그 생각을 게을리하지 말아야 한다. 날로 쌓아서 그 달을 마치고, 달로 쌓아서 그 해를 마치며, 해로 쌓아서 비로소 나의 생애를 마친 뒤에라야 선현(先賢)들의 이른바 환하게 뚫어 보는 경지와 가득 차고 빛나는 큰 정성이 과연 내 마음에 있을 것이니, 이는 이 몸이 이를 수 있는 곳으로서 전성(前聖)과 후성(後聖)이 나를 속이지 않은 것이다」라고 하였다.

○ 수몽(守夢) 정 엽(鄭曄)이 말하기를 「한 생각도 사실 아닌 것이 없고, 한 가지 말도 사실 아닌 것이 없어 겉과 속이 한결같이

정성스러워야 하는 것이니, 이는 곧 부지런히 힘쓰고 쉬지 않는 공부인 것이다」라고 했다.

○ 개암(介庵) 강 익(姜翼)이 말하기를, 「배우는 것은 스스로 깨닫는 것을 귀하게 여기는 것이니, 스스로 깨달은 자가 아니면 어긋나고 실수하는 데 이르기 쉽고, 일은 힘쓰는 데에 있는 것이니 힘쓰지 않는 자는 성공할 수가 없는 것이다」라고 하였다.

○ 화재(華齋) 박 광우(朴光佑)의 어머니 장씨(張氏)는 네 아들을 가르치고 기르는데, 서실(書室)을 짓고 따로 긴 목침과 큰 이불을 만들어 주어 밤이나 낮이나 같이 거처하게 했다. 또 옷 한 벌과 관 하나를 따로 만들어 두고 이것을 바꿔 입어 가면서 손님을 맞고 보내게 하여, 한만히 노는 것을 방지했다.
이에 여러 아들들도 또한 그 교훈에 감동되어 학문과 행동이 날로 성취되었다. 그중에 특히 광우는 성리(性理)의 학문에 더욱 힘쓰게 되니, 정암 선생(靜庵先生)이 자주「맹모(孟母)의 가르침을 다시 볼 수 있다」라고 했다.

○ 귀락당(歸樂堂) 이 만성(李晩成)이 그 조카 도암(陶庵)을 가르치는데 오로지 의리로써 가르쳤다. 어느 날 도암의 어머니 민부인(閔夫人)이 떡을 사서 아들에게 먹이자, 공이 좋아하지 않더니 드디어 공부하는 것을 권하지 않았다. 민부인이 그 까닭을 묻자, 공이 말했다. 「조그만 아이에게 산 떡을 먹인다면 그 습관이 익어 날로 침투될 것이니 어찌 사람이 되겠소? 배워도 쓸 곳이 없겠기에 가르치지 않는 것이오.」 이에 민부인은 부끄러워 사과하고 전같이 공부하도록 했다.

○ 참판(參判) 홍 인모(洪仁謨)의 부인 서씨(徐氏)는 감사(監司) 연수(延修)의 딸이다. 능히 한문을 통하여 경사자집(經史子集)에서 모

르는 것이 없었고 더우기 산술(算術)에도 능했다.

상서(尙書)를 읽다가 기삼백(朞三百)의 주(註)에 이르러 한번 보고 문득 해득한 일이 있었다. 세 아들을 낳았는데 첫째는 연천(淵泉) 석주(奭周), 가운데는 항해(沆瀣) 길주(吉周)이며, 끝은 해거(海居) 현주(顯周)로서, 모두 문장과 박학(博學)으로 당시 사림(士林)의 우두머리가 되었다. 이들은 모두 서씨(徐氏)가 친히 가르치고 성취시킨 큰 그릇이었다.

○ 문성공(文成公) 명재 선생(明齋先生) 윤 증(尹拯)이 말하기를 「이름을 위해서 착한 일을 하는 자는 악한 일을 하는 자보다는 낫지만, 그 마음이 이미 정성스럽지 못한 것이니, 대체로 말 한 마디, 행동 하나라도 스스로 반성하고 살펴야 한다. 이름을 위한 것이라면 아무리 착한 일이라도 역시 사사로운 일이요 이(利)를 위한 일이니, 이것을 깨끗이 없앤 뒤에라야 비로소 도에 들어갈 수가 있다」라고 하였다.

해은(海隱) 강 필효(姜必孝)가 윤 소곡(尹素谷)에게 배웠는데 윤공이 명하여 정암(靜庵)·퇴계(退溪)·율곡(栗谷)·우계(牛溪) 네 어진 이의 중요한 말들을 모아서 근사속록(近思續録)을 만들었으니 이는 대개 명재상의 남긴 뜻이었다.

해은 선생(海隱先生)이 일찌기 「하늘이 이미 나에게 인의예지의 성품을 주었고, 부모가 나를 총명한 남자의 몸으로 낳았고, 성현이 나에게 경전과 성리(性理)의 교훈을 가르쳐 주었으니 진실로 이것을 어찌 버릴 수 있으랴? 이것은 천지, 부모, 성현에게 죄를 짓는 것이다」 하고, 하늘에 고하여 스스로 맹세하고 오로지 심경(心經)·근사록 등의 글에 힘썼다.

○ 문경공(文敬公) 매산(梅山) 홍 직필(洪直弼)이 용양(龍驤)의 봉저정(鳳翥亭)에서 임금을 대했을 때, 순조(純祖)가 학문의 요점을 묻자 「학문의 요점은 오직 공격으로써 그 근본을 세우고, 이치를

연구해서 그 지혜를 이루고, 자기 몸을 반성해서 그 실제를 실천하는 것이오니, 오직 이 세 가지뿐입니다」라고 대답하였다.

공은 어려서부터 장난하는 것을 좋아하지 않아 우뚝하니 거인(巨人)의 풍모가 있었으며, 미워하고 싫어하는 것이 보통 사람과 달랐다.

마루 아래에서 비석을 다듬는 것을 보고 그 비석이 정 순붕(鄭順朋)의 묘에 세울 것이라는 것을 안 그는, 그 아버지 판서공(判書公)에게 「소인의 비석을 어찌해서 우리집 뜰에서 만든단 말입니까? 청컨대 쫓아 버리십시오」라고 하였다. 이 말을 듣고 판서공은 비록 너무 과격하다고 책망하기는 했지만 마음으로는 기특하게 여겼다.

또 권세있고 귀한 집이 이웃에 있었는데, 공은 그 후원 높은 곳에 올라가서 그 이름을 부르면서 범죄행위를 세어 들추어 냈다. 그 사람은 크게 노해 판서공을 조정에 무고(誣告)해서, 화가 장차 어느 지경에 이를지 모르게 되었던 것을 정조(正祖) 임금의 밝은 판단으로 무사할 수 있었다.

나이 17세에 비로소 학업에 뜻을 두어 근재(近齋) 박 윤원(朴胤源)의 문하에서 배우고 애써 공부하였다. 겨울에도 더운 방에 거처하지 않고 배가 고프면 솔잎을 씹으면서 책상 앞에 단정히 앉아서 학업에 열중했다. 그는 일찌기 「성인은 반드시 배워야 하고, 이 도는 반드시 들어야 한다」 하고 정밀히 생각하고 힘써 실천하니 나이 어린 것을 의식치 못할 정도였다.

광 명륜(廣明倫 : 명륜을 넓힘)

○ 중봉(重峰) 조선생(趙先生)의 유사(遺事)에 전해진다.

선생은 성품이 지극히 효성스러웠다. 계모(繼母) 김씨(金氏)는 본래 사랑이 없더니 아버지가 돌아가자 더욱 엄하게 대했다. 그러나 선생은 공경하고 효도하여 기어이 기쁘게 해드렸다. 혹 계모의 기

분이 편안치 않을 때가 있으면 밤낮으로 그 문 밖에 부복하고 있어
기분이 편안해지기를 기다렸고, 홀로 계모 곁에서 화락하게 말하
고 웃어서 기쁘게 해 주었다.

　그런 까닭에 김씨의 소생이 넷이나 있었는데 일찌기 하루도 선
생의 집에서 먹지 않은 날이 없었다. 선생이 먼저 세상을 떠나자,
김씨는 울음을 그치지 않으면서 「영형(寧馨 : 重峰) 같은 인물을 이
세상에서 어찌 다시 볼 수 있으랴?」고 하였다.

　○ 율곡 선생이 말했다. 「초상과 제사의 두 가지 예(禮)는 사람
의 자식으로서 가장 정성을 다해야 할 일이다. 이미 죽은 어버이는
뒤에 다시 봉양할 수 없으니 만일 초상에 그 예를 다하지 못하고
제사에 그 정성을 다하지 못한다면 하늘 끝가는 데까지의 애통함
을 잊을 길이 없고 쏟아 볼 곳이 없는 것이니, 사람의 자식 된 심
정이 어떠하겠는가? 증자(曾子)는 말하기를, 끝나는 일을 삼가고
먼 일을 추모하면 백성의 덕이 두터운 데로 돌아간다고 했으니, 사
람의 자식 된 자는 마땅히 깊이 생각해야 할 것이다.

　사람이 초상을 치르는 데 정성과 효성이 지극해야 함은 말할 필
요도 없다. 아름다운 바탕을 가졌으면서도 배우지 못한 자는 한갓
예를 지키는 것만이 효도가 되는 것으로 알고, 몸을 상하게 하는
것이 옳지 못하다는 것을 모른 채 지나치게 슬퍼하다가 병이 나서
목숨을 잃기에 이르는 자가 혹 있으니 매우 애석한 일이다. 그러므
로 지나치게 슬퍼하다가 목숨을 상하는 것을 군자는 불효라고 말
했다.」

　○ 장 여헌(張旅軒)이 말했다. 「사람의 자식으로서 그 부모에
대한 사랑과 받드는 마음이 일찌기 한결같지 않을 수 없고, 부모의
아들 딸에 대한 심정도 일찌기 다를 수가 없다. 성인(聖人)이 외가
(外家)나 선대(先代)에 대해서 한결같이 융숭한 대접을 하지 않으려
는 것이 아니고, 외당(外黨)이나 여러 친척에 대해서도 모두 후하

게 하지 않으려는 것이 아니나, 다만 그 의리에 있어 어려운 바가 있어서 똑같은 형세로는 하지 못하는 것이다.

내가 세상 사람들을 보건대 그 외종(外宗)과 외당(外黨)에 대해서 혹 박한 도리로 대하는 것을 오히려 당연하게 여기는데, 그 사람은 그 어머니 태중에 있을 때나 젖을 먹을 때 어머니의 수고로왔던 은혜를 생각지 않는 것인가?」라고 했다.

○ 후천(朽淺) 황 종해(黃宗海)의 문규(門規)에 「종자(宗子)가 군색해서 능히 살아나갈 수 없다면, 장차 나의 선조의 사당을 보존하지 못할 것이니 이 어찌 근심이 아니겠는가? 이는 여러 자손들이 다함께 근심할 바이니 모든 일을 종가를 위해서 하고, 혹시라도 하찮게 보지 말고 종가를 돌보고 북돋아 주는 것으로 주장을 삼아야 한다.

친척은 곧 선조들의 혈맥이니, 친척을 사랑하지 않는다면 이는 조상을 사랑하지 않는 것이다. 그러므로 한결같이 문중(門中) 사람에게 화목하게 하여 항상 착한 행동과 아름다운 일로 서로 바로잡아 주어 그로 하여금 의리 아닌 데에 빠지지 않게 해야 할 것이며, 또 그 과실을 남에게 퍼뜨리지 말아야 한다」라고 했다.

○ 목사(牧使) 유 병주(兪秉柱)는 사람을 사랑하고 재물로써 도와주기를 좋아하니, 이를 보고 어떤 사람이 말했다. 「재물은 한도가 있는 것인데, 그렇게 남에게 주기만 좋아하고 어찌 자손을 위해서 계획을 세우지 않는가?」

이에 공은 「재물이 모이고 흩어지는 것은 어질고 어질지 않은 것이 다르기 때문이니, 사람으로서 어질지 못하다면 재물이 무슨 소용이 있으리요. 또 자손들의 옷이나 음식은 각각 저들이 계획할 일이니, 내가 알 바 아니다」라고 하였다.

○ 김 탁영(金濯纓)이 일찌기 호당(湖堂)에 있을 때, 성종(成宗)이

시 48수(首)를 내려주면서 화답해 올리라 했다. 이에 공이 글을 지어 올렸는데 거기에는 나라 다스리는 도리도 말하고, 임금의 덕에 대해서도 진언하는가 하면, 재물을 보기 좋아해서 뜻을 잃는 것을 경계하고, 또 공경함을 주장하고 순한 이치로 나가는 것을 권했다.

그리고 또한 「천둥과 번개는 정당한 기운이 아닙니다. 하늘은 사물을 살리는 쪽으로 마음을 먹는데, 음양의 간사함이 때로 그 사이에 끼이면 이것이 천둥과 번개가 되어 나무와 돌을 상하고 우리 죄 없는 백성에게까지도 해를 미치는 것이니, 인군(仁君)은 일찌기 살리는 것을 좋아하는 쪽으로 마음을 가져야만 할 것이요, 간혹 기뻐하고 노여워하는 사사로운 마음이 생기게 되면 그 생각으로 인한 해독이 초목과 여러 금수의 생명에까지 미치는 바가 많은 것입니다. 하오니 하늘과 사람의 서로 감동하는 기운을 또 멀리 조사하고 살피지 않을 수 없는 것입니다」라고 하였다.

○ 문광공(文匡公) 허백당(虛白堂) 홍 귀달(洪貴達) 선생은 연산군(燕山君) 무오년(戊午年)에 소(疏) 10여 조목을 올렸는데, 모두 궁중의 비밀한 일에 대하여 거듭 풍자한 것이다. 그 말이 매우 간절하자 연산군은 몹시 언짢아서 그의 관직을 빼앗고 경원(慶源)으로 귀양보냈다.

이때 공은 집사람과 결별하면서 「나는 본래 함창(咸昌)의 한 농사짓는 지아비로서 벼슬이 재상에까지 올랐으니, 이것은 본래 내 것이 아니오. 이룬 것도 내가 하고, 패한 것도 내가 한 일이니, 지금은 다만 옛날로 돌아갈 뿐인데 다시 무엇을 한하리요」하고 화락한 얼굴로 귀양길에 올랐다.

이윽고 다시 서울 옥으로 잡혀 오게 되어 단천(端川)에 이르렀을 때 승명관(承命官)이 달려와서 책 하나를 주었다. 그것을 열어 본 공은 두 번 절한 다음, 「상(上)께서 명령하시니 신은 죽겠읍니다」하고 얼굴빛을 변치 않은 채 교살당하였다.

공은 평생 남에게 원망스러운 일을 하지 않았다. 비록 남에게서 차마 들을 수 없는 나쁜 말을 들어도 이를 따지지 않았다. 그러나 유독 나라 일에 대해서는 말해야 할 것은 참지 못하였고 용납하지 못했다.

자제들이 혹 「아버님께서는 어찌 조금만 참으시어 다른 사람이 말하게 하지 않으십니까?」라고 간하면 공은 「내가 여러 대의 임금께 은혜를 입었고 나이도 또 늙었으니 비록 죽은들 무엇이 아까우랴?」하였다.

정 우복(鄭愚伏)이 그의 행장(行狀)을 지었는데, 거기에 「성종조(成宗朝)의 명신이 되기는 쉽지만 폐조(廢朝 : 燕山君)의 곧은 신하가 되기는 어려우며, 벼슬하고 문장하기는 쉽지만 곧은 간언을 하기는 어렵다. 백 세(世)를 바라보는데도 붓을 잡고 종이를 펴서 정신이 한가롭고 얼굴빛이 안정되어, 형틀을 보기를 마치 벼슬자리처럼 하는 기상이 눈앞에 있으니 아아! 장하도다」라고 하였다.

○ 만치(萬痴) 김 수남(金秀南)이 선원(仙源) 김 상용(金尙容)을 따라 강화에 갔을 때 일이다. 선원이 곧 죽게 되자 다른 사람들은 피하는데 수남은 「벼슬 자리에는 비록 높고 낮은 분별이 있지만 신하 된 사람으로서는 다같이 나라를 위해서 죽을 의리가 있다」 하고 선원과 함께 죽었다.

그가 죽을 때 그 아내에게 보낸 글에 말하기를 「나라를 위해서 죽는다〔死國〕는 두 글자는 장부의 정해진 바요. 나라 일이 여기에 이르렀으니 구차하게 살고 싶지 않소. 집에 아이들이 있어서 반드시 어머니를 위로할 것이니 나의 죽음을 한탄하지 마시오」라고 하였다.

○ 충익공(忠翼公) 원 두표(元斗杓)가 일찌기 인조(仁祖)를 모시고 있을 때의 일이다. 재물을 탐하는 관리에 대해 응징하는 임금의 말소리가 지나치게 높아지자, 두표가 나가서 말하기를 「인군의 소리는 법이 되고 몸은 법도가 되어야 하는 것이오니, 비록 노여운 일

이 있더라도 그 목소리를 높이는 것은 마땅치 않습니다」라고 하니, 인조는 깊이 사례했다.

○ 서은(鋤隱) 이 철(李哲)이 일찌기 경연에 있을 때, 효종(孝宗)이 이목(耳目)이 총명치 못하다는 하교가 있자, 철은 당시 정치의 잘못된 것을 비유해 가면서 간곡히 말하고 나서 「이목을 기르지도 않고서 총명하기를 구하시니 이는 귀를 막고서 귀밝기를 바라고 눈을 가리고서 밝기를 바라는 것과 무엇이 다르겠읍니까? 이목이 총명한 것은 원수(元首)에게 달려 있읍니다」라고 하니, 임금이 가상히 여겨서 호피(虎皮)를 하사했다.

○ 미강(眉江) 이 경회(李景會)는 인조(仁祖) 임오년(壬午年)에 선천 부사(宣川府使)를 지냈다. 이 계(李烓)가 본국의 기밀을 가져다가 비밀히 청나라에 알려서, 청나라 장수 세 사람이 군사를 거느리고 봉황성(鳳凰城)에 이르렀다. 이에 조정에서는 급히 대신들이 모여 의논한 끝에 「이 경회가 아니면 갈 사람이 없다」라고 결론을 내렸다.

이리하여 경회가 청나라 군영으로 가자 오랑캐는 그를 잡아 가두고, 석 달이 되자 5천 금을 주면 주사(注使)를 시켜 공서(公署)에 가두겠다고 했다.

그러나 경회는 이를 물리치면서 「우리들이 나라 일을 위해서 죽는 것은 직책인데 돈을 가지고 풀려나는 이런 길이, 한번 열리면 나라를 어떻게 지탱하겠는가?」하고 오랑캐가 대포로 위협해도 끝내 굴하지 않았다.

관서(關西) 사람들이 지금에 이르기까지 전하기를, 오랑캐 난리 때 세 가지 쾌한 일이 있으니, 그 하나는 김 상헌(金尙憲)이 심양(瀋陽)에 갈 때 정 명수(鄭命壽)를 꾸짖은 일이요, 그 둘째는 민 성휘(閔聖徽)가 정 명수의 사랑하는 소첩을 매 때려 죽인 일이요, 그 세째는 곧 경회의 이 일이라고 하였다.

○ 인조(仁祖)가 반정하여 창덕궁(昌德宮)으로 들어가자 광해주(光海主)는 황급히 도망가고 궁중은 물끓는 것 같았다. 이때 창주(滄州) 윤 지경(尹知敬)은 입직(入直)하고 있는 중이었는데, 이윽고 무사(武士) 몇 사람이 지경을 이끌고 궁중으로 들어가 상(上)께 뵙게 하고 절하라 하자, 지경은 그대로 서서 「밤중이어서 분별을 못하겠는데 군사를 이끌고 온 자는 누구인가?」라고 하였다.

이때 김 유(金瑬)가 나와서 「능양군(綾陽君)이시오」라고 하니, 그제야 비로소 내려가 절하고 나서 동쪽으로 나가 갇히기를 청했다. 상(上)은 감탄하여 응교(應敎)에 임명했으나 그는 소(疏)를 올려 사양하기를 「신(臣)이 혼조(昏朝)에 있어 여러 번 임금 가까운 자리에 앉아 있으면서 망하는 것을 보고도 한 마디로 구원하지 못했으니 그 죄 하나요, 반정의 군사가 들어오는데 먼저 나가서 명령을 받지 못하고 감히 전하의 얼굴을 거슬러 집사(執事)와 다투었으니 그 죄 둘이요, 동궁(東宮)의 사랑을 받고도 이를 폐하여 그 도망간 곳을 모르니 그 죄 셋이오니, 신이 무슨 면목으로 세상에 서겠읍니까?」라고 하니 상께서 그 뜻을 기특히 여겼다.

○ 김 사계(金沙溪)가 묻기를 「선생님께서 나라 일을 맡았다가 만일 몹시 어려운 처지에 이르렀을 때는 장차 어찌하시겠읍니까?」 하니, 율곡 선생은 「일을 할 대로 하다가 죽을 뿐이다. 학문에 있어서도 역시 그러하니 이루고 이루지 못하는 것은 내버려 두고라도 마땅히 몸이 다할 때까지 하다가 죽은 후에 그만둘 뿐이다」라고 하였다.

○ 송 우암(宋尤庵)이 말하기를, 「집식구들이 내 가르침을 듣지 않더라도 성심껏 인도해야지 갑자기 일이 이루어지도록 서두르지 말 것이니, 이는 집안 식구들에게뿐만이 아니라, 친구들을 대접하고 이웃 마을 사람들을 대하는 데에도 역시 마땅히 이와 같아야 한다」 하고 또 말하기를, 「대체로 남을 의논하는 도리는 그 마음

이 바르고 그 일이 바르면 비록 다 착하지 못한 바가 있어도 마땅히 붙들어 주고 격려해서 그 착한 일을 방해하지 말아야 할 것이다」라고 하였다.

○ 문충공(文忠公) 노봉(老峰) 민 정중(閔鼎重)은 유서(遺書)에 말하기를, 「신해년에 아버님께서 진휼당상(賑恤堂上)이 되셨을 때 날마다 진소(賑所)에 나가시어 정성을 다해서 백성들을 구제했다. 이때 전염병이 번지기 시작해서 굶주려 죽는 백성이 계속해 생기고 같은 관청 사람들도 또한 병에 걸려 죽었다. 아버님도 역시 병에 걸려 두통이 몹시 심했으나 푸른 수건으로 머리를 싸매고 날마다 조석으로 관청에 왕래하여 끝내 병을 마다지 않으시니, 사람들이 모두 지극히 어려운 일이라 했다. 이에 좌상(左相) 정 지화(鄭知和)가 임금께 아뢰기를, 「민모(閔某)와 같은 자는 지극한 정성으로 나라를 위해 죽은 사람이옵니다. 신이 일찌기 진휼(賑恤)할 때의 일을 보오니 한때에 절의로 죽는 것은 오히려 쉽다 하겠지만 그 몸을 돌아다보지 않고 위험을 무릅쓰고 백성을 구제한 것은 딴 사람은 하지 못할 일입니다. 신은 이것으로 그가 지극한 정성으로 나라를 위해 죽은 사람이라 하는 것입니다」라고 하였다.

○ 문질공(文質公) 이 예(李芮)가 일찌기 말하기를, 「경연에서 가까이 모시는 직책은 생각하는 바를 말하고 새로운 일을 아뢰어 임금의 잘못된 마음을 깨우쳐 주어야지 국가의 큰 정치나 인물의 시비에 대해서는 간여할 바가 아니다. 그런데 근래 시종하는 신진의 선비들은 대체를 알지 못하고 정치의 잘잘못을 논하기를 좋아하며, 혹 재상이나 사대부의 조그만 허물까지도 지적하여 조정에 폭로하고 선전하여 기어코 파면시켜 내쫓으려 하니 이는 잘못된 일이다. 옛 사람은 정치 이야기를 대각(臺閣)에서 하는 것도 큰 잘못이라고 했는데 이것이 시종에게서 나오다니 나는 옳은 일인지 모르겠다」라고 하였다.

○ 윤 명재(尹明齋)가 말하기를, 「벼슬에 있는 자는 절대로 노여운 기분으로 사람을 때리지 말 것이니, 아무리 때릴 만한 자가 있더라도 노염이 가라앉은 후에 때리는 것이 옳다」하고, 또 말하기를, 「근근(勤謹) 두 글자는 비단 배우는 자만이 힘쓸 일이 아니고 벼슬에 있는 자의 요결(要訣)도 되는 것이니 이 글자에 따라 부지런하면 일이 이루어지고, 삼가면 허물이 적은 법이다」라고 하였다.

○ 충민공(忠愍公) 이 봉상(李鳳祥)은 영조(英祖)가 새로 세자(世子)에 오르는 것을 보고 장차 무옥(誣獄)이 크게 일 것을 알고 속세를 떠났다. 그는 그 5대조 충무공(忠武公)의 유훈(遺訓) 중에, 「나라에서 쓰면 나가서 나라를 위해 죽고, 쓰지 않으면 들에 가서 농사짓는다(用則死於國 不用則耕於野)」라는 열 한 글자를 가지고 스스로 마음을 가다듬었다.

무신년에 이르러 이 인좌(李麟佐) 등이 반란을 일으키자 적을 꾸짖고 굴하지 않다가 죽으니, 그 어머니 정씨(鄭氏)가 이 소식을 듣고 울지도 않고 말하기를, 「내 아이가 나라 일에 죽었으니 그 조상을 더럽히지 않았는데 내가 무엇을 슬퍼하리요」라고 하였다.

○ 문간공(文簡公) 기천(沂川) 홍 명하(洪命夏)가 정승이 되었을 때의 일이다. 서울 백성들이 굶주리므로 배로 곡식을 실어다가 구제하였는데, 거기에 사위의 집도 끼어 있었다. 이때 명하(命夏)가 그 명부를 빼면서 말하기를, 「내 딸의 집이 어찌 굶어죽는 데까지 이른단 말인가?」라고 했다.

이에 한 경연의 신하가 위에 아뢰기를, 「옛날에 녹을 먹는 집에서는 백성과 이를 가지고 다투지 않았사온데, 오늘날 홍 명하가 그 의리를 압니다」라고 하였다.

공은 일찌기 재상이 될 명망이 있더니 그가 조정에 들어가자 개연(慨然)히 임금의 마음을 바르게 하고, 조정을 바로잡으며, 백성의 힘을 덜어 주고 선배들의 기풍을 변하게 할 것을 자기의 책임으로 삼았다. 효종(孝宗)이 처음 즉위하자 조정 안이 점점 맑아지고 어진이의 나갈 길이 크게 열린 것은 대개 그의 힘이었다.

현종(顯宗)이 일찌기 말하기를, 「안에서 한 말이 혹 밖으로 나가는 것은 무슨 까닭이냐?」 했다. 좌우에서 아무도 대답하는 자가 없자 명하가 말하기를, 「밖의 말이 안으로 들어오게 하는 자가 곧 그것입니다」 하니 한때 사람들이 모두 명언(名言)이라고 했다.

○ 문간공(文簡公) 연천(淵泉) 홍 석주(洪奭周)가 소를 올려 8조목을 말했는데, 그것은 즉, 학문을 강론해서 마음을 바르게 하고 욕심을 막아 덕을 기르고, 간사한 자는 멀리하고 어진 선비와 친하며, 명령을 삼가서 임금의 말을 소중히 여기게 하고, 백성 찾는 일을 부지런히 해서 도 닦는 것을 맑게 하고 인재를 길러서 올려 쓸 일에 대비하고, 기강을 떨치게 하여 조정을 엄숙하게 하고, 재물쓰는 것을 절약하여 백성의 생명을 존중히 여기는 것이다.

○ 척암(惕庵) 이 존중(李存中)이 승정원(承政院)에 있을 때, 윤 심형(尹心衡)의 거취에 대해서 옳고 그른 것을 말하는 자가 있었다. 이에 존중은 말하기를, 「그 사람은 나서기는 어렵고 물러가기는 쉬워서 스스로 자기의 바른 생각이 있으니 딴 사람이 권해서 될 일이 아니다」라고 했다.

이때 김 상로(金尙魯)가 큰 소리로 분수와 의리에 있어 어찌 감히 이럴 수 있느냐고 하자, 존중은 웃으면서 말하기를, 「소위 분수와 의리라는 것이 어느 책에 보이던가? 벼슬하려면 하고 그만두려면 그만두는 것이니, 의리에 마땅히 가야 할 일이면 속히 갈 일이지 어찌 분수와 의리에 손상이 된단 말인가?」라고 하였다.

○ 정암 선생이 대사헌(大司憲)으로 있을 때 동갑인 어느 진사(進士)가 아내와 화합하지 못한다 해서 내쫓을 생각으로 사람을 시켜

선생에게 물어 왔다. 이에 선생은 정색하고 대답하기를, 「대체로 부부란 인류의 시작이요 만복의 근원이어서 관계되는 바가 지극히 큰 것이다. 부인의 성품이 어둡고 아는 것이 없어 비록 실수가 있더라도 군자된 사람이 마땅히 데리고 바르게 하고 감화시켜서 함께 가도(家道)를 이루어야만 이것이 비로소 후덕한 일이지, 혹 나타난 도리가 부족하다고 해서 갑자기 버리려 한다면 이는 박한 데에 가깝지 아니한가?」라고 하였다.

○ 퇴계 선생이 어떤 사람에게 준 글에 말하기를, 「공이 금슬이 좋지 못한 탄식이 있는 것처럼 들리는데, 그 사정은 잘 모르겠으나 무엇 때문에 이러한 불행이 있는가? 내가 보기에 세상에 이런 걱정이 있는 자가 적지 않으나, 성질이 악해서 감화시키기 어려운 자도 있고, 미치고 방종해서 바르지 못한 자도 있고, 악한 것을 좋아하는 괴상한 자도 있어, 그 변하는 것이 여러 가지로 다 들을 수가 없다. 그러나 대의(大義)로 말하자면 모두 책임이 남편에게 있는 것이니, 자기 몸을 반성하여 스스로 후하게 하고 힘쓰고 권면해서 좋게 처리하여 부부의 도리를 잃지 말아야 한다. 이른바 성품이 악해서 교화시키기 어려운 자라도, 만일 대단히 패역스러워서 명교(命敎)에 죄를 얻은 자가 아니거든 마땅히 후한 길로 선처하여 헤어지는 데에 이르지 않게 하는 것이 옳다」라고 하였다.

○ 율곡 선생이 말하기를, 「지금의 배우는 자들은 밖으로는 잘난 체하지만 안으로는 독실한 사람이 적어서, 부부 사이에도 자리 속에서는 정욕에 흘러서 위엄을 잃는 자가 많다. 그런 까닭에 부부는 서로 가까우면서도 능히 서로 공경하는 자가 매우 적으니 이러고서 몸을 닦고 집을 바르게 하는 것은 또한 어려운 일이 아니겠는가? 모름지기 남편은 화평하여 의리로 거느리고 아내는 순종하여 바른 말을 들어서, 이로써 부부 사이를 바르게 하고 예로써 공경하는 것을 잃지 않은 뒤에라야 집일이 다스려질 것이다.

만일 그렇지 않고 서로 가깝게 친하기만 하다가 갑자기 서로 공경하려 하면 그 형세가 행해지기 어려울 것이니 모름지기 서로 조심하여 반드시 전의 습관을 없애 버리고 점차로 예에 들어가는 것이 옳을 것이다. 아내가 만일 나의 하는 말과 몸가짐이 한결같이 바른 것을 보면 반드시 점차로 남편을 믿고 순종할 것이다」라고 하였다.

○ 이 한음(李漢陰)이 수상(首相)으로 있을 때 임진란을 겪은 후라 나라 일이 말이 아니었다. 그런데 얼마 안 되어 선조(宣祖)는 창덕궁(昌德宮)을 중수하게 되어 잠시도 대궐을 떠날 수가 없기 때문에 집에서 물러나올 수가 없어, 첩을 대궐 문 밖 조그만 집에 두고 음식을 해 바치게 했다.

어느 날 몹시 덥고 목이 말라, 잠시 집에 돌아가 우선 손을 내밀고 마실 것을 찾았더니 그 첩은 미리 제호탕(醍醐湯)을 준비했다가 바쳤다. 공은 이것을 받아 마시지 않고 한참 동안 첩을 쳐다보다가 말하기를, 「내 이제 너를 버려야겠으니 이제부터 네 맘대로 가도록 하라」 하고 돌아다보지도 않고 가 버렸다.

첩은 그 까닭을 알 수가 없어 밤새 울다가 혼자 생각하기에 백사(白沙) 이 항복(李恒福)이 공과 가장 가까우니 가서 물어보면 알리라 하고, 가서 사연을 호소했으나 백사도 역시 의아해하면서 말하기를, 「이공이 너를 몹시 사랑했는데 어찌해서 경솔히 버린단 말이냐? 내 그 까닭을 물어 보리라」고 하였다.

백사는 한음을 만나자 곧 묻기를, 「자네가 사랑하던 첩을 까닭 없이 버리니 무슨 까닭인가?」라고 하자 한음은 웃으면서, 「그가 죄가 있어서 그런 것이 아니네」 하고 어제 있었던 일을 이야기하고 나서 말하기를, 「그 영리하고 총명한 것이 사람으로 하여금 사랑하지 않을 수 없게 만들어서 내 그것을 보고 있노라면 백 가지로 귀여운 마음이 생기게 되네. 그러나 스스로 생각하건대 지금 나라의 어지러움이 완전히 안정되지 않아 안위(安危)를 알 수 없는 터에 몸이 수상(首相)이 되어 여자의 귀여움을 생각하고 있으면 필시 일을 그르치게 될 것이네. 그래서 애당초에 사랑을 끊고 나라 일에 전심하려는 것일세」라고 하였다.

이 말을 듣고 백사는 혀를 차면서 탄식하기를, 「자네의 이번 일이야말로 참으로 열렬(烈烈)한 장부의 일이라, 나의 미칠 바가 아닐세」라고 하였다.

○ 쌍청당(雙淸堂) 송 유(宋愉)의 어머니 유씨(柳氏)는 나이 22세에 일찍 과부가 되어 네 살 된 아이 하나만이 있었다. 이에 부모를 따라서 송경(松京 : 開城)으로 가서 3년상이 끝나자 부모들은 그를 불쌍히 여겨 출가시켜려 했으나 유씨는 죽기로 맹세하고 의리를 더욱 굳게 지켰다. 그러나 부모들은 그를 기어코 출가시키려는 마음을 거두지 않았다.

이에 그는 계집종 하나와 약속하고 시댁으로 함께 가기로 했는데, 계집종은 처음에는 승낙하더니 나중에는 떠나기를 꺼렸다. 유씨는 하는 수 없이 밤에 아이를 업고 홀로 길을 떠나 사흘 낮과 밤을 걸어서 회덕(懷德) 시댁에 이르렀으니 개성과의 거리가 5백여 리가 되는 곳이었다.

시집에서는 처음에는 즐겨 그를 받아들이지 않고 말하기를, 「여자로서 부모의 말을 듣지 않는다면 이는 삼종(三從)의 도리를 모르는 것이다」라고 하였으나 유씨는 울면서 대답하기를, 「삼종의 도리라는 것은 등 위에 있는 이 어린아이가 아니겠읍니까?」라고 하니, 시부모는 드디어 그 말에 감동하여 받아들였는데, 이로부터 유씨는 효도와 자애가 두터워 시종일관 틈이 없었다.

○ 정 우복(鄭愚伏)이 말하기를, 「어른들이 후생(後生)을 경계할 때에는 순전히 그의 앞길을 위하는 마음에서이고 절대로 조금이라도 어른인 체하거나 거만해하는 기색이 없어야 하며, 후생이 어른에게 책망을 들을 때에는 순전히 두렵고 공경하는 마음으로 듣고,

절대로 한 점의 욕을 당한다는 분한 마음을 갖지 말아야 비로소 착하고 또 착한 일이다」라고 하였다.

○ 문정공(文貞公) 졸옹(拙翁) 홍 성민(洪聖民)은 석벽(石壁) 춘경(春卿)의 아들로서, 어려서부터 능히 예로써 몸을 가질 줄 알았다.

일찌기 아버지를 잃고 그 백형 승지공(承旨公) 천민(天民)에게서 글을 배웠는데, 어느 날 몹시 슬피 우는 것이었다. 백형이 괴상히 여겨 까닭을 묻자 대답하기를, 「내가 공부를 시작한 지 몇 달이 되었는데도 아직 종아리 한 번 맞아 보지 못했으니 이는 아버님이 계시지 않은 까닭이라 생각되어서 웁니다」라고 했다. 이 말을 듣고 그 백형도 또한 감동하여 이로부터 게으르지 않고 가르쳐서 학업이 날로 진보되었다.

그가 일찌기 사신이 되어 중국에 갔다가 돌아오자, 선조(宣祖)는 중국 조정에 무슨 일이 있더냐고 물었다. 이에 대답하기를, 「황제가 조회하는 날 바른 말 하는 자를 매 때리는데도 말하는 자가 계속해 들어왔읍니다. 우리 조정에서는 비록 말하는 자를 우대한다고는 했지만 바른 말 하는 자를 아직 보지 못했읍니다. 하오니 임금이 말하는 자에 대해서 겉으로는 용납해도 마음속으로 용납치 않으시면 그 죄가 매 때리는 것보다 더 심합니다」라고 하니 듣는 자들이 목을 움츠렸다.

○ 문순공(文純公) 남당(南塘) 한 원진(韓元震)은 권 수암(權遂庵)의 문하에서 공부했는데 그 학문이 남보다 먼저 통달했다. 까닭에 남당(南塘)의 문하에 배우는 자들은 후진(後進)이나 소생(小生) 할 것 없이 모두 태극과 오행에 능통하지 않은 자가 없었으니 그 스승과 제자 사이에 서로 주고 받은 근원을 대개 알 만하였다.

남당이 일찌기 그 형 계진(啓震)과 아우에게 말하기를, 「사람은 마땅히 타고난 재주와 인품에 따라서 일을 해야 하는 것이니, 원컨대 형님은 과거 공부를 하여 벼슬에 오르고, 아우 명진(明震)은 산업(産業)을 다스리도록 하고, 나는 마땅히 성리(性理)의 학문에 뜻을 두어야 할 것이오」라고 하더니, 뒤에 과연 그 말과 같았다.

○ 충헌공(忠憲公) 후촌(後村) 윤 전(尹烇)이 익산 군수(益山郡守)가 되었을 때 형제끼리 소송하는 경우가 있었다. 아우는 말하기를, 「형이 나에게 재산을 나누어 주지 않는다」 하고, 형은 「아버지의 명령을 감히 어길 수가 없다」고 하였다.

이에 공이 타이르기를, 「네 아우가 불효하다고 믿었으면 네 아비도 자애롭지 못하니, 옛 사람은 아비의 유명을 좇지 않은 자도 있었다. 홀로 아비의 재산을 독차지하여 아우로 하여금 굶주리고 춥게 한다면 너는 편안하겠느냐? 다시 생각하라」고 했더니 그 이튿날 그 사람이 와서 재산을 나누기를 청했다.

○ 화서(華西) 홍 광일(洪光一)은 일찌기 길에서 거지아이를 보고 불러서 같이 자면서 말하기를, 「이 역시 사람의 자식인데 어찌 잘 대접하지 않느냐?」고 했다.

또 아이들이 참새 잡는 것을 금하면서 말하기를, 「군자는 친척에게 친히 하며 백성에게 어질게 하고, 백성에게 어질게 해서 사물을 사랑하는 것이니, 이것은 비록 조그만 일이나 또한 사람의 마음을 엿볼 수가 있다」라고 하였다.

○ 가정(稼亭) 이 곡(李穀)이 말하기를, 「인륜(人倫)에 다섯 가지가 있는데 성인(聖人)이 그 순서를 정해서, 군신(君臣)·부자(父子)·부부(夫婦)·형제(兄弟)라 하고 붕우(朋友)를 맨 뒤에 두었다. 이렇게 비록 붕우(朋友)가 맨 끝에 있으나 이것을 위의 네 가지에 비하면 그 형세가 뒤에 있는 것 같으면서도 그 쓰임은 실로 큰 것이다」라고 하였다.

○ 오리(悟里) 이 상국(李相國)이 일찌기 한 원로 재상에게 말하기

를, 「공도 또한 심성(心性)이 변해서 소인이 될 염려가 있는가?」 라고 하니 그가 말하기를, 「내 비록 옛사람에 미치지는 못하나 항상 옛사람을 스승으로 삼는데 어찌 소인이 될 염려가 있겠는가?」 라고 하였다.

이에 오리는 말하기를, 「그렇지 않다. 정 인홍(鄭仁弘)의 굳세고 강한 것은 세상에 그 비교가 될 사람이 드물었는데 득명(得名)한 시기에 어찌 폐모(廢母)의 의논에 참여할 것을 기약했겠는가? 그러나 늙고 뜻이 쇠약해졌을 때, 친구들은 밖에서 유인하고 자손들은 안에서 종용해서 끝내 대비(大妃)를 폐하자는 소를 올려서 90의 나이에 도시에서 형을 받게 되었다. 그런 때문에 나는 항상 심성이 변할까 두려워한다」라고 하였다.

백강(白江) 이 경여(李敬輿)가 일찌기 공의 말을 듣고, 어떤 사람에게 말하기를, 「오리가 스스로를 다스리는 힘은 늙을수록 더욱 엄하니 그 늘그막을 보존하는 것을 알겠도다」라고 하였다.

광 경신(廣敬身 : 경신을 넓힘)

○ 세종대왕이 말하기를, 「사람의 성품의 느슨하고 급한 것과 도량의 넓고 좁은 것은 반드시 같기가 어렵다. 너그럽고 여유가 있어 남을 용납하는 자는 항상 여러 사람의 마음을 얻고, 위엄이 있고 엄한 자는 항상 여러 사람의 노염을 산다. 여러 사람의 마음을 얻는 자는 항상 안전함을 보존하고, 여러 사람의 노염을 사는 자는 항상 화가 따르게 마련이니 이것이 정상적인 이치인 것이다」라고 하였다.

○ 선조대왕이 말하기를, 「대체로 사람이 천지 사이에 서면 마땅히 나로서 해야 할 일을 할 뿐이지, 횡액이 밖으로부터 오는 것은 처음부터 근심할 바가 아니다」라고 하였다.

○ 충정공(忠貞公) 상우당(尙友堂) 허 종(許琮)은 키가 11척 2촌이요, 뜻이 깊고 커서 길을 가는데도 일찌기 좌우로 한눈을 파는 일이 없이 정신을 가다듬어 마치 깊이 생각하는 것과 같았다.

또한 어려서부터 널리 배우고 회포와 판단하는 것이 남과 달랐다. 활과 말에 능하여 전쟁이 있을 때에는 반드시 공을 원수로 삼았다. 그러나 생업에는 힘쓰지 않아 사는 집은 겨우 바람과 비를 가릴 뿐이었다. 일찌기 말하기를, 「부귀는 하늘에 있는 것인데, 어찌 힘써 구하고 망녕되이 바라리요. 분수에 없는 것이면 오히려 재앙이 될 뿐이다」라고 하였다.

어렸을 때 같은 또래 아이들과 절에 가서 글을 읽는데, 밤에 도둑이 그 방에 들어와서 옷과 신을 가지고 갔다. 이에 여러 아이들은 욕을 하고 어쩔 줄을 모르는데, 공은 홀로 태연히 붓을 가져다가 벽에 쓰기를, 「이미 내 옷을 빼앗았으면, 마땅히 내 신은 훔치지 말아야 하리. 옷도 빼앗고 신까지 훔쳐 갔으니, 이는 도둑 선생이 할 일이 아니네.(旣奪我之衣兮　宣吾鞋之莫偸　奪衣又偸鞋　窃爲盜先生不取)」라고 하니, 아는 자가 비로소 그 도량에 감동했다.

세조(世祖)가 문신(文臣)들 중에서 뽑아서 천문(天文)과 지리(地理) 등 학문을 나누어 배우게 하니, 공은 천문을 연구했다. 마침 일식(日蝕)이 있자 이것을 보고 글을 올려, 상께서 불교를 좋아하시고 사냥을 즐기시며, 경연에 나가지 않으시고, 간하는 말을 받아들이지 않는 잘못을 들어 말하니, 상께서 처음에는 기특히 여겨 그 재주를 시험하려고 갑자기 크게 노하더니 칼을 가져오라 하여 무릎 위에 가로놓고, 역사(力士) 최 적(崔適)에게 말하기를, 「내가 칼을 뽑아 칼집에서 다 나오기를 기다려 베이라」고 했다.

세조가 허 종을 불러 놓고 칼을 서서히 뽑는데 칼날에서 나는 빛이 무섭게 비쳤다. 칼날이 다 뽑히자 좌우에 모시고 있던 사람들은 모두 얼굴빛이 변했으나 종은 조금도 두려워하지 않고 묻는 대로 대답하는데 목소리가 낭랑하니, 세조가 「참 장사로다」 하고 크게 칭찬한 다음 술을 내리도록 명했다.

○ 추강(秋江) 남 효온(南孝溫)은 성질이 술마시기를 좋아했다. 그런데 갑자기 술을 끊기로 스스로 맹세했다. 이에 매월당(梅月堂) 김 시습(金時習)이 글을 띄웠더니 회답하기를, 「내가 젊어서부터 몹시 술을 좋아하여 중년에 주광(酒狂)이 되고 보니, 내 스스로 생각하기에 아주 몸을 버리겠읍니다. 정신이 점차 전만 못하고 덕성(德性)이 날로 처음만 못해 가서 어머님께 크게 부끄럼을 끼쳐 드리게 되었읍니다. 맹자는 바둑과 장기를 두고 술 마시기를 좋아하여 부모의 봉양을 돌아다보지 않는 것을 불효라고 했는데, 하물며 주정하는 것은 어떠하겠읍니까? 깨어서 스스로 생각해 보니 그 죄가 3천의 우두머리에 있으니, 무슨 마음으로 다시 술잔을 들겠읍니까? 이에 천지에 맹세하고, 신(神)에게 고하고, 내 마음에 맹세하고 나서 어머님께 아뢰었으니 이제부터는 군부(君父)의 명령이 아니면 감히 마시지 않겠읍니다. 내 뜻이 대략 이와 같으니 선생께도부터 비록 술을 권하는 가르짐이 있어도 마실 수 없읍니다」라고 하였다.

○ 미암 선생(眉巖先生) 유 희춘(柳希春)은, 「정자(程子)가 말하기를, 말의 이치가 옳으면 일이 분명하고, 기운이 세면 어그러지게 된다. 말이 온후하고 분명하면 남을 감동시키기가 쉽고, 거슬리고 격하면 도리어 해가 되는 것이니 어찌 경계하지 않으랴?」라고 말했다.

○ 김 충암(金冲庵)이 말하기를, 「명예는 비방할 것이 아니나 결국에는 비방이 따르게 마련이요, 이익은 다투지 말아야 하는 것인데 기어이 다투는 자가 생기고, 부(富)는 원망할 것이 아닌데 기어이 원망이 따르게 마련이다. 그런 까닭에 군자는 반드시 부귀와 이익과 녹(祿)을 구하는 것을 삼가야 한다」고 했다.

○ 퇴계 선생이 말하기를, 「옛 선비를 보건대 그 궁함이 심할수

198

록 그 뜻은 더욱 굳고 그 절개는 더욱 기이했었다. 그러니 만일 한 번 괴로움으로 인해서 갑자기 자기가 지키던 바를 잃는다면 이는 선비라 할 수가 없는 것이다」라고 하였다.

○ 퇴도언행록(退陶言行錄)에 말하기를, 「운명을 말하는 일 또한 그 이치가 없다고만은 할 수 없다. 다만 죽고 사는 것과 화복은 미리 저승에서 정해진 것이니 먼저 알아서 무엇에 쓰리요. 또 성현은 이치를 귀하게 여기고 운수는 귀하게 여기지 않았으니, 오직 이치에 따라 해야 할 일은 힘을 다하여 하는 것이 옳다. 만일 한갓 운수만 믿을 뿐이면 화복이 오는 것을 일체 운수에 맡기고 착한 일을 할 마음이 없을 것이니 어찌 옳다 하겠는가?」라고 했다.

○ 율곡 선생이 말하기를, 「착한 일을 하고 이름을 얻는 것도 역시 이익을 바라는 마음이다. 이것을 군자는 도둑질보다 더 심하게 보는데 하물며 착하지 않은 일을 하고서 이익을 얻으려 한단 말이냐?

군자는 도를 근심하고 마땅히 가난은 근심하지 않는다. 다만 집이 가난해서 살아갈 수가 없으면 비록 곤궁을 구제할 방책을 생각할 것이나 또한 다만 기한(飢寒)을 면할 뿐이요, 여유있고 풍족하려고 생각지 말 것이며, 또 세상의 비루한 일을 가슴속에 남겨 두지 말아야 할 것이다. 옛날의 은자(隱者)들은 신을 삼아서 생계를 이은 자도 있고, 물고기를 잡고 땔나무를 해서 살아간 자도 있으며, 지팡이를 꽂아 놓고 밭을 맨 자도 있다. 이런 사람들은 부귀가 그 마음을 움직이지 못했기 때문에 능히 여기에 편안했던 것이지, 만일 이해타산과 많고 적은 것을 계교할 마음이 있었다면 어찌 마음의 해를 받지 않았으리요. 모름지기 부귀를 경하게 여기고 빈천을 지킬 마음을 가져야 할 것이다.

의복은 화려하고 사치스러우면 못쓰고 찬 것을 막을 뿐이면 되며, 음식은 달고 맛있는 것은 못쓰고 주림을 구할 뿐이면 되며, 거처하는 집은 편안해서는 못쓰고 병에 걸리지 않을 뿐이면 된다. 오직 이는 학문의 공이요, 마음의 바른 것이요, 위엄의 법도인 때문이니, 스스로 힘쓰고 힘써서 스스로 만족하지 말아야 한다」라고 하다.

○ 범허정(泛虛亭) 상 진(尙震)은 뜰에 두고 볼 만한 모든 벌레나 짐승들을 모두 반드시 놓아 보내면서 말하기를, 「네 맘대로 마시고 먹고 하라. 너나 내나 심정은 마찬가지니라」고 했다.
  또 짐승으로 맛있는 음식을 만들어 주려고 하면 반드시 살릴 도리를 구해 주면서 말하기를, 「어찌 차마 살아 있는 것을 먹을 생각을 한단 말이냐?」고 했다. 집에 있을 때는 일찌기 그릇이나 자리가 나쁘다고 말하는 일이 없으므로 집사람이 시험해 보고자 해서 더러운 자리를 손님 자리에 깔아 놓고 며칠을 지냈는데도 끝내 아무 말도 하지 않았다. 이에 이번에는 새것으로 바꿔 깔았더니 이번에도 아무 말도 하지 않았다. 그 검소하고 외양을 장식하지 않는 것이 이와 같았다.

○ 유 서애(柳西厓)가 말하기를, 「중용에서 이른바, 빈천한 자리에 있어서는 빈천한 일을 행한다 한 것은 들어가는 것이 없으면 스스로 얻는 것이 없다는 뜻이니, 내 가슴속에 일찌기 이런 의사를 두어 두면 또한 한번 서늘한 약을 먹은 것과 같은 것이다」라고 하였다.

○ 김 학봉이 말했다. 「이름이 실상보다 앞서면 몸에 이롭지 아니하니 진실로 내 몸에 있으면 이름이 없는 것을 걱정할 것이 없다. 착한 것은 반드시 쌓여진 뒤에 이루어지는 것이니, 한 가지 착한 일이 있다고 해서 스스로 만족하면 이는 그 착한 것을 가지고 교만하는 것이다. 악한 일은 비록 적어도 두려운 것이니, 한 가지 악한 일이 있었다고 해서 스스로 용서하면 이는 그 악함을 기르는

것이 된다.

「쌓아 기르고 제 몸을 이기는 노력을 힘들여 하지 않고 한 걸음에 도착하려 하는 것은 배우는 자들의 공통된 병이다. 비유컨대 학문이란 곡식을 기르는 것과 같아서 공들여 심어서 열매를 맺은 뒤에라야 밥을 짓게 되는 것이니, 아침 저녁으로 풀을 뽑아 주고 매어 주어야만 내 곡식에 해가 오지 않는 것인데, 내 곡식을 잊어버리고 매어 주지 않고서 자라기만 바란다면 그 부족한 소치는 매한가지다.」

○ 경암(敬菴) 노 경임(盧景任)이 말하기를, 「남이 비록 나를 업신여기더라도 내가 능히 용납하여 대답하면 업신여기던 자도 공손해지고, 남이 비록 나에게 박하게 하더라도 내가 능히 용납해서 대우하면 박하게 하던 자도 후해지고, 남이 비록 나에게 노여워하더라도 내가 능히 용납해서 참고 말을 삼가면 그 사람이 반드시 복종하게 된다」라고 하였다.

그의 사생설(死生說)에서 말하기를, 「숨이 아직 남아 있더라도 악한 일을 많이 해서 사람들이 모두 천하게 여기고 싫어한다면 개나 돼지만도 못한 것이니 어찌 살았다고 할 수 있으랴? 숨이 비록 끊어졌더라도 덕을 많이 쌓아서 사람들이 모두 나를 높여 준다면 만 대(代)를 내려가도 없어지지 않을 것이니 어찌 죽었다고 하겠는가?」라고 했다.

그리고 남의 허물을 말하는 것에 대해 이르기를, 「가령 남에게 허물이 있더라도 오히려 가려 주고 나타내지 않아야 할 것인데, 하물며 허물이 없는 것을 거짓으로 꾸며서 그를 헐뜯는단 말인가? 이는 비록 사람이라지만 짐승이나 다를 것이 없다. 남이 거짓 꾸민 헐뜯음을 받는 것은 손해되고 이익될 것이 없으니, 그 사람만 스스로 흉하고 험한 데에 빠지게 된다. 아아! 그러면 누가 얻고 누가 잃은 것인가?」라고 하였다.

○ 정 우복이 사람들에게 경계한 글에 말하기를, 「술은 곧 사람을 죽이는 독약인데, 이제 다행히 병으로 인해서 술을 끊었으니 이 때에 정신을 수양해서 수(壽)를 누릴 징험을 얻어야 한다. 누룩이나 술잔 같은 물건은 일체 집에 재워 두지 말아야 할 것이니, 맛에 끌려서 한번 입에 대게 되면 옛날부터 수양해 온 것이 없어지게 될 것이니 천만 번 경계해야 한다」라고 하였다.

○ 훈수(塤叟) 정 만양(鄭萬陽)이 항상 말하기를, 「배우는 자는 마땅히 높은 벼슬을 좋지 않게 보고 부귀에 마음쓰지 않는 뜻이 있어야 비로소 다리를 붙일 곳이 있는 것이요, 그렇지 않으면 백 가지 일에 만족한 것이 없다」고 하였다.

○ 제산(霽山) 김 성탁(金聖鐸)이 문 위에 쓰기를, 「배우는 것은 마땅히 날로 새로와야 하고, 행동은 마땅히 날로 다투어야 하며, 부귀에 이르러서는 천명(天命)을 기다려야 할 것이다」라고 하였다.

○ 허 미수(許眉叟)가 말하기를, 「허물을 부끄럽게 여기는 것이 마음을 경계하는 데 제일이요, 입을 지키려면 삼가고 침묵하는 것이 제일이다. 삼가고 침묵하면 말이 적고, 말이 적으면 제 맘대로 하는 것을 경계하고, 제 맘대로 하는 것을 경계하면 허물이 적다」라고 하였다.

○ 월창(月牕) 안 응세(安應世)는 의리 아닌 식품은 일찌기 한번도 입에 가까이 대지 않고 말하기를, 「의리 아닌 재물은 집에 도움이 되는 것에 그치니 그 추한 것을 오히려 말할 수 있지만, 의리 아닌 식품은 오장 속에 들어가는 것이니 부모님이 주신 몸이어서 더욱 소홀히 할 수가 없다」 하고 천신(薦新)하기 전에는 채소나 과실이라도 일찌기 입에 넣지 않았다.

○ 문간공(文簡公) 농암(農巖) 김 창협(金昌協)이 말하기를, 「글은 자세히 읽지 않으면 안 되고, 이치는 익히 강구하지 않으면 안 되고, 마음 갖는 것은 공평하게 하지 않으면 안 되고, 일하는 것은 굳게 하지 않으면 안 되고, 물건에 응하는 것은 지혜를 쓰지 않으면 안 된다」라고 하였다.

○ 집암(執菴) 황 순승(黃順承)은 권 수암(權遂菴) 밑에서 공부하다가 물러나와 과실나무를 심어 따 먹고 잣나무를 심어서 조상의 묘를 보호했다.

그런데 어느 날 도둑이 그의 말을 훔쳐 가자 공은 도둑에게 채찍을 주면서 말하기를, 「말이 몹시 피로해서 채찍이 없으면 가지 않을 것이다」 하니 도둑들이 서로 이르기를, 「이는 필시 황고집(黃固執)일 것이니 우리가 범할 수 없다」 하고 그대로 돌아갔다.

늘그막에 경릉참봉(敬陵參奉)이 되었는데, 능 앞의 소나무에 송충이가 많으므로 공이 묵도(默禱)를 했더니 갑자기 까치 수천 마리가 떼로 몰려와서 송충이를 다 쪼아먹어 없앴다.

능(陵)의 제사때 한 부랑인(浮浪人)이 거짓말로, 「원컨대 제사 음식을 얻어다가 늙은 어머니께 드리고 싶습니다」고 하자, 공은 친히 음식을 주면서, 「그대에게 늙은 어머니가 있다니 참으로 귀한 일이다」라고 하니, 그 사람이 울면서 돌아가서 이로부터 착한 사람이 되었다.

○ 용주(龍洲) 김 유경(金有慶)이 의주 부윤(義州府尹)이 되었을 때 범문정(范文正)의 호주 고사(湖州故事)를 써서 흉년이 든 해에는 성보(城堡)를 크게 수리했다.

또 황해 감사(黃海監司)가 되었을 때는 아병(牙兵)을 설치하여 급한 일에 대비했다. 평상시에는 단아하고 화락했으며 내 경우로 미루어 남을 대했다. 남과 같이 있으면 터럭만큼도 모가 나지 않고, 남에게 속임을 당하는 일이 있으면 문득 웃고 말하기를, 「차라리 속임을 당할지언정 이를 시기하고 방지하면 이는 군자(君子)의 마음이 아니다」라고 했다.

○ 목사(牧使) 심 봉휘(沈鳳輝)는 순수하고 깨끗하여 평생에 남의 허물을 들추어 내지 않고 말하기를, 「세상 사람들이 자기 수양은 하지 못하고 남의 잘잘못만 따지기를 좋아하니 내가 알기로 이는 실로 병통이다」라고 했다.
그의 아들이 과거에 급제하자 공은 경계하기를, 「너는 힘쓰고 힘써서 이 집의 이름을 떨어뜨리지 말라. 의롭지 않게 정승이 되는 것은 내 소원이 아니다」라고 했다.

○ 심 변광(金忭光)은 시골에서 궁하게 살면서 벼슬을 구하지 않았는데 이때 윤모(尹某)가 전관(詮官)이 되어 변광을 용강 현령(龍岡縣令)으로 삼았다. 윤모(尹某)에게 사위가 있었는데 사람을 보내서 급한 사정을 도와 달라고 청하자, 변광은 대답하기를, 「가난한 사이에 서로 돕는 것은 사람의 정당한 일이지만, 혐의를 받을 만한 처지에서는 군자가 삼가는 바요. 내가 공과는 전에 같이 사귄 일이 없었고, 뒤에 와서 천거하여 뽑아 준 힘이 있으니, 비록 명목이 있게 준대도 구구한 말이 있을 것이오. 그러니 수십 년 동안 스스로 지키던 것을 하루 아침에 잃게 되니 또한 맑은 덕에 누(累)가 되고 아름다운 명예가 손상되지 않겠소?」라고 하였다.

○ 문정공(文正公) 김 청음(金淸陰)이 어느 재상과 함께 시원(試院)에 들어갔는데, 그 재상이 말하기를, 「나는 집의 여자들 때문에 뇌물을 받았다는 비방을 들었는데 나는 실상 모르는 일이오」라고 했다. 이에 청음은, 「혹시 집에서 뇌물을 받았는지, 공이 어떻게 아시오? 공은 여자의 말에 대해서 능히 일체 듣지 않으시나요?」하니 그는 대답하기를, 「간혹 듣는 것도 있지요」라고 했다.
이에 청음은 말하기를, 「이 때문에 뇌물이 행해지는 것이오. 공

이 만일 하나도 듣지 않는다면, 비록 매를 때리면서 뇌물을 가져오
라고 해도 가져오는 자가 없을 것이오」라고 하자 그 재상은 크게
깨달아 한결같이 그 말과 같이 했다. 그러나 그 재상집 부인은 청
음을 욕하기를, 「늙은이가 자기나 청백하면 그만이지 어찌 남까
지 본받게 하여 나를 이같이 고생시키느냐?」라고 하였다.

○ 충민공(忠愍公) 윤 정준(尹廷俊)은 곧 임(任)의 증손이다. 키가
9척이요, 용모가 훤칠한데, 같이 어울리는 자가 모두 호걸스럽고
절개가 있는 선비여서 김 응하(金應河), 박 영신(朴榮臣) 등 여러
분과 기개로 서로 사귀었다.
선전관(宣傳官)으로 있을 때 박 승종(朴承宗) 부자가 세의(世誼)가
있다고 해서 공을 불렀다. 그러나 공은 말하기를, 「나는 화를 당
한 집 자손이어서 항상 두려워하는 사람이고, 박정승은 권세가 매
우 높은데 어찌 감히 그 문전에 들어간단 말이오?」하고 끝내 가
지 않았다.

○ 태계(台溪) 하 진(河溍)이 어렸을 때 같이 공부하던 아이가 그
에게 무슨 분한 일이 있어서 그의 신을 뺏어다가 찢어서 던졌으나
진은 노여워하는 빛이 없었고, 딴 아이가 물어도 「아무 일도 없다」
고 대답했다.
그 후 대성(臺省)에 들어갔을 때 어떤 사람이 그의 말안장을 훔
쳐 갔으므로 종자(從者)가 의심스러운 자를 찾아내서 죄로 다스리
라고 청했다. 그러나 진은 웃으면서 말하기를, 「내가 잃은 것은
적은데, 그렇게 하면 저사람의 악한 이름이 커질 것이니 아무 말도
말라」고 하였다. 이 소리를 듣고 훔쳐간 사람은 그 안장을 돌려보
냈다.

○ 독관재(獨觀齋) 김 굉(金硡)은 곧고 바른 말을 잘해서 사람들
이 철공(鐵公)이라고 불렀다.

송 순명(宋淳明)이 평안 감사의 발령을 받고 조정을 하직하고 가는데, 남문(南門) 밖에 전송하는 사람이 많아 술과 술안주가 풍성했다. 이때 공도 마침 그 자리에 있어 함께 술을 마시는데, 순명이 「내 고모 집이 가까이 있어 다녀올 테니 잠시 기다리시오」 하고 가더니 얼마 안 되어 돌아와서는 곧 떠나려 하자, 자리의 손들이 모두 작별을 했다.

이때 김 굉은 정색하고 말하기를, 「공은 떠나지 말고 조금 지체하시오」라고 하자, 순명이 그 까닭을 물었다. 김 굉이 말하기를, 「공이 주인으로서 여기 앉아 있는 손님들을 돌보지 않고 문을 나갔으니 이는 빈주(賓主)의 예를 잃은 것이요, 음식을 종들에게 내주고 이내 떠나니 그 사람들이 어느 겨를에 먹는단 말이오? 이는 아랫사람의 사정을 알시 못하는 섯이오. 이러한 실수를 하고서 어떻게 방백(方伯)의 책임을 맡아 여러 고을 수령들을 인도한단 말이오? 내 이세 돌아가서 탄핵할 섯이오」 하고 일어나 놀아갔다.

순명은 우스갯소리려니 하고 길을 떠났는데, 굉은 소를 올려 논박하기를, 「신이 새로 임명된 평양 감사의 사석(私席)에서 한두 가지 일을 직접 보오니 크게 체통과 예의를 잃고 아랫사람의 사정을 알지 못하오니 이런 사람에게 빙백의 책임을 맡길 수 없사오니 청컨대 바꾸시옵소서」라고 하자 영조(英祖)는 그 말대로 하였다.

친구 사이에는 진실로 재물을 서
로 융통해서 쓰는 의리가 있지만,
조심스럽게 달라 하고 너무 요구하
지는 말아야 한다. 요구했다가 얻지
못하면 나에게는 미안한 마음이 있
고 그 사람에게는 역시 부끄러운 맘
이 있어 사귀던 정이 이 때문에 소
원해질 것이니 어찌 요구하지 않은
것만 같으랴?

유　관(柳寬)

실 입교(實立敎 : 가르침 세우는 것을 착실히 함)

○ 문경공(文敬公) 허 조(許稠)는 집안을 다스리는 것이 엄격하고 법도가 있었으며, 자제들을 가르치는 데에 모두 소학(小學)의 예를 써서 터럭만한 조그만 행동이라도 모두 삼가게 해서 당시 사대부 집의 모범이 되었다.

○ 강 석덕(姜碩德)이 일찌기 그 아들 희안(希顔)·희맹(希孟)을 가르칠 적에 말하기를, 「사람의 부귀와 영달은 하늘에 있는 것이요 구해서 되는 것이 아니니, 스스로 효제, 충신, 예의, 염치를 다할 뿐이다」라고 하였다.
후에 두 아들이 과거에 급제하여 영친연(榮親宴)을 열겠다고 하자 공은 이를 허락치 않고 말하기를, 「영화는 내가 좋아하는 것이 아니니, 영화로우면 반드시 욕된 것이 있는 법이다」라고 했다.
두 아들은 모두 문학으로 이름이 높았는데 맑고 삼가는 것으로 몸을 지켰다.

○ 팔계군(八溪君) 정 종영(鄭宗榮)은 자제들을 가르치기를 몹시 엄하게 하여 예의로 인도하고, 학문을 강론하거나 무슨 일에 대해서 이야기하는 외에는 감히 사사로운 말을 하지 못하게 했다.
항상 자제들에게 경계하기를, 「나는 일찌기 스스로 편하기를 구하여 남에게 해를 끼치려 하지 않는다. 너희들은 부귀한 집에서 생장하여 주리고 추운 것을 알지 못하니 만일 능히 삼가고 조심하지 않고 도리어 교만하고 사치스러운 마음을 내면 앙화(殃禍)가 반드시 올 것이니 모름지기 경계할 것이다」라고 하였다.

○ 경력(經歷) 우 언겸(禹彦謙)은 자제들을 가르치는 데 윤리(倫

理)를 앞세웠고, 평시에 청소하고 응대하는 것은 반드시 자제들을 시켜 하게 했다. 혹 그들이 이런 일로 공부하는 데에 의심이 되면 공은 말하기를, 「이것은 진실로 그 직책인 것이니, 먼저 이것을 알지 못하면 글은 읽어 무엇하겠느냐?」라고 하였다. 그 아들 성전(性傳)은 문학과 행실로 이름이 났었다.

○ 지봉(芝峰) 이 수광(李晬光)의 부인 김씨는 자녀들을 가르치는 데 엄하게 하고 일에 따라 경계하고 엄하게 타일러 게으르고 한만(汗漫)하게 하지 않았다. 평상시에 비록 사랑했지만 조그만 허물만 있어도 반드시 심하게 책망하고 말하기를, 「내 항상 보건대 부인들은 사랑할 줄만 알고, 가르쳐서 그 자식을 성공시킬 줄은 알지 못하는데, 나는 그것을 취하지 않는다」라고 하였다.

○ 건재(健齋) 김 천일(金千鎰)은 나이 16세에 스스로 깨달아 말하기를, 「내가 들으니 이 일재(李一齋)가 도학으로 후학들을 가르친다 하니 내 마땅히 가서 그를 따르리라」고 하자, 그 조모가 멀리 떠나는 것이 섭섭해서 말하기를, 「이곳에는 어찌 네 스승이 없겠느냐?」라고 했다.

그러나 공은 말하기를, 「경서를 가르치는 스승은 쉽지만 사람이 되게 가르치는 스승은 어렵습니다. 그래서 저는 가까운 데를 버리고 먼 곳으로 가려는 것입니다」라고 했다.

그가 일재에게로 가자 일재는 그가 뜻을 세운 것을 가상히 여겨 특별히 더 권장하고 면려하였다.

○ 이정(李正) 후기(厚基)는 청강(淸江) 제신(濟臣)의 손자로 부제학 행우(行遇)의 아버지이다. 두 사람은 모두 조정에 그 이름이 높았다.

이 집은 종들을 시켜 술잔을 가까이 하는 것을 금하고 있는데, 어느 날 한 재상이 술병을 가지고 부제학의 집에 와서 함께 마시고 있었다. 이정(李正)이 이 소식을 듣고 종을 시켜 부제학을 불러다가 머리를 잡고 매를 때리려 하는데, 술을 같이 마시던 재상이 쫓아왔다. 문지기가 이 사실을 알리자 이정은 큰 소리로 말하기를, 「내 자식이 아비 말을 어겼기로 때리려 하는데 그 재상은 아버지가 없는가?」 하니 그 재상은 감히 들어가지 못하고 밖으로 나갔다. 선배들의 자제를 엄중히 단속하는 것이 이와 같았다.

○ 정헌공(貞憲公) 임 도(任權)가 일찌기 자제들에게 말하기를, 「내 어찌 남과 다름이 있으랴? 다만 혼자 있을 때 스스로 속이지 않고, 남을 대할 때 숨기는 일이 없는 것뿐이다」라고 하였다.

○ 익성공(翼成公) 방촌(厖村) 황 희(黃喜)는 마음이 깊고 도량이 넓어서 기쁘고 노여운 것을 한번도 얼굴에 나타내지 않았다.

집에 있어서는 맑고 검소하여, 몸이 수상(首相)이 되었는데도 쓸쓸하기가 한 서생(書生)과 같았고, 조정에 들어가서는 대체를 지켜 터력만큼도 사사로운 것을 용납하지 않았다.

어느 날 절재(節齋) 김 종서(金宗瑞)가 생일이라고 해서 공을 청해다가 점심에 술을 내왔다. 이때 나라에는 금주령(禁酒令)이 내려졌으나 공은 하루를 즐겁게 지내더니 의정부에 들어오자 사람을 시켜 종서를 불러 엄하게 책망하기를, 「그대가 국법을 범했으나 그 죄를 용서할 수가 없다」고 하였다.

어느 날 집의 계집종이 서로 싸우다가 공에게 와서 호소하기를, 「아무개 종이 저에게 이리이리했으니 몹시 간악합니다」라고 하자 공은, 「네 말이 옳다」라고 대답했다. 조금 있다가 딴 종이 와서 또 호소하기를 먼저 종과 같이 하자, 공은 또 「네 말이 옳다」고 해서 돌려보냈다.

옆에서 이것을 보던 조카가 마땅치 않은 표정으로 나와서 말하기를, 「아저씨께서는 판단이 너무 애매하십니다. 네 말도 옳다 네 말도 옳다 하시면 그 시비는 누가 가려 줍니까?」라고 하니 공이 말하기를, 「네 말도 옳다」라고 하였다.

○ 범허정(泛虛亭) 상 진(尙震)은 남의 잘못을 듣기 싫어하고, 혹시 들으면 반드시 그 마음을 탐지하여 그 용서해 줄 수 있는 도리를 구하고, 또 그의 장점을 구했으며, 남의 착한 일을 들으면 반드시 드높여 칭찬하기를 마지 않았다.

혹 도둑질하는 자가 있으면 반드시 도리어 불쌍히 여겨 말하기를, 「주림과 추위에 쫓겨서 부득이해서 한 일일 것이다」 하고 그 물건을 내주면서, 「네 만일 배가 고프거나 춥거든 나에게 와서 말하고 아예 다시는 그런 짓을 하지 말라」고 했다.

○ 이 한음(李漢陰)은 겸손하고 삼가, 일찌기 터럭만큼도 잘난 체하는 빛이 없었다. 일찌기 서총대(瑞葱臺)에서 임금이 시켜서 짓는 글에 장원을 해서 이름이 높이 나 아무도 그와 다투려 하지 않았다.

어느 날 문관(文官)들에게 명하여 정시(廷試)를 보이는데, 모두 말하기를, 「내일은 또 이모(李某)가 장원하겠지」라고 하므로 공은 이 말을 듣고 병이 있다 하고 나가지 않으니, 아는 자들은 모두 그의 넓은 도량을 칭찬하였다.

○ 야곡(冶谷) 조 극선(趙克善)은 어려서부터 스스로 일기(日記)를 써서 날마다 한 일과 말을 기록해 두고 이것을 가지고 반성하여 허물이 있었으면 문을 닫고 자기 종아리를 때렸다.

일찌기 범문정공(范文正公)의 「먼저 근심하고 뒤에 즐거워한다」는 말을 외면서 말하기를, 「마음 쓰는 것이 이와 같으면 어찌 참다운 대장부가 아니겠는가? 구구하게 한 몸의 득실을 가지고 먼저 근심하고 뒤에 즐거워하는 자는 비루한 자이다」라고 하였다.

혹 재앙이 있으면 먼저 자기 몸을 반성하여 옷을 낮추어 입고 먹는 것을 줄이면서 말하기를, 「재앙이 생기는 것은 하늘이 사람을

책망하는 것이니, 마땅히 두려워하여 몸을 닦고 반성해야 할 것이
니, 어찌 집과 나라가 다르겠느냐?」고 했다.

○ 상국(相國) 홍 언필(洪彦弼)은 아들 가르치기를 가장 엄하게
했다. 아들 섬(暹)의 지위가 재상에 이르렀는데도 허물이 있으면
종아리를 때렸다.

섬이 일찌기 대사헌이 되었을 때 초헌(軺軒)을 타자 상공이 크게
노하여 말하기를, 「초헌이란 나이와 지위가 모두 높은 자라야 타
는 것이다」 하고 섬을 초헌에 묶어서 뜰에 놓아 두었더니, 뵈러
온 손이 이를 보고 피해 달아나 감히 들어오지 못했다. 이 소식을
임금이 듣고 말하기를, 「대사헌은 나라의 재상인데 어찌 이토록
벌을 한단 말이냐?」고 했다.

○ 황 금계(黃錦溪)가 성주 목사(星州牧使)로 있을 때, 덕계(德溪)
오 건(吳健)이 그 고을의 교관(敎官)으로 있어서, 공은 공사가 끝난
뒤에는 항상 덕계와 함께 책상을 대하여 강독하기를 밤을 새워 잠
자고 밥 먹는 것도 잊었다.

혹 이로 인하여 병이 생기면 말하기를, 「글을 읽는 것은 학문의
근본으로서 이것으로 마음을 다스리고 기운을 기르는 것인데 어찌
글을 읽는다고 병이 생길 이치가 있겠는가? 혹 그렇지 않은 것은
운명일 뿐이요, 글의 죄가 아니다」라고 하였다.

실 명륜(實明倫 : 인륜을 밝힘)

○ 일두 선생(一蠹先生)은 그 아버지가 함길도 우후(咸吉道虞候)로
서 이 시애(李施愛)의 난으로 죽자, 선생은 쌓여 있는 시체 속에 들
어가서 그 아버지의 시체를 찾아다가 고향에 장사지냈으니 그때
나이 17세였다. 상복을 벗자 세조가 그 아버지의 공을 가상히 여겨

그 아들에게 벼슬을 주었으나 선생은, 「아비가 죽었는데 자식이 영화를 누리는 일은 차마 할 수 없다」 하고 받지 않았다.

○ 율정(栗亭) 윤 택(尹澤)은 일찍 아버지를 여의어 그 얼굴을 알지 못했는데 책 속에서 부자간의 정에 대해서 쓴 것을 볼 때마다 눈물을 흘렸다. 그는 또 항상 주머니 하나를 차고 다니다가 색다른 음식을 보면 거기에 넣어서 어머니께 갖다 드렸다.
한번은 연경(燕京)에 갔을 때 길에 금 백 냥이 흘러 있는 것을 보고, 이것을 지키고 주인이 오기를 기다려서 내주었더니 그 주인이 울면서 사례했다.

○ 절효공(節孝公) 김 극일(金克一)은 청도(淸道)에 살았는데 그 독실한 행동이 비할 데가 없어 세상에서 절효 선생(節孝先生)이라고 일컬었다. 성실이 지극히 효성스러워 어머니를 위하여 종기를 빨고 아버지 병에 극진히 간호했다.
전후 묘의 여막에서 6년을 지내는데 묘 곁에 범의 새끼가 있으므로 제사음식 남은 것을 먹여 키워서 마치 돼지를 먹이듯 했다.

○ 김 덕숭(金德崇)은 나이 72세에 아버지 초상을 당하여 여묘(廬墓)를 살면서 슬퍼하므로, 같은 고향 사람들이 이제는 나이 들었다 하여 중지시켰으나 덕숭은 울면서 말하기를, 「아버지는 산에 묻혀 있고 자식은 집에 편안히 있다니 이는 차마 할 수 없는 일이다」라고 하였다. 3년이 지난 후에도 그는 부모가 평시에 앉아 있던 곳을 보면 울음을 터뜨리곤 하였다.
그가 죽자 세조는 그의 효성을 가상히 여겨 그 두 아들에게 벼슬을 주고 묘 앞에 비석을 세워서 표창했다.

○ 정공(鄭公) 의(疑)는 오천(烏川) 사람이다. 묘 밑에 여막을 묻고 사는데 묘가 산골짜기 궁벽한 곳에 있으므로 친척들이 그를 위

태롭게 여겨 만류하였으나, 공은 말하기를, 「부모의 초상에는 내가 죽어야 마땅한데, 이제 한 주먹 흙이 마르기도 전에 차마 혼백으로 하여금 의지할 곳이 없게 할 수 있는가? 혹시 불행해서 강도나 맹수의 해를 입는다 해도 그것 또한 운명이다」라고 하였다.

어느 날 밤에 큰 범이 노루 한 마리를 물어다가 여막 앞에 놓아두고 항상 새벽이면 갔다가 어두우면 와서 마치 지켜 주는 것처럼 하였다. 또 떠도는 도둑떼 10여 인이 갑자기 몰려왔는데 공은 조금도 얼굴빛을 변치 않고 부복하고 제사를 지내자 도둑들은 한참 동안 돌아보다가 손을 잡아 공경하는 뜻을 표하고 가 버렸다.

○ 독곡(獨谷) 성 석린(成石璘)은 나이 60세에 그 어머니가 80의 고령으로 병이 위중하여 눈을 감고 말을 하지 못한 지가 여러 날이 되었으나 약이 효험이 없었다.

이에 공이 향을 피우고 기도했더니 마침내 어머니가 깨어나서 말하기를, 「이게 무슨 소리냐?」 하니 모시고 있던 자가 놀라고 기뻐서 말하기를, 「기도하는 소리입니다」라고 했다. 어머니는 다시, 「하느님이 사람을 보내서 지팡이를 주면서 말하기를, 아들이 지극히 정성스러우니 이것을 짚고 일어나라고 했다」고 말하더니 병이 이내 낳았다. 이것을 보고 사람들은 독곡의 효성이 지극한 보람이라고 했다.

○ 농암(聾岩) 이 현보(李賢輔)는 어떤 일 때문에 연산군(燕山君)의 미움을 받아서 안기역(安奇驛)으로 귀양갔는데 후에 연산이 먼저 말을 다시 죄주어, 성명도 쓰지 않고 말하기를, 「그 때 얼굴이 검고 수염난 자이다」라고 해서 공을 다시 옥에 가두었다. 그러나 공은 이와 같이 일을 당해도 꺾이지 않으므로 당시 사람들이 「소주도병(燒酒陶瓶)」이라 했으니, 이것은 밖은 어두워도 속은 맑다는 뜻이다.

그는 천성이 효도와 우애가 지극하더니 중종(中宗)이 즉위하자 부모를 위하여 외직으로 나가기를 빌어 봉양하기를 극진히 하고 양친이 집에 있으며 자손이 앞에 가득했다. 일찌기 구로회(九老會)를 열어 부모의 마음을 즐겁게 했으며, 안동에 있을 때는 양로연(養老宴)을 열어 양친을 모셔다가 안팎 자리의 주인을 삼고, 공은 자제들의 손을 잡고 자리 위에 술잔을 돌렸다.

또 분천(汾川) 위에 애일당(愛日堂)을 짓고 부모를 모시고 놀면서 산수를 즐기니, 사대부들이 모두 그 명절(名節)을 높이 여기지 않는 자가 없었다.

○ 이 백사(李白沙)는 처음 났을 때 이틀 동안 젖을 먹지 않고 사흘 동안 울지 않으니 온 집안이 몹시 근심했었다. 8세 때 그의 아버지가 거문고와 칼을 가지고 대구(對句)를 맞추어 시를 지으라 하자, 공은 즉시 말하기를, 「칼에는 장부의 기상이 있고, 거문고는 태고의 소리를 간직했네. (劍有丈夫氣 琴藏太古音)」라고 하니, 이 말을 들은 자는 그가 장차 대성(大成)할 것을 알았다.

9세에 아버지를 잃자 슬퍼하기를 성인과 같이 하여 소식(素食)으로 3년상을 마치고 12, 3세에는 이미 의리를 좋아하는 기개가 있고, 재물을 소홀히 여기고 남을 돕는 뜻이 있었다. 일찌기 새 바지를 입었는데 다 떨어진 옷을 입은 이웃 아이가 공의 새 옷을 탐내자 공은 즉시 벗어 주었다.

또 일찌기 새 신을 신고 나갔다가 남에게 벗어 주고 맨발로 돌아오자, 그 어머니가 공의 뜻을 시험하고자 하여 거짓 노한 체하고 꾸짖으니 공은 대답하기를, 「사람이 신고 싶어하는 것을 차마 주지 않을 수가 없었읍니다」라고 하였다.

○ 외암(畏菴) 이 식(李栻)은 집이 가난했다. 젊었을 때 과천(果川)에 살았는데, 밤이면 글을 읽고 낮에는 나무를 지고 장에 가서 쌀과 고기로 바꾸어다가 부모를 봉양했다.

그는 본래 힘이 세어서 그가 진 나무는 남의 갑절이나 되었지만 값을 더 달라고 하지 않으니 사는 자도 역시 값을 깎지 않았다. 날마다 집사람이 솥을 씻어 놓고 기다리면 비가 오나 눈이 오나 저녁때면 반드시 돌아왔다.

○ 《국조휘언(國朝彙言)》에 이런 말이 있다.

경징군(慶徵君) 연(延)은 겨울에 그 아버지가 병이 들어 생선회를 먹고 싶어하자, 얼음을 깨치고 그물을 쳤으나 생선이 잡히지 않으므로 울면서 말하기를, 「옛 사람은 얼음을 두드리고서도 물고기를 얻었다는데 이제 나는 그물을 쳤는데도 얻지 못하니 정성이 부족한 탓이로다」하고 맨발로 얼음 위에 밤새 서 있노라니 잉어 한 마리가 잡혀서 가지고 돌아왔다.

그의 아버지가 또 쓴나물을 먹고 싶어하므로 채소밭에 가서 울고 서 있으니 쓴나물이 나와 이것을 먹고 그 아버지의 병이 낳았다.

○ 문효공(文孝公) 조 익(趙翼)의 아버지 첨추공(僉樞公)은 89세까지 수를 누렸는데, 80세 이후로 대변이 굳어서 나오지 않았다. 이때 공은 벼슬이 정승에 올랐고 나이도 60세가 지났는데도 친히 변소에 따라가서 손가락에 기름을 묻혀 가지고 변을 후벼 냈고 밤낮으로 곁에서 모셨다.

첨추공은 아랫목에 있게 하고 공은 창 가까이 앉아서 책을 읽어드려 잠시도 곁을 떠나지 않았으며 심지어 이불을 펴고 옷을 벗기는 일까지도 종들을 시키지 않았다.

이럴 때 첨추공은 정신이 더욱 혼미해서 공이 자기의 아들이라는 것도 잊고 혼자 말하기를, 「사촌 판서가 나를 사랑하고 나를 대접하기를 극진히 하고 그 정이 참으로 정성스러우니 감격스럽다」고 했다. 또 약과를 씹다가 싫증이 나면 입에 들었던 것을 뱉어서 종이에 싸서 요 밑에 넣어 두었다가 다시 꺼내서 먹기도 하고 이것을 공에게 나누어 주면, 공은 그 더러운 것을 씻지 않고 앞에 앉아 달게 먹으면서 웃는 얼굴로 이야기하는 것이 마치 어린애가 어머니 곁에 있는 것과 같았다.

첨추공이 죽으니 공의 나이 68세인데도 슬퍼하기를 도에 지나치게 했으며, 겨울인데 눈물이 얼굴 가득히 흘러 고드름이 되었다.

○ 명재(明齋) 윤 증(尹拯)은 미촌(美村) 선거(宣擧)의 아들이다. 정축 난리에 그 어머니 이씨(李氏)가 강화에서 순절(殉節)하자, 그는 평생 과거를 보지 않았고, 또 벼슬에 나가지 않았다. 계속해서 대사헌, 이조판서 및 우의정에 배명되었으나 모두 사양했다.

○ 문정공(文正公) 계암(溪巖) 김 영(金坽)은 가법(家法)이 본래부터 엄해서 자제(子弟)들이 곁에 모시고 있어 모진 추위나 혹심한 더위에도 감히 물러가서 편히 있지 못했다. 유 수암(柳修巖) 진(袗)이 겨울에 찾아와서 밤중까지 이야기하다가 자리에 드는데 곁에 모시고 있는 자가 없으므로 공(公)이 네 아들을 부르자 모두 대답하고 들어와 모시고 서 있어, 물러가라고 명령하지 않으면 감히 자리를 떠나지 않으니, 유공(柳公)은 이것을 보고 몹시 탄복했다.

○ 단종이 영월로 내쫓겨 승하(昇遐)하던 날 사람들은 모두 두려워하여 감히 염습을 못하는데, 한 늙은 아전 엄 흥도(嚴興道)가 관곽과 옷과 이불을 준비하고 스스로 장지를 골라서 모든 범절을 갖추어 후하게 장사지냈다.

이때 그 족속들은 큰 화가 장차 미칠 것이라 하여 중지시켰으나, 흥도는 「착한 일을 하고 죄를 얻는 것은 내 마음에 달게 받겠다」 하고 드디어 그 묘를 이루었으니 이것이 지금의 장능(莊陵)이다.

○ 문경공(文敬公) 허 후(許詡)는 조(稠)의 아들이다. 문종(文宗)이 죽자 세조가 당시 수양대군으로서 명나라에 고부사(告訃使)로 가려 했다. 이때 후가 청하기를, 「지금 재궁(梓宮)이 빈소에 계시고 젊은 임금이 나라 일을 맡아 대신들이 아직 따르지 않고 백성들

은 의심을 품고 있는데, 공자(公子)께서는 나라를 위하는 종신(宗臣)으로서 나라를 버리고 장차 어디로 가시려 하십니까?」라고 하였다. 세조는 비록 받아들이지는 않았지만 마음 속으로는 그 말을 옳게 여겼다.

세조가 왕위를 빼앗으려고 김 종서(金宗瑞)와 황보 인(皇甫仁)을 죽였으나 후는 전일에 명나라에 가는 일을 만류했던 일로 해서 화를 면할 수가 있었다.

이때 후를 불러 자리를 주고, 술을 마시고 풍류를 울리니 좌중 사람들이 모두 손뼉을 치면서 웃고 즐겼으나 후는 홀로 슬픈 빛으로 즐거워하지 않고 또한 고기도 먹지 않고 있는데, 이윽고 세조는 명해서 종서(宗瑞)와 인(仁)의 머리를 베어다가 효시하고 그 자손들까지 베이게 했다.

이에 후는 말하기를, 「이 사람들이 무슨 큰 죄가 있어서 효수(梟首)를 하고 자손까지 베이십니까?」라고 했다. 후는 종서와 그다지 친하게 사귀지는 않았지만 그 사람이 만에 하나라도 모반할 이치가 없다고 생각했기 때문이다.

그러나 세조는, 「네가 고기를 먹지 않았던 것은 뜻이 여기에 있었구나」라고 하자 후는 말하기를, 「조정의 원로들이 같은 날에 모두 죽었는데 이 후는 살아 있는 것만 해도 족하거늘 어찌 차마 고기까지 먹겠읍니까?」 하고 이내 눈물을 흘렸다. 세조가 몹시 노했으나 그래도 그 재주와 덕을 사랑해서 죽이지는 않았다.

○ 취금헌(醉琴軒) 박 팽년(朴彭年)은 세조가 왕위를 계승하자 성 삼문, 유 응부, 하 위지, 이 개, 유 성원과 상왕(上王)을 회복시킬 계획을 하다가 일이 누설되어 잡히게 되었다. 그러나 세조는 그 재주를 존중하여 비밀히 사람을 시켜 팽년에게 말하기를, 「네가 능히 내게 돌아오고 처음 계획했던 것을 숨기면 살 수 있다」고 했으나 팽년은 웃고 대답하지 않았고, 세조를 부를 때는 반드시 「진사(進賜)」라고 했다.

세조가 그 입을 막기 위하여, 「네가 이미 신하라 했으니 이제 와서 신이라 하지 않아도 소용이 없다」라고 했으나 그는 대답하기를, 「내가 상왕(上王)의 신하이지 어찌 진사의 신하가 된단 말입니까?」라고 했다.

그가 일찌기 충청 감사로 있을 때 1년 동안 조정에 올린 글이 있으므로 세조는 사람을 시켜서 일일이 조사하게 했더니 거기에도 과연 신(臣)자는 한 자도 없었다.

○ 매죽헌(梅竹軒) 성 삼문(成三門)은 세조가 왕위에 오를 때 예방 승지(禮房承旨)로서 국새를 안고 통곡하다가 세조가 부복하고 겸양하는 것을 보고 머리를 들고 밉게 내려다보았다.

그가 삽히자 세조가 놉시 노해서 무사를 시켜 불로 쇠를 달구어 그 다리를 지지고 그 다리를 잘랐으나 항복하지 않고 말하기를, 「신사의 형벌이 잠혹합니다」라고 했다.

수레에 실려 문을 나가는데 얼굴빛이 태연하고 좌우를 돌아보면서 말하기를, 「너희들은 어진 임금을 도와서 태평한 세상을 이루라. 나는 돌아가 지하에서 옛 임금께 뵈이리라」고 했다. 그가 죽자 그 집 재산을 몰수했는데, 을해년 이후의 녹봉(祿俸)은 따로 한 방에 쌓아 두고 「모년 모월의 녹(祿)」이라 써 붙였으며, 집에는 남은 곡식이 하나도 없었다.

○ 일이 발각되자 세조가 이르기를, 「너와 나는 친구 사이이니, 진실로 이런 일이 있었으면 마땅히 내게 다 말하라」고 했으나 충간공(忠簡公) 이 개(李塏)는 대답하지 않았다.

공은 파리하고 약해서 몸이 옷을 이기지 못했으나 잡혔을 때 얼굴빛이 변하지 않았고, 형을 받을 때 시를 짓기를, 「우임금의 솥이 무거울 땐 사는 것도 또한 무겁고, 기러기 터럭 가벼운 곳에 죽는 것도 오히려 영화일세. (禹鼎重時生亦大 鴻毛輕處死猶榮)」라고 하였다.

○ 단계(丹溪) 하 위지(河緯地)는 침착하고 묵중하며 말이 적고 공손하면서도 예의가 있어 대궐을 지날 때면 반드시 말에서 내렸다. 경연에서 임금을 모시고 강독하여 도움된 것이 많아서, 당시의 인재를 의논할 때는 언제나 공을 우두머리로 삼았다.

세조가 친히 불로 지지는 형벌을 가하자 공은 말하기를, 「이미 나에게 반역의 이름을 씌웠으면 그 죄로 마땅히 죽일 것이지 다시 무엇을 물으십니까?」하니 세조의 노염이 좀 누그러져서 지지는 형벌을 하지 않았다.

그 아들 박(珀)도 잡혀 왔는데 그때 나이 15세도 되지 않았으나 조금도 두려워하는 빛이 없었다. 금부도사(禁府都事)를 돌아보면서 어머니께 작별을 고할 수 있도록 청하고 돌아가 어머니께 고하기를, 「아버지께서 죽음을 당하셨으니 자식이 홀로 살 수가 없읍니다」하고 두 번 절하고 나와서 죽음을 당했다.

○ 충경공(忠景公) 유 성원(柳誠源)은 병자년에 일이 발각되자 성균관으로부터 집에 돌아가 아내 앞에서 술을 한잔 마시더니 사당에 들어가서 오래도록 나오지 않았다. 이상히 여겨 들어가 보니 이미 칼로 자살해 있어, 얼마 안 되어 형리(刑吏)가 오더니 시체를 가져갔다.

○ 충목공(忠穆公) 유 응부(俞應孚)는 키가 남달리 크고 용모가 준엄하고 씩씩했으며, 활을 잘 쏘고 용맹했다.

처음에는 공으로 운검(雲劍)을 삼아 대궐 안에 칼을 차고 들어가게 했으나 갑자기 운검의 제도가 없어졌다. 그러나 공은 오히려 거사를 하고자 하여 여러 사람이 있는 곳에서 주먹을 불끈 쥐고 말하기를, 「권 람(權覽)과 한 명회(韓明澮)를 죽이는 데는 이 주먹이면 넉넉한데 어찌 큰 칼이 필요하랴?」고 했다.

그러나 박 팽년, 성 삼문 두 공이 말리면서 말하기를, 「운검을 쓰지 않게 된 것은 하늘의 뜻이니 다음 날을 기다리는 것만 못하다」고 하자, 공은 「일이란 신속한 것이 좋은 법이다. 오늘 상왕(上王)의 명령을 받았으니 이때를 놓칠 수 없다」고 했으나 여러 사람들이 옳지 못하다고 고집해서 마침내 그만두고 말았다.

그러나 일이 발각되어 형을 받으러 나가면서 두 공을 돌아보면서 말하기를, 「사람들이 서생(書生)들과는 일을 계획할 것이 아니라고 하더니 과연 그렇도다」 하고 즉시 입을 다물고 말하지 않았다. 지지는 형벌을 받으면서도 얼굴빛을 변하지 않고 쇠를 땅에 던지면서 말하기를, 「쇠가 식었으니 다시 달구어 오너라」 하고 끝내 항복하지 않고 죽었다.

사론(史論)에 말하기를, 「누가 신하가 아니리오마는 지극하도다, 육신(六臣)의 신하 노릇함이여! 누가 죽음이 없으리오마는 크도다, 육신의 죽음이여! 살아서는 임금을 섬기어서 신하 된 도리를 다했고, 죽어서는 임금에게 충성하여 신하된 절개를 세웠도다. 그 충성은 흰 태양을 꿰뚫었고 의기는 가을 서리보다 무서워서, 신하 된 사람으로 하여금 한마음으로 임금을 섬겨야 한다는 의리를 알게 했도다」라고 했다.

○ 율정(栗亭) 권 질(權節)은 용맹과 힘이 뛰어나 남 이(南怡)와 함께 이름이 났었다.

게다가 여러 글에 널리 통달했으므로 세종이 그 문무를 겸한 재주가 있는 것을 알고, 활과 말을 익히게 하고 사복시 직장(司僕寺直長)을 시켰다가 집현전 교리(集賢殿校理)에 올려 썼다.

세조가 아직 왕위에 오르기 전에 여러 번 그 집에 와서 비밀히 큰 일을 의논했으나 절(節)은 귀먹은 체하고 감히 대답하지 않고 숨어서 몸가짐과 일 처리하는 것을 단속하지 않았다.

세조가 즉위하자 그 재주와 도량을 아깝게 여겨 대궐 군사를 맡는 일을 맡기려 했으나 그는 미친 체하고 명령을 받지 않고서, 사람을 만나면 대뜸 머리를 조아리면서 말하기를, 「국가가 태평하니 성주(聖主)는 만 년을 사시옵소서」 하고 그대로 생을 마쳤다.

○ 청파(靑坡) 기 건(奇虔)은 단종조 때 벼슬을 그만두고 문을 닫고 사람을 만나지 않았다.

세조가 왕위에 오르기 전에 세 번이나 친히 건(虔)을 찾아보고 일을 의논하려 했으나 그는 청맹(靑盲)이라 칭탁하고 만나지 않았다. 이에 세조는 바늘을 가지고 눈을 찌르는 척하여 시험해 보았으나 그는 눈동자도 움직이지 않았다. 이리하여 끝내 그를 일으키지 못하고 말았다.

그가 일찌기 제주 목사로 있을 때 제주도에는 그 어버이를 장사 지내지 않는 풍속이 있었으므로 공은 관(棺)을 갖추고 염습하여 장사지내게 했다.

그런 후 어느 날 꿈에 3백여 명이 뜰 밑에서 절을 하고 말하기를, 「공의 은혜를 갚을 길이 없읍니다. 공은 어진 자손을 많이 나으실 것입니다」 하더니 그 뒤에 자손이 번성하고 이름이 드높아, 복재(服齋) 존(遵) 및 고봉(高峰) 대승(大升)이 모두 문장과 덕행으로 세상에 이름을 떨쳤다.

○ 행원(杏園) 이 부(李阜)는 조 정암과 뜻이 맞고 도가 같아서 기묘년에 과거에 급제하여 정언(正言)에 올랐으나 병을 칭탁하고 호서(湖西)로 돌아갔다. 이때 정암이 그를 쫓아 한강까지 가서 임금과 신하의 도리로 책망했으나, 공은 개연히 탄식하기를, 「도깨비와 이무기가 옆에서 엿보고 향기로운 풀과 더러운 풀이 한 그릇에 담겼으니, 나는 차라리 시내에서 물고기를 잡고 산골짜기에서 밭을 갈아 내 목숨을 온전히 하겠네」 하고 기어이 돌아도 보지 않고 가 버렸다.

그해 겨울에 북문(北門)의 화가 일어나 여러 어진이들이 모두 죽었으나 공은 홀로 면했고, 후에 여러 번 조정에서 불렀으나 끝내 일어나지 않았다.

○ 한재(寒齋) 이 목(李穆)은 젊었을 때 점필재(佔畢齋)를 따라 어

울렸는데 일찌기 태학(太學)에 있을 때 성종(成宗)이 병환이 있다 하여 성균관 벽송정(碧松亭)에서 무당을 불러다가 굿을 했다.

이에 목(穆)은 여러 학생들을 데리고 가서 지팡이로 쫓았더니 무당은 궁중에 가서 호소했다. 대비(大妃)가 노하여 성종의 병이 낫기를 기다려 고하자 성종은 명령을 내려 거기 참가한 학생들의 이름을 모두 써서 올리라 했다.

이 명령을 받고 여러 학생들은 모두 숨었으나 목이 홀로 이름을 써서 올리니 성종은 가상히 여겨 특별히 술을 하사했다.

○ 김 처선(金處善)은 환관(宦官)이었다. 연산군(燕山君)이 무분별하고 도리를 몰라 매양 궁중에서 처용(處容)의 춤을 추고 놀았다.

어느날 처선은 그 아내에게 이르기를, 「오늘은 내 반드시 죽으리로다」 하고 연산군에게 들어가 간곡히 간하기를, 「늙은 놈이 네 조정을 섬겼고 사기(史記)를 좀 읽었사오나 고금에 군왕과 같이 하는 자는 없었읍니다」고 하니 연산이 노염을 참지 못하여 방에 있는 활을 당겨 처선의 어깨를 쏘았다.

그러나 처선은 말하기를, 「조정 대신도 죽는 것을 꺼리지 않는데 늙은 환관이 어찌 감히 숙는 것을 누려워 하오리까 ? 다만 한스러운 것은 전하께서는 국왕의 자리에 오래 계시질 못할 것입니다」 하니, 연산이 앞으로 나와 처선의 다리 하나를 자르고 일어서서 걸으라고 했다.

이에 처선이 말하기를, 「전하께서는 다리가 없이 걸을 수 있소이까 ?」라고 하니, 그 혀를 끊고 손수 배를 갈라 창자를 꺼내서 흩었으나 처선은 숨이 끊어질 때까지 옳은 말을 그치지 않았다.

○ 기묘년의 화가 일어났을 때 성균관 학생들 중에서 대궐에 들어간 자가 천여 명이 넘었는데도 당시 세상 일이 참혹한 것을 보고 감히 말하는 자가 없었다.

이에 귀봉(龜峰) 신 명인(申命仁)은 앞장 서서 큰 소리로 말하기를, 「여러 학생이 해가 떠올라 한낮이 되었는데도 소초(疏草)를 쓰지 않으니 사기(士氣)가 땅에 떨어진 것이 여기에 이를 줄은 몰랐다. 내가 그 허물을 당할 것이다」하고 드디어 붓을 잡고 소(疏)를 써서 장차 올리려 하는데 문지기가 들이지 않았다.

여러 학생들이 강개한 생각이 들어 문을 밀치고 들어가 대궐뜰에서 큰 소리로 울었다. 그 소리가 대궐 안에까지 들려 임금이 하교하기를, 「성균관 학생들이 대궐문을 밀치고 들어와 대궐 뜰에서 우는 일은 천고에 없던 일이다」하고 명령을 내려 죄인들을 적발하여 죄를 다스리라고 하자 공이 소리를 높여 말하기를, 「옛날에 양 진(楊震)이 갇혔을 때 태학생(太學生) 3천여 명이 대궐의 뜰에서 운 일이 있사온데, 폐하께서 오늘 명령하신 일은 진실로 천고에 없는 일입니다」라고 하였다.

○ 충무공(忠武公) 이 순신(李舜臣)은 이미 벼슬길에 나갔으나 승진할 생각을 끊고 윗사람에 부탁하는 일을 하지 않았다.

율곡(栗谷) 이 이(李珥)가 이조판서로 있을 때 그 사람됨을 듣고 또 동종(同宗)의 의도 풀 겸하여, 사람을 시켜 만나자고 했으나 공은 즐겨하지 않고 말하기를, 「동종의 일로 해서라면 만나지만 나의 승진에 대한 일이라면 만날 필요가 없다」고 했다.

○ 뇌계(雷溪) 유 호인(兪好仁)이 죽을 때 그 아들 경(瓊)에게 이르기를, 「군자는 모름지기 임금을 속이지 말아야 하는 것이니, 나는 임금을 섬기는 데 속임이 없었다. 너도 임금의 명령을 받거든 마땅히 내 말을 생각하여서 그것으로 가법(家法)을 삼으라」고 하였다.

○ 경헌공(景憲公) 홍 섬(洪暹)이 젊었을 때 이 기(李芑)를 배척하다가 형을 받고, 남쪽 변방으로 귀양가게 되어서 금강(錦江)에 이르렀다.

이때 서울로 과거보러 가던 사람들이 모두 모여서 보는데, 그 중에 금호(錦湖) 임 형수(林亨秀)가 있다가 공을 보고 눈물을 흘리면서 말하기를, 「내 들으니 서울에 홍 섬이라는 사람이 있는데 아름다운 선비라고 했다. 그런데 무슨 죄가 있어 여기에 이르렀단 말인가? 지금은 군자가 과거를 볼 때가 아니다」 하고, 즉시 말을 돌려 돌아가서 과거에 응하지 않았다.

○ 충렬공(忠烈公) 송 상현(宋象賢)이 임진년에 동래 부사로 있었는데, 적이 성 밑에 쳐들어와서 힘으로 능히 지탱하지 못하게 되자 가지고 있던 부채에 글을 써서 그 아버지에게 권하기를, 「외로운 성이 적을 막지 못하고 아무런 계책도 없사오니, 이때를 당하여 부자 사이의 은혜는 가볍고 군신 사이의 의리는 중합니다」 하고 조복(朝服)을 정제하여 입고 북쪽을 바라보고 두 번 절하고 나서 의자에 앉아 죽으니 그 첩도 또한 따라서 죽었다.

○ 계암(溪巖) 김 영(金玲)은 광해조 때 사간(司諫)으로 있다가 왕의 무도한 것을 보고 벼슬을 내놓고 돌아갔다. 계해년에 반정이 이부어져서 직강(直講)에 임명하여 불렀으나 나가지 않았다.

이로부터 그는 문을 닫고 20년 동안 나가지 않고, 병으로 몸을 움직이지 못하여 손님이 오면 귀천을 가릴 것 없이 모두 앉아서 대해도 아무도 그 뜻을 알지 못했다. 공은 또 소경으로 가장하여 앞을 보지 못한다 하자, 인조는 본도의 관찰사로 하여금 가서 알아보게 했다.

이에 관찰사는 길에서 깨벌레 하나를 주워서 소매 속에 넣고 가서 점심상에서 몰래 꺼내서 반찬 위에 놓아 두고 그가 소경인지 아닌지 시험해 보았더니 공은 이를 알면서도 아무렇지도 않게 삼키니, 관찰사는 비로소 그가 정말 소경인 줄 알고 아무 의심도 하지 않았다. 이는 공이 광해군에의 절개를 지킨 것이었다.

226

○ 서촌(西村) 송 도남(宋圖南)은 인조 정묘년에 영유 현령(永柔縣令)으로 있었는데, 이때 청나라 군사가 크게 몰려오자 안주 병사 남 이홍(南以興)과 목사 김 준(金浚)이 바야흐로 나가서 적을 막게 되었다.

이때 도남도 군사를 거느리고 따르자, 이홍은 그가 공연히 죽는 것을 애석히 여겨 돌아가라고 힘써 권했으나 도남은 개연히 말하기를, 「어려운 일을 당해서 자기 몸을 잊는 것이 어찌 무부(武夫)들만의 일인가?」라고 하였다.

이에 이홍이 놀라는 빛을 띠고 갑옷을 입으라고 주었으나 도남은 이것을 나무에 걸면서 말하기를, 「성이 장차 함락되는데 몸은 보호해서 무엇하겠는가?」라고 했다. 안주성이 함락되자 그는 전포(戰袍)를 입고 성머리에 서서 활을 당겨 적을 쏘다가 적의 화살에 얼굴이 맞았는데도 끝내 활을 버리지 않고 창을 베고서 죽었다.

○ 원계군(原溪君) 원 유남(元裕男)은 인조 갑자년 이 괄(李适)의 난리에 윤 방(尹昉)과 함께 임금의 명령으로 서울에 머물러 있었는데, 난이 평정된 뒤에 책 한 권을 얻어 보니, 거기에는 반역에 따른 자들의 성명이 적혀 있는데 그 무리가 수천 명이었다. 그러나 유남은 그것을 즉시 불 속에 던져 태워서 반역을 안정시켰다. 공은 곧 두병(斗柄)의 아버지다.

○ 종실(宗室) 진원군(珍原君) 이 세완(李世完)이 병자년(丙子年)에 성 밑에서 당한 수치를 부끄러워하여 그 후로는 다시 세상에 뜻이 없어, 매양 북쪽 사신이 들어와도 문을 닫고 내다보지 않았다. 또 중국 사신에 임명되었으나 극구 사양하고 가지 않았다. 효종(孝宗)이 일찌기 금과 옥으로 만든 술잔 5,6개를 앞에 놓고 말하기를, 「마음대로 좋은 것을 골라 갖도록 하라」고 했으나 진원군(珍原君)은 사양하기를, 「사신이 술이 있고 사발과 대접이 있으면 그만이지 금과 옥으로 만든 술잔은 제 성품이 좋아하지 않습니다」라고 하니,

효종은 이후 그를 소중히 여겼다.

　○ 충민공(忠愍公) 임 경업(林慶業)은 어렸을 때 군대놀이를 하는데, 이웃 마을의 나무하고 소치는 아이들을 모아 놓고 지게를 가지고 들 가운데에 진(陣)을 치는 모양을 하고서 오고 가는 것을 금지하고 진퇴(進退)하는 것을 가르치니 아무도 이를 거역하는 자가 없었다.

　어느 날 영남(嶺南) 관리가 지나다가 이것을 치우려 하자 경업은 말하기를, 「군사의 진(陣)을 깨치는 법은 없다」 하고 굳게 지키고 허락하지 않았다.

　성장하여 대장부(大丈夫)라는 세 글자를 써서 허리에 차고 일찌기 무과(武科)에 합격하여 여러 관청에 벼슬하면서 어디에서나 그 직책을 다하니, 모두 큰 그릇이라 불렀다.

　공은 어려운 일을 당했을 때도 의리를 지켜 변하지 않았고, 명나라와 청나라 사이에서 고생하느라고 본래 품었던 재주를 펴 보지 못한 채 소인들의 모함을 받아서 천고 영웅의 눈물을 떨어뜨리고 말았다.

　공이 타던 말이 있었는데 하루에 천 리를 날리고 두어 길 되는 구렁도 뛰어넘었다. 공이 도망해 나갈 때 굴레를 벗겨 버리면서 말하기를, 「슬프다. 날래고 총명하지만 무엇에 쓰랴?」 하니, 그 말은 머리를 숙이고 눈물을 흘렸다.

　그 후에 그 말이 사복시(司僕寺)로 들어가 궁중의 말이 되었는데 공이 죽은 후에 말 치는 자가 이 말 앞에 서서, 「네 옛 주인이 죽었다」라고 하자, 그 말은 콩을 먹지 않고 하늘을 우러러 세 번 울고 죽으니 듣는 자가 이를 슬피 여겼다.

　○ 기은(耆隱) 박 문수(朴文秀)가 영남(嶺南)의 관찰사(觀察使)가 되었을 때 홍수(洪水)가 져서 가사(家舍)와 기물(器物)이 바다를 덮고 떠내려와 갯가에 산같이 쌓였다. 이것을 보고 문수(文秀)는 말

하기를, 「이는 관동(關東)이 아니면 반드시 관북(關北)에 홍수가
진 것이니 급히 곡식을 보내서 구제해야겠다」 하고, 창고의 곡식
3천 석을 내어 실어 보낸 뒤에 조정에 보고하려 했다.

이것을 보고 모두 말하기를, 「조정의 명령도 없이 곡식을 옮기
면 책망을 들을까 두렵습니다」라고 했다. 그러나 공(公)은 말하기
를, 「내 차라리 죄를 받을지언정 백성으로 하여금 굶주려 죽게는
할 수 없다」 하고 즉시 실어 보내니 함경도 10여 고을이 이것으로
죽음을 면했다.

그 후에 영조(英祖)가 이 말을 듣고 그 뜻을 높이 여기어 상을 내
렸다.

○ 풍양군(豊壤君) 유 상조(柳相祚)는 사람됨이 화후(和厚)하고 검
약(儉約)해서 병조판서(兵曹判書)가 된 후에도 자기 몸은 한사(寒士)
처럼 처신(處身)했다. 일찌기 초산 부사(楚山府使)로 있다가 돌아오
자 자기가 받은 녹봉(祿俸)을 모두 흩어서 가난한 족인(族人)들에게
나누어 주었다.

그 중 한 사람이 돈 3천 냥을 얻어 갔는데, 이튿날 와서 인사하
고 말하기를, 받아간 돈이 30냥 모자란다고 하였다. 이에 상조(相
祚)는 말하기를, 「이는 내 불찰(不察)이다」 하고 아들에게 명하여
내다 주게 하였다.

○ 인조(仁祖) 병술(丙戌)에 충익공(忠翼公) 이 시백(李時白)의 집
뜰에 나라에서 하사한 것으로 명화(名花) 한 떨기가 있었다. 그 꽃
은 이름이 금사낙양홍(金絲洛陽紅)으로서 중국에서 전해져온 것이
다.

어느 날 갑자기 어떤 사람이 일꾼을 데리고 왔다. 공(公)이 까닭
을 묻자, 그는 궁중의 심부름꾼으로서 임금의 명령을 받고 그 꽃을
캐다가 옮겨 심으려고 왔다는 것이다.

이에 공은 스스로 그 꽃나무 앞으로 가더니 그 뿌리를 뽑아서 꺾

어 버리고 눈물을 흘리면서 말하기를, 「오늘날 나라 형편이 아침 저녁을 보존하기 어려운데, 주상(主上)께서는 어진 사람은 구하지 않으시고 이 꽃을 찾으시다니 이 어찌 된 일이냐? 나는 차마 꽃을 가지고 임금의 사랑을 받고 나라가 망하는 것을 볼 수는 없다」고 했다. 이에 심부름 왔던 사람이 이 말을 그대로 아뢰자 임금은 공(公)을 후하게 대우했다.

○ 서 기순(徐箕淳)이 경상관찰사(慶尙觀察使)가 되어서 보니 그 당시에 탐리(貪吏)가 많았다. 이에 그는 개연(慨然)히 세상을 바로 잡을 뜻을 가지고 벼슬에 있으면서 얻은 재물은 모두 백성들에게 나누어 주었으므로 현직(顯職)을 지냈음에도 불구하고 집에 하루 쓸 물건도 없었다.

어느 날 그 막료(幕僚)가 그 집 대문이 곧 넘어지려 하는 것을 보고 자기 재불을 내어 수리해 주었더니 기순(箕淳)이 돌아와서 이것을 보고 말하기를, 「내 막료에게 무슨 재물이 있단 말이냐?」 하고 즉시 종에게 명하여 철거시켰다.

○ 석세(石世) 김 정집(金鼎集)이 금성 현령(金城縣令)으로 있을 때 흉년이 들어 도둑이 자주 생겨 하루는 한꺼번에 9명을 잡아 가두었다.

그러나 공은 그 결박을 풀게 하고 이르기를, 「지금 관청에 저축한 곡식이 없어 백성들을 도와 주지 못하여 너희들로 하여금 궁해서 도둑이 되게 했으니, 이는 내 죄이니 어찌 홀로 너희들만 벌할 수 있으랴? 그러나 언제까지나 도둑이 될 수는 없는 것이니 마땅히 각각 깊이 생각하여 생업에 힘쓰도록 하라」 하고 놓아 보냈더니, 도둑들이 감화되어 고을 안에 도둑에 대한 근심이 없었다.

헌종(憲宗) 때 그는 영변에 나가 다스리게 되었는데, 크게 교화를 이루었다. 이때 암행어사가 이 고을에 오게 되었는데, 공은 어사와 본래 사이가 좋지 않은 터여서 사람들이 모두 위태롭게 여기었다.

그러나 어사가 그 고을에 들어와서 백성들의 말을 듣자 탄식하기를, 「지금 호랑이가 각 고을에 가득하더니 이 고을 만은 유독 난새와 봉황새가 와 있도다」라고 하였다.

○ 모재(慕齋) 김 선생(金先生)이 젊었을 때 고양(高陽) 시골집에 살았는데, 얼굴이 옥과 같아서 이웃에 사는 처녀가 달밤에 찾아왔다.

이에 공은 책망하기를, 「그대가 사족(士族)의 딸로서 밤에 남의 방에 오다니 이것은 윤기(倫紀)에 죄를 진 것이다」 하고 종아리를 쳐서 돌려보냈다.

그 후에 처녀는 어느 재상의 집으로 시집갔는데, 기묘사화가 일어나 모재가 화를 면하지 못하게 되었을 때, 어느 재상의 아들이 모재의 어질다는 것을 간곡히 말씀드려 화를 면할 수가 있었다. 이것은 그의 어머니가 처녀 때의 일을 말하면서, 「모재는 군자이니 너희들이 마땅히 구원해야 한다」고 해서 화를 면할 수가 있었던 것이다.

○ 판서(判書) 박 연(朴筵)은 어릴 때 약혼만 하고 혼인은 치르지 않았는데 여자가 못된 병에 걸려 두 눈이 멀게 되었다.

이에 연의 형이 딴 혼처를 구해서 장가보내려 하자 공은 말하기를, 「눈이 멀게 한 것은 하늘이요 그 사람의 죄가 아니며, 소경이 된 아내도 같이 살 수가 있읍니다. 더구나 사람이 신용이 없으면 세상에 설 수가 없읍니다」 하고 결혼을 하고 보니 그녀는 소경이 아니었고, 사실은 중간에 낀 사람이 그 집과 원수여서 거짓말을 한 것이었다.

○ 칠봉(七峰) 김 희삼(金希參)이 일찌기 한 첩을 얻었다. 이에 김 하서(金河西)가 말하기를, 「공(公)의 내자(內子)가 여러 아이들을 키우느라고 빈궁하게 집에서 살고 있는데, 공은 갑자기 첩을 얻어

놓고 혼자서만 배부르고 따뜻하게 지낼 셈인가?」라고 하자, 공은
깜짝 놀라서 드디어 그 첩을 버리니 하서(河西)가 이 말을 듣고 어
려운 일이라고 항상 칭찬했다.

○ 은은당(隱隱堂) 조 린(趙潾)의 아내 김씨(金氏)는 높은 벼슬아
치의 집에서 나서 자랐는데도 절대로 교만하거나 제 몸을 자랑하
는 습관이 없이 행동과 말이 예의에 맞았으며, 소학과 내훈(內訓)
등 서적을 많이 읽어서, 자녀들을 반드시 이것으로 가르치고, 제사
받들고 손님 대접하는 일에 반드시 몸소 반찬을 장만하였으며, 고
기를 베고 채소를 자를 때는 꼭 반듯하게 했다.
　또 첩을 대우하기를 마치 동서에게 하듯이 하고 항상 여러 아들
들에게 말하기를, 「아버지께서 가까이하시니 그도 역시 어머니다.
너희들이 어찌 공경하지 않을 수 있으랴?」고 하였다.
　조공이 항상 말하기를, 「내 평생에 아내에게 본받은 바가 많아
서 나에게 도움이 되었다」고 하였다.

○ 상촌(象村) 신 흠(申欽)의 아내 이씨(李氏)는 청강(清江) 제신
(濟臣)의 따님으로서 부지런하고 검소한 것으로 자신을 지켰다. 그
의 가정에는 동서들이 많았는데 모두 사치스러운 것과 화려한 것
을 서로 자랑했지만 이씨는 홀로 초라한 옷차림으로 자리에 앉아
조금도 밖으로 장식하는 것이 없으니, 아는 자들은 모두 그를 존경
했다.
　공이 조정의 인사권(人事權)을 쥐었을 때 뇌물을 가지고 와서 환
심을 사려는 자가 있으면 이씨는 이를 물리치면서 말하기를, 「내
가 젊어서는 엄한 시아버지를 섬김에 있어 터럭만큼도 누(累)를 끼
치지 않았고, 자라서는 남편 받들기를 시아버님과 같이 하거늘 어
찌 물건으로 해서 우리 집을 더럽히겠는가?」라고 하였다.
　아들 익성(翊聖)이 공주에게 장가들자 이씨는 더욱 처신하기에
힘쓰고 항상 겸손하고 사사로이 사람을 만나지 않으며 오직 날마

다 삼으로 길쌈을 할 뿐이니, 이 항복(李恒福)이 말하기를, 「부인으로서 선비의 행실이 있는 분은 이씨가 우두머리이다」라고 했다.

○ 정재(定齋) 박 태보(朴泰輔)는 본래 성품이 강직하고 바른 말을 잘했다.

숙종 기사년에 임금이 중궁(中宮)을 바꾸려 하자, 공은 소를 올려 간하다가 조정에서 고문을 당하던 끝에 죽으니 그때 나이 36세였다.

이때 그 어머니는 문 밖에서 울면서 그를 보내며 말하기를, 「그 나이는 비록 아깝지만 의리는 장하다」라고 했고, 그 아내는 울면서 시어머니를 위로하기를, 「대장부의 죽음이 마땅히 그와 같아야 합니다」라고 했다.

○ 경징군(慶徵君) 연(延)은 어머니 섬기기를 지극히 효성스럽게 하여 영조가 특별히 이산 수령(尼山守令)을 제수했더니 벼슬자리에서 죽었다.

이에 고을 사람들이 장사지내고 제사에 쓸 물건을 갖추어서 그 아내에게 보냈으나 아내는 말하기를, 「어찌 감히 내 남편의 맑은 덕에 누를 끼치랴?」 하고 하나도 받지 않았다.

○ 유 언겸(兪彦謙)이 서울에 가서 벼슬하면서 혼자 지내느라고 간고(艱苦)가 심하자, 어느 친구가 첩을 얻으라고 권하고 그 첩을 데리고 갈 날짜를 약속했다. 그러나 공(公)은 그 날짜가 되기 전에 집으로 돌아오고 말았다. 친구가 그 까닭을 묻자 그는 대답하기를, 「내가 생각해 보니, 내 아내는 시골에서 자랐고 첩은 서울 여자이니 얼굴이 반드시 아내보다 예쁠 것이요, 옷차림도 반드시 아내보다 예쁠 것이며, 지혜로운 것도 반드시 아내보다 나을 것이니, 이런 여인이 아내를 섬기려면 반드시 교만할 것이므로 후회할 것이 많을 것이라, 내 어찌 첩을 얻겠는가?」라고 했다.

○ 김 강호(金江湖)는 어느 날 그 아들 종직(宗直)이 성균관(成均館)에서 돌아오자 묻기를, 「관(館)에 무슨 일이 있었느냐?」하니 대답하기를, 「들으니 병조판서(兵曹判書) 안 숭선(安崇善)이 남의 뇌물을 받았다 해서 벼슬이 갈렸다 합니다」라고 했다. 이 말을 듣고 공(公)은 추연(愀然)히 말하기를, 「안공(安公)이 뇌물을 받았다 하니 그 정상(情狀)이 비록 비루하기는 하지만, 그는 군자(君子)이며 재상(宰相)인데, 어찌 너희 연소(年少)한 무리들이 그 이름을 부른단 말이냐? 이는 경장(敬長)의 도(道)가 아니니 나는 듣기를 원하지 않는다」라고 했다.

○ 처사(處士) 성 담수(成聃壽)의 자는 미수(眉叟)요, 그 아우 담년(聃年)의 자는 이수(耳叟)이니 모두 문장으로 이름이 났었다.

그들은 형제 자매가 10여 명인데 부모의 초상에 모두 모여서 재산을 나누게 되었다. 이때 미수(眉叟)는 아름다운 물건을 보면「이것은 아무에게 주어라」하고, 부릴 만한 종이 있으면「이 종은 아무에게 주어라」하고는 끝에 가서 깨지고 못쓸 물건이 보이면「이것은 부모의 뜻이니 내가 갖겠다」라고 했다.

그 누이는 이 정견(李庭堅)의 아내인데 집이 없으므로 자기 집을 주려 하자 여러 아우들이 간하기를, 「부모의 집은 장자에게 전하는 것입니다」라고 하자 미수는 말하기를, 「우리는 모두 부모의 자식인데 어찌 내가 홀로 집을 차지한단 말이냐?」고 했다.

그러나 아우들이 하도 심히 말리므로 그는 하는 수 없이 집에 저장해 두었던 면포를 모두 내주어 정견의 집 장만하는 비용으로 쓰게 하니 집안 사람들이 아무도 말을 못했다.

○ 관재(寬齋) 정 태청(鄭太淸)은 곤재(困齋) 개청(介淸)의 아우로서 곤재에게 학업을 배워 학문과 행동으로 이름이 났었다.

곤재가 죽자 그가 비명(非命)에 죽은 것을 가슴 아프게 여겨 평생 동안 여럿이 있는 곳에서는 말도 하지 않고 웃지도 않았으며,

혼자 있을 때는 소리내어 울면서 14년 동안 고기를 먹지 않았다.

그가 죽을 때 그 아들에게 경계하기를, 「형님이 도를 지키다가 원통하게 돌아가셨는데 내가 그 원통함을 씻지 못했으니, 내가 죽거든 길복(吉服)으로 염하지 말고, 제사에는 생선이나 고기를 쓰지 말고 한결같이 평소와 같이 하라」고 했다.

○ 송와(松窩) 이 기(李曁)가 말하기를, 「근세의 이름난 재상으로서 우애로 일컬어지는 이는 마땅히 안 현(安玹)과 이 준경(李浚慶)이 우두머리가 된다. 안 상국은 공경을 주장으로 삼아 그 형 위(瑋)를 아버지처럼 섬겨서, 형이 말을 탔으면 말에서 내리고 앉아 있으면 상 밑에서 절하면서 응대하기를 오직 삼갔다. 이 상국은 사랑으로 주장을 삼아서 그 형 윤경(潤慶)을 친한 친구처럼 대하여 앉아 있을 때면 무릎을 맞대고 누워 있을 때는 베개를 나란히 했으며, 서로 대해서 웃고 이야기하는 것이 즐거웠다. 이 두 분의 한 일이 비록 같지 않으나 모두 한때 사람들의 흠모하는 바가 되었다」고 했다.

○ 김 봉상(金鳳祥)의 두 아우는 귀상(龜祥), 난상(鸞祥)인데 모두 효도와 우애가 독실하고 지극했다.

일찌기 어머니에게 말하기를, 「형이 만일 떠나서 살면 주리고 배부르고 춥고 따뜻한 것을 같이할 수가 없을 것이니, 어찌 천륜의 의리를 다할 수 있겠읍니까? 또 우리 형제 3인이 진심으로 서로 화합하니 같이 거처하는 것이 무엇이 어렵겠읍니까?」라고 하자, 어머니도 기뻐하면서, 「한 자 베도 서로 같이 짜고 한 말 곡식도 서로 같이 먹는다(一尺布相可縫 一斗粟相可容)고 했으니 너희들은 힘쓸지어다」라고 했다.

이에 형제 3인이 같은 방에서 함께 밥을 지어 먹고 지내면서 오래도록 모든 일용품을 모두 똑같이 썼으며 아무도 감히 한 가지 물건도 사사로이 하지 못했다.

○ 박 세영(朴世榮)은 나이 19세에 아버지가 죽었는데, 그 어머니가 울면서 이르기를, 「너는 어린 아우들을 잘 가르쳐서 다시 박씨(朴氏) 가문을 잇도록 하라」고 했다. 이때 두 아우가 있었는데 세무(世茂)는 나이 겨우 12세요, 세옹(世蓊)은 겨우 6세였는데, 공(公)은 이들을 모두 가르치고 독려(督勵)하면서, 혹시 조금이라도 게으르면 반드시 스스로 묘(墓) 앞에 가서 자기 종아리를 때리면서 말하기를, 「아우들이 학문에 부지런하지 못한 것은 형의 죄입니다」 하고 눈물을 흘리니 두 아우는 이를 보고 감히 가르침을 어기지 못하고 마침내 능히 성취(成就)하여 모두 문학(文學)으로 세상에 이름을 날렸다.

○ 이 후평(李后平)이 처음 허 돈계(許遯溪)를 만났을 때 돈계는 조그만 대나무 지팡이를 가지고 있다가 문득 땅에 버렸는데 후평은 일어나서 움식이려다 발로 지팡이를 밟았다. 이에 공(公)은 말하기를, 「어른이 가진 물건도 또한 공경하지 않으면 안 되는 것이니, 어른을 공경해야만 비로소 어른의 집 자제(子弟)임을 알게 된다」 하니, 후평은 등에서 땀이 나는 것도 깨닫지 못했다.

○ 황 방촌(黃厖村)은 수상이 되었고 김 절재(金節齋)는 호조판서가 되었는데 언제나 한 가지라도 잘못된 일이 있으면 방촌은 절재에게 편지를 보내 책망하고 혹은 종을 때리거나 아전을 잡아 가두니, 동렬(同列)에 있는 고관들이 모두 지나치다고 하고, 절재도 역시 몹시 괴로와했다.

이에 고불(古佛) 맹 사성(孟思誠)이 묻기를, 「김 종서는 일대의 이름있는 재상인데 공께서 어찌 그렇게 심하게 배척하십니까?」 하니 방촌은 말하기를 「그것은 내가 종서를 다듬어 옥으로 만들려는 것이오. 종서는 성질이 곧고 기개가 예리해서 일하는 데 너무 과감하니 이 다음날 우리들의 지위에 있을 때 스스로 신중하지 않으면 일을 반드시 그르칠 것이기에 이를 꺾어 경계하고 격려하여

236

그로 하여금 뜻을 가다듬고 신중하게 몸을 가져 일을 당해서 경솔히 처리하지 않도록 하려는 것이니, 이것이 나의 뜻이오」라고 하자, 고불은 비로소 그 도량에 탄복했다.

그 후에 방촌이 벼슬을 내놓고 물러날 때 절재를 천거하여 자기 자리를 대신하게 했다.

○ 문충공(文忠公) 사가(四佳) 서 거정(徐居正)이 일찌기 조정에 나가는데, 매월당(梅月堂) 김 시습(金時習)이 남루한 옷을 입고 흰 띠를 띠고 패랭이를 쓰고서 전도(前導)를 무시하고 고개를 쳐들고 큰 소리로, 「강중(剛仲 : 四佳의 字)은 편안한가?」하니, 웃으면서 대답하고 수레를 멈추고 같이 이야기하니 온 거리 사람들이 모두 해괴히 여겨 눈짓을 하면서 서로 쳐다보았다.

또 조정 선비가 그에게 모욕을 당했다고 해서 그 죄를 다스리려고 하자 공(公)은 이를 말리면서 말하기를, 「미친 사람을 상관할 것이 있는가? 만일 이 사람을 벌준다면 백 대(百代) 후에는 반드시 공(公)의 이름에 누(累)가 될 것이다」라고 했다.

○ 이 회재(李晦齋)는 본래 청고(淸苦)하더니 명종(明宗) 정미년(丁未年)에 강계(江界)로 귀양가게 되었다. 이때는 마침 날씨가 몹시 찬데 옷이 얇아서 앞으로 견디지 못하게 되었다.

이때 장 세호(張世豪)가 중국에 사신으로 갔다가 돌아오는 도중에 그를 만나보고 사람에게 말하기를, 「이 사람이 비록 조정에 죄를 지었으나 죄가 귀양보내는 데 그쳤으니 이 어찌 그를 얼어 죽게야 할 수 있는가?」하고 드디어 입었던 호구(狐裘)를 벗어서 주자, 공(公)은 이것을 사양하지 않았다. 그때 베임을 당하고 쫓겨간 자들은 모두 죄가 종묘(宗廟)에 관계되었기 때문에 친척이나 친구들이 감히 찾아보지도 못하고 오히려 화가 미칠까 두려워하는데, 장 공(張公)은 무관(武官)이요 또 옛날부터 아는 처지도 아닌 터에 능히 옛 사람도 하기 어려운 일을 하였으니, 선생께서 이것을 받고 사양하지 않아 그 아름다움을 이룬 것이 마땅하다 하겠다.

○ 문익공(文翼公) 정 광필(鄭光弼)이 수상(首相)이 되었는데, 중종(中宗)이 재이(災異)로 인해서 사정전(思政殿)에 거동하자 좌우가 다투어 나와서 재이(災異)에 대한 말을 올렸다. 이때 한 충(韓忠)이 말하기를, 「성상(聖上)께서 아무리 정치에 힘쓰시고 좋은 다스림을 구하셔도 비부(鄙夫)가 감히 수상(首相)의 자리에 있으니 재변(災變)이 나는 것은 당연한 일이오니, 치도(治道)가 이루어지기를 바랄 수가 없읍니다」라고 했다. 빈청(賓廳)으로 물러가자 우상(右相) 신 용개(申用漑)가 얼굴빛을 고치고 크게 말하기를, 「신진(新進)의 선비가 면대해서 상신(相臣)을 배척하니, 이 습관을 그대로 내버려 둘 수가 없다」고 했다. 그러나 공(公)은 안색이 변하지 않고 손을 저어 말하기를, 「그 사람이 내가 노하지 않을 것을 알기 때문에 이런 말을 한 것이지, 만일 소금이라도 거리낌이 있다면 아무리 권한다 해도 반드시 하지 않을 것이니, 나에게 손해되는 것이 없은즉 나이 젊은 사람들이 용감히 말하는 풍도는 꺾을 것이 아니오」라고 했다. 이 말에 신공(申公)도 감복했고, 듣는 사람들은 모두 대신(大臣)의 아량이라고 했다.

○ 하정(夏亭) 유 관(柳寬)이 일찌기 자손을 훈계하여 말하기를, 「친구 사이에는 진실로 재물을 서로 융통해서 쓰는 의리가 있지만, 조심스럽게 달라 하고 너무 요구하지는 말아야 한다. 요구했다가 얻지 못하면 나에게는 미안한 마음이 있고 그 사람에게는 역시 부끄러운 맘이 있어 사귀던 정이 이 때문에 소원해질 것이니 어찌 요구하지 않는 것만 같으랴?」고 했다.

○ 이 청강(李淸江)이 말하기를, 「군자(君子)의 교유(交遊)는 살펴서 하지 않으면 안 된다. 궁중 사람이나 임금과 인척(姻戚)되는 사람임을 알면 선악(善惡)을 의논할 것 없이 반드시 피하는 것이

238

좋다」라고 했다.

윤 결(尹潔)은 착한 선비인데, 일찌기 능원위(綾原尉) 구 사안(具思顔)과 좋게 지냈다. 어느 날 능원위(綾原尉)의 집에 가서 술이 취해서 시사(時事)를 이야기하다가 말하기를, 「을사(乙巳)에 죄를 받은 사람 중 어찌 억울한 사람이 없단 말이냐?」고 했는데, 어떤 사람이 이 말을 듣고 윤 원형(尹元衡)에게 가서 누설했다. 이리하여 결(潔)은 일족(一族)이 모두 멸망되었으니 이것이 족히 후세(後世)의 경계가 될 것이다.

○ 김 한훤당(金寒暄堂)이 서울에 있을 때 일찌기 말린 꿩 한 마리를 얻어 그 어머니께 보내려 했는데 그것을 괭이새끼가 물어 갔다. 선생은 몹시 노해서 지키는 자를 심하게 책망하자, 조 정암이 나와서 말하기를, 「부모 봉양하는 정성이 아무리 간절하다고 해도 군자의 말이 너무 지나치십니다」라고 하니, 선생이 앞으로 나와 그의 손을 잡고 말하기를, 「나도 금세 뉘우쳤는데 네 말이 이와 같으니 내 부끄러워서 땀이 나는 것도 깨닫지 못하겠구나. 네가 내 스승이다」라고 했다.

○ 김 동강(金東岡)이 회령(會寧)으로 귀양가는 도중에 조(趙)씨 성을 가진 사람을 만났는데, 그는 곧 평소에 공(公)과 의견을 달리하던 사람이다. 조(趙)는 말하기를, 「공(公)은 오늘에도 능히 후회가 되지 않으십니까?」라고 했다. 이에 공은 정색(正色)하고 말하기를, 「공론(公論)은 마땅히 후세(後世)에 정해질 것인데 내 무엇을 후회한단 말이냐?」 하고 소매를 뿌리치고 일어섰다.

○ 김 하서(金河西)와 유 미암(柳眉巖)은 동문(同門)에서 공부한 친구이다. 하서(河西)가 서울에 여행하여 성균관(成均館)에 있을 때 전염병에 걸려 아무도 가까이 가서 보아 주는 사람이 없어 거의 위태로운 지경에 이르렀다. 이때 미암(眉巖)은 학유(學諭)로 있었는데

이 소식을 듣고 급히 그 앓는 곳으로 가서 탕약(湯藥)을 달여서 간호하니 하서는 그 덕으로 병이 나았다.

그 후 을사(乙巳)의 화(禍)로 인해 미암이 제주(濟州)로 귀양가니 그 화가 장차 어디까지 미칠는지 헤아리지 못할 지경이었고, 그에게 한 아들이 있었으나 아무도 그와 혼인하는 자가 없었다. 이에 하서는 자기 딸을 미암의 아들에게 시집보내니, 사람들이 모두 두 사람을 다같이 어질게 여겼다.

○ 이 토정(李土亭)이 새끼로 만든 갓에 짚신을 신고 일찌기 조남명(曺南冥)을 찾아갔는데, 그가 거처하는 방을 보니 붉고 푸른 빛이 화려하고 책상이 깨끗이 정돈된 데에서 남명(南冥)이 바야흐로 단정히 앉아서 책을 읽고 있었다.

토정(土亭)이 말하기를, 「선생은 너무 지나치게 깨끗한 것이 아닙니까?」라고 하니, 남명(南冥)은 말하기를, 「선비는 마음을 다스리고 기운을 기르는 것을 주장으로 삼기 때문에 눈에 띄는 것을 모두 바르게 하기 위해서입니다」라고 했다.

거기에서 하룻밤을 자고 노옥계 진(盧玉溪禛)에게로 갔는데 인사도 끝나기 전에 밖에서 사람이 말하기를, 「아무 마을 아무개가 가져간 곡식 이자를 가져왔읍니다」라고 하였다. 이 말을 듣고 토정은 노여워하는 빛으로 말하기를, 「장리를 놓는 것은 식산(殖産)하는 자의 하는 일인데 공(公)이 어찌 이런 일을 하십니까?」하고 즉시 자리에서 일어났다.

○ 김 학봉(金鶴峰)이 수찬(修撰) 벼슬을 제수받고 부모님을 뵈려고 고향에 가다가 용안역(用安驛)에 이르렀다.

그 마을 천한 사람이 밭고랑에 앉아 있는데 어떤 사람이 그를 가리키면서 이 고을 효자라고 했다. 이에 공은 그를 보기를 청하더니 마루 위로 오르게 하여 손님의 예로 대접하였다.

이것을 보고 어떤 사람이 너무 지나치다고 말하자 공은, 「착하지 못한 사람은 귀하게 경상(卿相)이 된다 해도 진실로 볼 것이 없지만, 만일 착한 행실이 있다면 어찌 미천하다고 해서 소홀히 여기겠는가?」라고 했다.

○ 만전(晩全) 홍 가신(洪可臣)은 기축년 옥사를 당하여 이 발(李潑) 형제가 죽자 관을 만들고 염습해 놓고 울었다. 혹 화가 미치지 않을까 가족들이 두려워하자, 공은 「화복은 운명이다. 이 사람의 일문이 모두 죽었는데 어떻게 차마 화를 두려워하여 저버린단 말인가?」라고 했다.

○ 정 약포(鄭藥圃)가 일찌기 남명에게 배우는데, 남명이 어느날 소 한 마리를 주었다. 약포는 그 뜻을 몰라서 어리둥절하자 남명은 웃으면서 말하기를, 「너는 행동이 너무 민첩해서 차라리 느리고 둔한 것만 못하기에 내가 소를 주는 것이다」라고 했다.

○ 정 우복(鄭愚伏)이 젊었을 때 과거를 보러 들어가서 보니 한 소년이 글도 잘 짓고 글씨도 잘 썼으므로 그 시지(試紙)를 펴보는데, 옆에 있던 친구가 소매를 잡아 당기면서 그 글을 베껴 쓰려 하다가 잘못하여 먹을 종이에 엎질러 보이지 않게 되었다.
그러나 그 소년은 웃으면서 그 종이를 구겨서 버리고 새로 그 글을 써서 그 친구에게 주므로, 우복은 탄복을 금치 못하여 그 성명을 물으니 곧 오 백령(吳百齡)이라고 했다.

○ 병조참판 유 극량(劉克良)의 어머니는 곧 재상 홍 섬(洪暹)의 종이었다. 극량이 일찍 아버지를 여의고 무과에 급제하여 여러 벼슬을 지내는데 여러 재상들이 다투어 장재(將材)로 천거했다.
이 소식을 그 어머니가 듣고 공에게 이르기를, 「나는 본래 홍 정승 댁 종이었는데 젊었을 때 잘못하여 옥술잔을 깨고 겁이 나서 도망했다가 우연히 너의 아버지를 만나서 너를 낳은 것이니, 아예 갑자기 높은 벼슬에 승진하지 말아라」고 했다.

공이 듣고 크게 놀라 즉시 서울로 올라가 주인집을 찾아가 사정을 말하고 한편 소(疏)를 올려 벼슬을 삭제하게 하고 도로 종이 되겠다고 했다.

그러나 홍 정승은 말하기를, 「너는 내 종이 아닌데 어찌 그런 말을 하느냐?」 하니 공은, 「제 어미가 이미 다 말했사오니 어찌 감히 법을 어겨 주인을 배반하고 임금을 속이겠읍니까?」라고 했다.

이에 홍 정승은 이를 의롭게 여겨 종문서를 내주면서, 「이제부터는 나와 아무 관계도 없으니 안심하고 벼슬길에 나가라」고 하자 공은 사례하고 돌아갔다.

○ 청련(靑蓮) 이 후백(李後白)이 이조판서(吏曹判書)가 되었을 때 공변된 도(道)를 숭상하기에 힘쓰고 남의 청탁(請託)을 받지 않아, 아무리 친구라 해도 너무 자주 찾아가면 좋아하지 않았다.

어느 날 족인(族人) 한 사람이 찾아와서 말이 구관(求官)하는 데에 이르자 공(公)은 얼굴빛을 바꾸고 책 하나를 가리키면서 말하기를, 「내가 그대의 이름을 기록해 놓고 장차 벼슬을 시키려 했더니, 이제 그대가 요구했으니 요구해서 되는 것은 공변된 도리가 아니다. 애석한 일이로다. 그대가 만일 말하지 않았던들 벼슬을 얻었을 것이다」라고 하니 그 사람은 부끄러워하며 물러갔다.

공(公)은 벼슬 자리 하나를 결정하는 데도 두루 그 사람의 옳고 옳지 못한 것을 물어서 결정하고, 만일 마땅치 못한 사람을 잘못 제수했을 때에는 밤새 자지 않으면서 말하기를, 「내가 나라 일을 그르쳤도다」라고 했다.

○ 유 덕삼(柳德三)은 무과(武科)에 급제하여 선천부사(宣川府使)가 되었는데, 이때 정재(定齋) 박 태보(朴泰輔)가 그곳에 귀양가 있었다. 정재는 성질이 준결(峻潔)해서 남과 좋아하는 일이 별로 없

었지만 홀로 어진 태수(太守)라 하고 서로 수창(酬唱)했다. 그가 통진 부사(通津府使)로 있을 때 여러 해 흉년이 들자 곤궁한 백성들을 모두 구제해 주고, 자기와 식구들은 모두 죽을 먹으면서 말하기를, 「남들은 이 죽도 계속 먹지 못하니 이것도 또한 과분(過分)한 것이다」라고 했다.

실 경신(實敬身 : 몸을 공손히 가짐)

○ 일두 선생이 말하기를, 「배워도 마음을 알지 못하면 배워서 무엇한단 말인가?」라고 했다. 한훤당이 말하기를, 「마음이 어디에 있는가?」라고 하자 일두는 말하기를 「있지 않은 곳이 없고 또한 있는 곳이 없다」라고 했다.

○ 한훤 선생은 항상 의관을 정제하고 조용히 앉아서 아무 말도 하지 않았으니 대개 희노애락(喜怒哀樂)을 얼굴에 나타내지 않는 공부를 한 것이다.

○ 정암 선생(靜菴先生)이 말하기를, 「사람은 말을 사랑하는 자가 있고, 꽃을 사랑하는 자가 있고, 오리 기르기를 좋아하는 자도 있는데, 만일 마음을 외물(外物)에만 쏟아서 수렁에 빠지게 되면 끝내 도(道)에 들어가지 못하는 것이니, 이것이 이른바 완물상지(玩物喪志)인 것이다」라고 했다.

○ 고불 맹 사성의 집은 몹시 좁고 누추했었는데, 병조판서가 일을 보고하려고 갔더니 마침 비가 오는데 곳곳에 비가 새서 의관이 모두 젖을 지경이었다.
병조판서가 집에 돌아와서 탄식하기를, 「상공의 집이 그와 같은데 내 어찌 사랑채를 두랴?」 하고 즉시 헐어 버렸다.

○ 유 미암(柳眉巖)이 을사(乙巳)년에 제주(濟州)로 귀양갈 때 배가 큰 바다에 들어가자 갑자기 바람과 물결이 일어, 같이 가던 세 배가 모두 엎어지니 배 안의 사람들이 모두 목을 놓고 통곡하는데, 공(公)은 얼굴빛이 태연하더니 이윽고 바람이 그쳤다.

○ 평정공(平靖公) 이 약동(李約東)이 제주 목사로 있을 때 청백하기로 유명하였다. 벼슬이 바뀌어 돌아오려고 바다를 건너는데 풍랑이 갑자기 일자, 공은 말하기를, 「일행 중에 혹 섬 물건을 가지고 오는 자가 있느냐? 필시 신(神)이 노여워하는 것이다」라고 하니 부하 하나가 말하기를, 「갑옷 하나를 가지고 올 뿐, 딴 물건은 하나도 없읍니다」라고 했다. 이에 공이 명하여 갑옷을 바다에 던지게 하자 바람이 일지 않았다.

공은 일찌기 제주도를 떠날 때 말채찍 하나를 관루(官樓)에 걸어 놓고 돌아오면서, 「이것은 섬 물건이니 가지고 가서는 안 된다」고 했는데 그 뒤에 채찍이 썩어 떨어지자 섬 사람들은 그것을 그림으로 그려 벽에 붙여서 공의 청백함을 나타냈다.

○ 청향낭(淸香堂) 윤 준(尹准)이 젊었을 때 시골에 갔다가 해가 저물어서 어떤 집을 찾아 재워 달라고 했으나 주인이 허락치 않아서 마당 가에 앉아서 밤을 보냈다.

이때 주인집 어린애가 커다란 진주 하나를 가지고 나와 놀다가 마당에 떨어뜨리자 그 곁에 있던 오리가 삼켜 버렸다.

이윽고 주인이 진주를 찾다가 없으므로 공을 의심하여 아침이 되면 관가에 고발하겠다고 했다. 공은 변명 한 마디 않고 다만 말하기를, 「저 오리를 내 곁에 붙들어매 달라」고 하므로 주인은 영문을 모르고 그대로 했다.

그러나 이튿날 아침 진주가 오리의 똥에 섞여 나오자 주인은 부끄러워하면서 사례하기를, 「왜 어제 그 말을 하지 않았소?」하니, 공은 말하기를, 「내가 만일 어제 말했으면 주인은 반드시 이 오리의 배를 가르고 진주를 꺼냈을 것이오. 그래서 욕을 당하면서도 기다렸던 것이오」라고 했다.

뒤에 공은 문장이 당대에 으뜸이었고, 세종 때는 홀로 경연에 나갔다.

○ 김 모재(金慕齋)와 성 세창(成世昌)이 같이 호당(湖堂)에서 입직(入直)을 하는데, 성공의 금침은 화려하고 사치스러운데 김공은 무명 이불에 목침을 베고 쓸쓸하기가 한사(寒士)와 같았다.

이에 성공은 몹시 부끄러워하여 밤새 편안히 잠을 못 자다가 집으로 돌아가서 초라한 금침으로 바꿔 가지고 와서야 비로소 같이 잤다.

○ 정 문익공(鄭文翼公)은 북문(北門)의 화가 일어났을 때 말할 때마다 눈물이 떨어졌지만 그러한 위난(危難) 속에서도 조용히 주선했다. 그가 적소(謫所)에 있을 때 밤이 깊었는데 누가 문을 두드리면서 말하기를, 「길보(吉報)가 왔읍니다. 간사한 무리들은 모두 쫓겨났고 공(公)은 임금의 부르심을 받았으며, 여기 편지도 있읍니다」라고 했다. 그러나 공(公)은 서서히 말하기를, 「거기 놓아 두어라」 하고, 전과 같이 코를 골면서 자고 이튿날 아침에야 편지를 떼어 보니, 사람들이 그 넓은 도량에 탄복했다.

○ 금호(錦湖) 임 형수(林亨秀)는 문무의 재주를 겸하여 당시 사람들이 나라의 인재라고 일컬었다.

을사의 화가 일어나서 사형을 받게 되어 금부랑(禁府郞)이 달려오자 공은 꿇어앉아 전지를 받고 나서, 청컨대 부모께 들어가 뵙고 죽겠다 하니 금부랑도 민망히 여겨 이를 허락했다.

금부랑이 보니, 공은 안에 들어가 뜰 아래에서 부모께 두 번 절하고 나와서 그 아들을 불렀는데 나이 10세도 되지 않았다. 그러나 공은 이르기를, 「너는 이로부터 글을 배우지 말거라」 하더니, 아들이 저만큼 가자 다시 불러가지고 말하기를, 「만일 아주 배우지 않으면 무식한 사람이 될 것이니, 배우긴 배우더라도 과거는 보지 말도록 하라」 하고 나와서 약을 먹었다.

○ 상 진(尚震)이 일찌기 들을 지나는데 늙은 농부가 소 두 마리를 먹이고 있었다. 이에 성공은, 「저 두 소 중에 어느 소가 밭을 잘 갑니까?」 하고 재삼 물었으나 노인은 끝내 대답하지 않았다.

공은 몹시 괴이하게 여기며 수십 보쯤 앞으로 가자 그 노인이 뒤따라 와서 조용한 말로, 「아까 두 소 중에 어느 소가 밭을 잘 가느냐고 물으실 때 내가 대답하지 않은 것은, 내가 두 소를 부린 지 오래 되었는데 그들의 우열을 듣는 데서 말하기가 안되어서 그랬소이다. 사실은 저 젊은 소가 일을 잘 하지요」라고 했다.

이에 공은 말에서 내려 사례하여 말하기를, 「노인께서 나의 처세의 노리를 가르쳐 수셨읍니다」 하고, 그 후 평생 동안 남의 시비를 말하지 않았다.

○ 문정공(文貞公) 손 순효(孫舜孝)는 지위가 높아도 마음가짐은 디욱 김약(儉約)해서, 언세나 손님을 대하여 술자리를 마련할 때에는 다만 검은 콩과 쓴 나물을 안주로 삼았고, 솔가지로 차양을 가려 전혀 화려한 것을 싫어했다. 일찌기 자제(子弟)들을 훈계하여 말하기를, 「우리 집은 풀과 나물에서 일어나 집에 전할 옛 물건은 아무 것도 없으니, 오직 청백(清白)한 것으로 전하면 또한 만족하다」고 했다.

○ 이 오리(李梧里)가 벼슬길에 나갔는데 일찌기 한어(漢語)를 익혀 두었었다. 그가 서장관(書狀官)으로 연경(燕京)에 갔을 때 우리 사신(使臣)과 중국 예부(禮部)의 관리가 만났는데 통역(通譯)이 농간을 부려 중국 관리에게 요구하는 것이 있었다. 그는 우리 사신 일행이 아무도 화어(華語)를 모를 것이라고 생각했기 때문인데, 공

(公)도 모르는 체하고 잠자코 있었다.

그러나 돌아오는 길에 산해관(山海關)에 이르러 중국 선비를 만나 경사(經史)를 토론(討論)하는데 문답이 유창했다. 이것을 보고 그 역관은 땅에 엎드려 머리를 조아리면서 말하기를, 「죽어도 오히려 죄가 남겠사오나 원컨대 목숨만 살려 주시옵소서」 하니 공은 역시 아무 말도 하지 않았다.

○ 김 학봉(金鶴峰)은 칼을 나누어 자제(子弟)들에게 주면서 말하기를, 「너희들은 내가 칼을 주는 뜻을 알겠느냐? 모름지기 이 칼로 이(利)와 의리의 분별을 끊어서 그 취사(取捨)를 구별하도록 하라」고 했다.

일찌기 당(堂) 위에 앉아 있는데, 한 문생(門生)이 허둥지둥 걸어 들어와 뵈었다. 선생은 이것을 보고 책망하기를, 「첫번째 걸음을 걸을 때에는 마음이 첫번째 걸음 위에 있고, 두번째 걸음을 걸을 때에는 마음이 두번째 걸음 위에 있어야 옳은 것이다」라고 했다.

○ 표옹(瓢翁) 송 국영(宋局英)은 본래 청백한 것으로 이름이 났었다. 경상 감사로 있다가 장차 돌아오는데 한 가지 물건도 가지고 오는 것이 없더니 낙동강을 건너다가 갑자기 손에 부채 한 자루를 쥐고 있는 것을 깨닫고 곧 강에 던지니, 사람들이 그 청백함을 사모하여 투선강(投扇江)이라고 불렀다.

○ 낙정(樂靜) 조 석윤(趙錫胤)은 금천(衿川)에 있었는데 아직 벼슬하기 전에 일이 있어 서울에 갔다. 그 이튿날 어떤 사람이 급히 그 아버지 대사간 정호(廷虎)에게 달려가서 보고하기를, 「지금 노량진에서 오는 길인데 아드님이 썩은 배에 탔다가 배가 뒤집혀서 변을 당했읍니다」라고 했다.

그러나 조공은 태연히 말하기를, 「내 자식이 어찌 썩은 배를 탔겠는가? 자네가 잘못 본 것이지!」라고 했다. 그 사람은 다시,

「내가 똑똑히 보았는데 어찌 그런 말씀을 하십니까? 이제 조금만 기다려 보시면 아실 것입니다」라고 했다.

그 사람이 돌아가고 나서 조금 있다가 낙정(樂靜)이 돌아왔다. 알고 보니 그는 처음에 썩은 배를 탔다가 위태로운 것을 알고 즉시 딴 배로 바꿔 탔던 것이다.

○ 치재(耻齋) 홍 인우(洪仁祐)는 혼자 있을 때에도 항상 엄연(儼然)히 공경하는 태도로 더욱 조심했다.

이것을 보고 그 아내가 말하기를, 「혼자 계시면서 어찌 그다지 공경을 다하십니까?」라고 하자 그는 대답하기를, 「위에는 하늘이 뚜렷이 내려다보고 있고, 아래에는 땅이 내 몸을 싣고 있으며, 어두우면 귀신이 제 맘대로 굴고 밝으면 처자(妻子)가 옆에 있으니 어찌 공경하지 않을 수 있으리요」라고 하였다.

○ 송재(松齋) 한 충(韓忠)은 재물을 경하게 여기고 남에게 주는 것을 좋아했다. 그 아버지 창유(昌愈)가 일찌기 곡식 수백 석을 저장해 두었더니 공은 조용히 그 아버지에게 간하기를, 「사군자(士君子)가 재물을 모으는 것은 마땅치 않습니다」라고 했다. 창유는 말하기를, 「네 말이 옳다. 네 맘대로 처리해라」고 했다.

이에 공은 곤궁한 일가 및 고향의 가난한 사람들을 모아 놓고 모두 나누어 주니 사람들이 모두 감탄했다.

○ 장간공(章簡公) 남 이성(南二星)은 사한(詞翰)으로 세상에 이름이 났었는데, 그 중에도 특히 사륙문(四六文)에 능했다. 이조정랑(吏曹正郎)으로 있다가 영남어사(嶺南御史)로 나갔는데, 이때 중시(重試)가 실시되어 과거 기일이 9월 그믐날로 결정되었다. 이때 모든 사람들이 말하기를, 「이번에 장원(壯元)은 중휘(仲輝)가 차지할 것이다」라고 했다.

그러나 공(公)은 이 말을 듣고 일부러 길을 돌고 더디게 걸어서 과거 날짜를 지나서 서울에 도착하여 복명(復命)했다. 그의 겸손한 풍도(風度)는 덕이 큰 군자(君子)가 아니면 어찌 이렇게 할 수 있었으랴. 중휘(仲輝)는 공의 자(字)이다.

○ 인조조(仁祖朝) 때 한 재상이 죽어서 장차 염습을 해서 입관(入棺)하려 하는데 몸집이 커서 맞는 관(棺)이 없었다. 이때 조객(吊客)이 당(堂)에 가득한데 모두 경재(卿宰) 대신(大臣)들이었다.

관공(棺工)이 말하기를, 「어느 벼슬에 있는 아무개가 그 부모를 위해서 큰 관을 만들어 놓은 것이 있으니 아마 그 관이면 맞을 것이다」라고 했다. 이에 여러 재상이 그 집에 사람을 보내서, 「먼저 그 관을 쓰고 나중에 새로 만들어 주겠다」고 하였으나 그 주인은 말하기를, 「부모의 연세가 이미 높아서 언제 일을 당할지 모르니 그 말을 들을 수가 없다」고 했다.

이때 한 문관(文官)이 시망(時望)이 있는 사람으로 종을 부르더니 말하기를, 「너는 내 말이라고 전하고 가서 그 관을 달라고 해라」고 했다. 이에 관을 가진 주인은 한 마디 말도 하지 않고 자기 집 종을 시켜서 관을 지워 보냈다.

이것을 보고 그 문관(文官)은 크게 기뻐하면서 말하기를, 「그러면 그렇지, 내 말을 어찌 어길 수 있겠느냐?」하고 매우 거만한 태도를 지었다. 이때 잠곡(潛谷) 김 상국(金相國)이 그 자리에 있다가 그 문관(文官)의 스스로 잘난 체하는 것을 보고 돌아와서 그 자제(子弟)들에게 말하기를, 「남이 세력이 두려워서 감히 자기 사사로운 사정을 말하지 못하면 마땅히 스스로 반성해야 할 일인데 전혀 깨닫지 못하고 흔쾌(欣快)히 여겨 스스로 잘난 체하고 자기의 기세가 능히 남을 누른 것을 자랑하니, 이 사람은 결코 길(吉)한 사람 아니다」라고 하더니, 그 사람은 과연 오래지 않아 죽었다.

○ 풍원군(豊原君) 조 현명(趙顯命)은 정승이 되어 아내가 죽으니 부의가 매우 많이 들어왔다. 장례가 끝난 뒤에 재산을 맡은 자가

틈을 보아, 그 돈의 일부로 논을 사자고 청했다.

공이 말하기를, 「큰 애에게 물어 보았느냐?」하니 대답하기를 「큰 상제도 좋다고 했읍니다」라고 했다.

공은 이 말에는 대꾸도 하지 않고 술을 가져오라 하여 많이 마신 후 여러 아들들을 불러 놓고 소리를 높여 말하기를, 「너희들은 개나 돼지 같은 것들이로구나. 초상집에 부조 들어온 돈으로 땅을 사는 놈이 어디 있단 말이냐? 또 나는 정승이 되고서도 땅을 사지 않는데, 너희들은 굶어 죽을까 걱정이 되어 그러느냐?」하고는 이튿날 장사지내고 남은 재물을 모두 내다가 궁한 일가와 가난한 친구들에게 모두 나누어 주었다.

○ 허 미수(許眉叟)가 항상 말하기를, 「진실로 나에게 이롭게 하려고 마음을 먹지 않으면 거의 부끄러움을 면할 수 있다」라고 했다. 또 돈계(遯溪)가, 「서경(書經)에 말하기를, 굳고도 오직 맑아야 하는 것이니, 일이 굳으면 맑은 것은 저절로 보인다. 그러니 그 근본을 버리고 그 끝으로만 나간다면 이는 이름을 위하는 것이 아니겠느냐?」라고 하자, 미수도 이 말에 그렇다고 대답했다.

○ 조계(潮溪) 유 종지(柳宗智)는 수우당(守愚堂) 최 영경(崔永慶)과 사이가 좋아 일찌기 의리와 공사(公私)와 천리(天理)·인욕(人欲)의 분별에 대하여 함께 강구(講究)했다. 기축옥사(己丑獄事)가 일어나 체포되자 수우당(守愚堂)이 편지를 보내 말하기를, 「만사가 운명 아닌 것이 없으니 다만 마땅히 그 바른 것을 순순히 따를 뿐이다. 우리들이 평일에 글읽은 것을 바로 이때에 쓰게 되었다」고 했다.

○ 원평군(原平君) 원 두표(元斗杓)가 계해년에 영광 군수가 되어 일찌기 그 스승 잠야(潛冶) 박 지계(朴知誡)의 집을 찾았는데 박공이 거처하는 방이 몹시 좁은데다가 앉을 자리에 다만 짚자리 한 장이 있을 뿐이었다.

밤에 자려고 옷을 벗고 그 위에 누우니 잠이 올 리가 없었다. 두 표의 행리(行李) 속에는 화려한 침구(寢具)가 많아서 방 구석에 갖다 놓기는 했지만 어른을 보아서 감히 덮지 못했다. 이 눈치를 챈 잠야가 그 이불을 덮으라고 권하면서, 「젊은 사람이 나 때문에 공연히 고생하는군!」 하고 쿨쿨 잠이 들었다.

뒤에 들으니 잠야는 임진 난리 때 그 어머니 상사를 당하여 예를 갖추어 장례를 지내지 못했으므로 평생을 이렇게 지내는 것이라 했다.

○ 학곡(鶴谷) 홍 서봉(洪瑞鳳)의 어머니는 집이 가난하여 나물 반찬과 나물 국도 먹지 못하는 때가 많았다.

어느 날 계집종을 보내서 고기를 사왔는데 고기 빛이 이상한 것이 독이 있는 것 같았다. 이에 그 종에게 팔다 남은 고기가 얼마나 되더냐고 물으니 몇 덩어리 남아 있더라고 했다.

부인은 머리에 꽂는 장식을 팔아서 그 고기를 다 사오라고 하여 모두 담 밑에 묻게 했다. 이것은 딴 사람이 사다 먹고 병이 날까 염려해서였다. 이것을 알고 학곡은 말하기를, 「우리 어머니의 마음은 신명(神明)에도 통할 수 있을 것이니 자손이 반드시 창성할 것이다」라고 했다.

○ 아곡(鵝谷) 이 태좌(李台佐)는 백사(白沙)의 현손(玄孫)이다. 일찌기 계집종을 사서 모녀 두 사람을 얻었는데, 그는 항상 안방에 거처하고 딴 종들과 어울리지 않았다.

이에 그 까닭을 알아보았더니, 그는 곧 수원의 향족(鄕族)인 최씨 성를 가진 사람의 부인으로서 흉년이 들어 먹고 살 길이 없어서 하는 수 없이 그 아내와 딸을 팔아서 살아갈 계획을 세웠다는 것이다.

이 말을 듣고 공은 크게 불쌍히 여겨, 대략 혼수(婚需)를 마련하여 그 고을 우 덕명(禹德明)과 그의 딸을 혼인하게 하여 그 어미와

같이 가서 살도록 하고 종문서를 불태워 버리니, 세상에서 그 덕을
칭찬했다.

　○ 금남군(錦南君) 정 충신(鄭忠信)은 선조 임진년에 권 율(權慄)
이 군사를 일으킬 때 공은 도장을 맡아 가지고 항상 좌우에 있었는
데, 율이 그를 몹시 사랑했다.

　이때 장계를 가지고 임금 계신 곳에 갈 사람을 모집하는데 공이
분연히 나와서 가기를 청했다. 이때 공의 나이 17세인데 칼을 쥐고
홀로 수천 리를 가서 행재소(行在所)에 도착하니 당시 병조판서로
있던 오성 이 항복(李恒福)이 그를 머물게 하고 옷과 먹을 것을 주
며 경사(經史)를 가르쳤다.

　공은 총명이 남달리 뛰어나서 공부가 날로 진보되니, 오성은 사
랑하기를 친아들과 같이 했다. 그의 문하에 있는 명사(名士)로는
연양군(延陽君) 이 시백(李時白), 신풍군(新豊君) 장 유(張維), 완성
군(完城君) 최 명길(崔鳴吉)이 있었는데 이들과 모두 가깝게 사귀었
다. 공의 풍모는 키는 작으나 눈이 새벽별과 같고, 다른 사람의 행
위를 잘 알아차렸다.

　인조 갑자년에 이 괄(李适)의 난이 일어나자 원수 장 만(張晩)이
묻기를, 「이제 적이 어떠한 계교로 나오겠는가?」 하니 충신이 대
답하기를,「적에게는 상·중·하 세 가지 계책이 있을 것입니다. 새
로 일어난 기세를 타고 바로 한강을 건너 임금 계신 곳(公州)으로
쳐들어가면 나라의 안위(安危)를 예측할 수 없을 것이니 이것이 상
책(上策)입니다. 혹은, 관서(關西)와 영서(嶺西) 지방을 점령하고 서
로 연락을 맺고 있으면 조정에서도 또한 쉽게 제어하지 못할 것이
니 이것이 중책(中策)입니다. 마지막으로, 사잇길로 해서 빨리 서
울에 들어가 빈 성만 지키면 아무것도 되지 않을 터이니 이것이 하
책(下策)입니다」라고 하였다.

　장 만이 말하기를, 「그러면 그 사람은 이 세 가지 계교 중에 어
느 것을 쓰겠는가?」 하고 물으니 충신은 말하기를, 「괄은 성질이

급하고 꾀가 없으니 반드시 하책을 쓸 것입니다」라고 하더니 과연 그러했다.

공은 한미한 출신이었으나 뛰어난 중흥(中興)의 명장(名將)이 되었다.

☐ 역해자 · 이민수

• 충남 예산 출생
• 예동사숙《禮東私塾》에서 수업
• 독립운동사 편찬위원회 집필위원
• 세종대왕 기념사업회 국역위원
• 저서 :《사서삼경 입문》《양명학이란 무엇인가》《윤봉
  길전》 등
• 역서 :《목은집》《공자가어》《삼국유사》《양반전》《효
  경》《징비록》《내훈》《정감록》《제자백가》 등

판 권
소 유

● 新譯 大東小學

1987년 11월 30일　초판발행
2016년　2월　5일　중판발행

편저자　김　형　재
역해자　이　민　수
발행자　지　윤　환
발행처　홍 신 문 화 사

서울 동대문구 용두2동 730-4(4층)
대표 전화 : 953-0476
FAX : 953-0605
등록 1972. 12. 5 제6-0620호

ISBN 89-7055-027-5　03130